상가·오피스텔
투자와 임대차 상식
Q&A

[김동희 지음]

채움과
사람들

상가 · 오피스텔 투자와
임대차 상식 Q&A

초 판 1쇄 | 2019년 9월 5일
개정판 1쇄 | 2023년 2월 7일

지은이 | 김동희
펴낸곳 | (주)채움과 사람들

판매처 (주)채움과 사람들 Chaeum and People, Inc.

출판등록 | 2016년 8월 8일 (제 2016-000170호)
주   소 | 서울시 서초구 사평대로 52길 1, 3층(서초동)
전화번호 | 02-534-4112~3
팩스번호 | 02-534-4117

이 책의 저작권은 저자와 출판사에 있습니다.
서면에 의한 저자와 출판사의 허락없이
책의 전부 또는 일부 내용을 사용할 수 없습니다.

ISBN : 979-11-88541-38-6-13320

저자와 협의에 의해 인지는 붙이지 않습니다.
잘못 만들어진 책은 구입처나 본사에서 교환해 드립니다.

 머리말

이 책은 상가건물·오피스텔 임대차 과정에서 임대인과 임차인이 꼭 알고 있어야 할 내용 등을 Q&A식으로 질문과 답변하는 방법으로 초보자도 알기 쉽게 기술한 것이 장점이다.

그리고 상가건물·오피스텔 투자자에게, 어떻게 투자해야 성공할 수 있고, 그 임대수익으로 노후 생활자금 마련하는 방법을 알려 주는 책이다.

초보자도 알기 쉬운 상가와 오피스텔 실전 투자 노하우!

필자가 부동산 중개실무를 오랫동안 하면서 얻은 풍부한 실무 경험과 이론을 바탕으로, 초보자인 매도인과 매수인, 임대인과 임차인, 그리고 개업 공인중개사가 중개사고 예방을 위해서, 따라 하기만 하면 쉽게 작성할 수 있도록 다양한 계약서를 사례별로 기술한 『계약할 때 사전처럼 꺼내보는 계약서 작성의 비밀』과 『주택·상가 임대차 계약 상식사전』을 출간한 바 있다. 누구라도 쉽게 계약을 이해하고 자신에게 유리한 계약을 할 수 있도록 하기 위해서였다. 그리고 부동산 상식에 대한 질문에 신속한 답을 주기 위해 『부동산 재테크 Q&A』로 마무리했다. 그런데 생각보다 많은 사람들이 상가 임대차에 관한 질문을 해 왔다.

상가임대차는 전문가도 혼란스러워 할 정도 복잡하다. 그래서 고민하다가 상가투자와 임대차를 초보자도 알기 쉽게 Q&A 형식으로 다양한 사례별로 기술하게 되었다.

🏠 신축 상가 임대수익이 적정한 임대수익인가를 확인해라!

　상가나 오피스텔을 분양 받는 분들에게 매수 여부를 결정하는 기준은 임대수익률이다. 그래서 분양 받아 안정적인 임대수익률을 확보하려면 분양가가 적정한가부터 확인해야 한다. 그런데 분양업체 등이 상가를 분양할 때 기본적으로 신규로 입주하는 약국이나 병원, 그밖에 임차인 등에게 많은 혜택(월세를 일정 기간동안 보전해 주는 방법으로)을 주면서 입주시키고, 임대수익률만 올려놓는 경향이 많다(분양을 쉽게 하려는 전략으로). 이러한 요인은 2년 또는 5년 후에 재임대하는 과정에서 임대수익률이 하락되는 원인이 되고 있다.

🏠 상가 투자 성공할 수도, 공실로 손해 볼 수도 있다!

　상가에 투자하려면, 앞으로의 주변변화 즉 주변에 비슷한 상가나 대형 유통점 등의 입점 등으로 상권변화가 발생할 수 있는가를 체크해야 한다.
　월세 수익은 무조건 분양가격 대비 수익률로 나타난다. 그렇지만 적절한 월세가 아닌 분양할 때 높게 책정된 월세는 재계약하는 과정에서 임차인들로부터 외면당하게 되므로, 임대수익의 감소를 가져오거나 공실로 손해가 발생할 수도 있다.

🏠 전문가만 알 수 있는 말도 많고 탈도 많은 상가 임대차!

① 상가건물임대차보호법이 2002년 11월 1일 시작하면서 많은 변화를 거쳤다. 그 과정에서 전문가가 아니면 알 수 없을 정도로 복잡해졌다. 예를 들어 주택임대차와 같이 보증금만 가지고 판단하는 것이 아니라, 환산보증금[보증금+000원(월세×100)]을 기준으로 하고, 환산보증금 범위 내에 있는 임차인과 초과하는 임차인의 권리가 다르기도 한다.

② 환산보증금을 초과하는 임차인은 2015년 05월 13일 전에는 대항력이 없다가, 상임법 개정에 따라 2015년 05월 13일 이후부터 대항력과 5년간의 계약갱신요구권으로 보호받을 수 있게 되었다. **이러한 계약갱신요구권 행사 기간도, 2018년 10월 16일부터 새로 계약을 체결하거나 갱신된 임대차는 5년에서 10년으로 연장되었다.**

③ 2019년 4월 02일부터 환산보증금 기준도 •서울특별시는 9억원 이하, •수도권 과밀억제권역 및 부산광역시는 6억9천만원 이하, •광역시, 세종특별자치시, 파주시, 화성시, 안산시, 용인시, 김포시 및 광주시는 5억4천만원 이하, •그 밖의 지역은 3억7천만원 이하로 변경되었다.

그래서 필자는 고민하다가 상가투자와 임대차를 초보자도 알기 쉽게 이해할 수 있도록 이 책을 기술한 것이다.

🏠 이 책은 초보자도 알기 쉽게 Q&A로 다음 내용을 기술하고 있다!

◆ 1편 Q&A로 풀어보는 상가와 오피스텔 실전투자 노하우!

상가와 오피스텔 투자를 어떻게 분석하고 투자해야 성공하는 가를 Q&A 43사례로 설명해 준다.

◆ 2편 당신만 몰랐던 상가투자의 진실과 거짓!

부동산은 안전하다고만 생각하고 그 위험성에 대해서 이야기를 하는 사람은 드물다. 수억에서 수십억원에 달하는 건물을 고심 없이 사고, 또 후회를 한다.

필자는 이 편에서 상식대로 계약했다가 손해 본 사례와 손해 보지 않고 상가투자로 성공하는 기본 상식을 Q&A 30사례를 담았다.

◆ 3편 아는 만큼 보호받는 상가 임대차 Q&A 60사례

이 내용은 상가건물임대차보호법을 알기 쉽게 정복할 수 있도록 기술한 것이다. 상임법으로 보호받는 건물부터, 상가임차인의 대항력과 우선변제권은 언제 어떻게 발생하나? 임차건물이 경매되면 임차인은 어떻게 우선변제권으로 탈출하게 되나? 그리고 상가임차인이 꼭 알고 있어야할 내용 등을 Q&A 60사례에 담아 놓았다.

◆ **4편 상가나 오피스텔 임대차 Q&A 실전상담 121사례사례**

　상가 임대차 문제는 전문가에게도 어렵다. 그래서 필자가 상가투자와 임대차 상식을 초보자도 알기 쉽게 기술한 것이다. 이 내용은 필자가 그동안 상가나 오피스텔 임대차에서 공인중개사, 임대인과 임차인을 상담해준 사례와 서울특별시 상담 등을 통해서 Q&A 121사례를 만든 것이다.

◆ **5편 자신에게 유리한 상가 임대차(월세) 계약서 작성법!**

　내게 유리한 계약은 상대방에게 불리할 수밖에 없다. 그런데 초보자가 완벽하게 내게 유리한 계약서를 작성하는 것은 어렵다. 그래서 다양한 상가나 오피스텔 계약서 작성할 때 사전처럼 따라하면 성공할 수 있도록 모범 답안 22개 사례를 Q&A식으로 기술해 놓았다.

◆ **6편 모르면 당하는 상가·오피스텔 투자 기본 상식!**

　돈 되는 똑똑한 상가나 오피스텔을 찾는 방법과 매매 계약에서 기본적으로 꼭 확인해야 되는 기본 내용을 Q&A 31사례로 담아 놓았다

◆ **7편 초보투자라면 꼭 알아야할 매매 계약서 작성법!**

　계약서를 쓰고 돌아서면 5분도 안되어 후회를 하는 경우가 많다. 이는 계약하기 전에 물건조사와 계약할 때 준비운동이 부족해서이다.

이 편은 누구라도 쉽게 계약을 이해하고, 다양한 사례에서 자신에게 유리한 계약을 할 수 있도록 모범 답안을 만들어 놓았다. 따라만 하면 손해 보지 않고, 내게 유리한 계약을 할 수 있도록 Q&A 20사례로 기술해 놓았다.

◆ 8편 중개사고 발생 시, 꼭 알아야 할 20가지 실전노하우!

우리들은 떼인 보증금, 100% 중개업소에 청구할 수 있다고 생각한다. 하지만 소송을 진행하다보면 생각보다 중개업자의 책임은 적고 임차인 등의 책임이 크다고 판단하는 사례가 많으니 주의해야 한다.

◆ 9편 상가건물과 오피스텔 투자로 부족한 연봉 만들기

필자는 상가나 오피스텔 투자로 부자 되기를 희망하는 분들과 계약의 달인을 희망하는 공인중개사, 그리고 임대차계약으로 손해 보지 않고 내게 유리한 계약을 희망하는 임대인, 임차인들에게 이 책이 도움되기를 희망한다.

2023. 02. 01.

김 동 희 지음

제목 차례

PART 1   Q&A로 풀어보는 상가와 오피스텔 실전투자 노하우!

001 부동산 투자, 어떻게 분석하고 투자해야 성공하나?   32
- 항상 실수요자 차원에서 생각하고 판단해라!   32
- 역세권 주변과 대중교통 등이 발달하는 지역을 공략해라!   32
- 교육여건과 생활편의시설, 우수한 상권 등이 수요를 부른다!   33
- 남들이 하지 못하는 부동산에 관심을 가져라!   34
- 부동산 시장은 정보수집에 전력을 기울여야 한다!   35

002 상가 투자 시 기본적으로 알고 있어야 할 내용은?   36
- 상가가 활성화될 때 그만한 수익성 있는 부동산은 없다!   36
- 아파트단지 내 상가투자에서 고려할 점은?   37
- 근린상가는 대로변이 좋다!   37
- 중심상권의 상가는 경기를 적게 타고 임대료 수준도 높은 편이다!   37

003 상가는 어떻게 투자해야 성공할 수 있나?   39

004 상가 입지와 상권분석은 어떻게 해야 하나?   42
- 입지와 상권의 정의   42
- 상권조사 분석은 어떻게 해야 하나?   42

005 선임대 후분양상가는 안전할까? 위험성은?   46
- 분양회사가 선임차인을 입주 후 분양하는 이유는?   46
- 선임대 후 분양 시 임대 수익률 7%의 함정   46

🏠 선임대 후분양 상가 피해 줄이는 법은?   47

006 오피스텔은 상가와 투자 방법을 다르게 해야 한다!   49
   🏠 주거용으로 사용하는 경우   49
   🏠 업무용으로 사용하는 경우   50

007 오피스텔 투자에서 성공하려면 이렇게 투자해라!   51
   🏠 오피스텔이 위치하고 있는 입지 여건   51
   🏠 안정적인 임대수익을 보장 받을 수 있는 곳   52
   🏠 오피스텔 투자물건을 선택하는 방법   52
   🏠 오피스텔은 대형보다 소형이 유리하다!   53
   🏠 주거용을 대체할 수 있는 중형과 대형 오피스텔을 찾아라!   53

008 상가건물 등은 일반건물과 집합건물이 있다   54
   🏠 단지내 상가   54
   🏠 근린상가   54
   🏠 주상복합상가   54
   🏠 오피스텔상가   55
   🏠 오피스텔   55
   🏠 상가주택   55
   🏠 도시형 생활주택과 생활형 숙박시설의 장점과 단점   56

009 집합건물 상가의 구분소유권과 대지사용권은?   57
   🏠 집합건물의 종류   57
   🏠 집합건물 상가의 구분소유권이란?   57
   🏠 집합건물 상가에서 전유부분이란?   57
   🏠 집합건물에서 알고 있어야 할 용어정리   58
   🏠 공동주택과 상가나 오피스텔 등의 집합건물에서 분양면적의 차이는?   59
   🏠 집합건물의 대지사용권이란?   59

- 🏠 집합건물의 대지권은 전유부분과 분리처분이 불가하다! · 60
- 🏠 구분소유자가 대지사용권이 없는 경우 · 60

010 아파트 등의 집합건물을 분양할 때 분양면적과 평형 계산은? · 61

011 상가나 오피스텔 등을 분양할 때 계약면적과 평형 계산은? · 63
- 🏠 집합건물 상가나 오피스텔을 분양할 때 계약면적은? · 63
- 🏠 상가나 오피스텔 투자에서 전용율이 얼마나 중요한가? · 63

012 상가투자에서 전용율만 높으면 무조건 좋을까? · 64
- 🏠 전용율이 높으면 공용부분이 적어 상가 활성화가 어렵다! · 65
- 🏠 상가 투자는 전용율보다 상권이 우수해야 성공한다! · 65
- 🏠 아파트와 다세대주택, 상가건물에서 약식으로 평형 계산방법 · 65
- 🏠 전용면적이 같은데 왜 상가나 오피스텔이 아파트보다 좁을까? · 66

PART 2 당신만 몰랐던 상가투자의 진실과 거짓!

013 구두계약을 하고 대항요건을 갖추면 대항력이 없다? · 69

014 계약을 하고 24시간 안에 계약을 해제할 수 있다? · 70

015 계약금을 지급하지 않았다면 계약의 효력이 없는 걸까? · 72

016 계약이행 전에는 해약금을 지급하고 언제든지 계약을 해제할 수 있다? · 73
- 🏠 계약이행의 착수와 민법 제565조의 당사자 일방의 의미 · 73
- 🏠 계약이행 전에는 계약금을 해약금으로 지급하고 계약을 해제할 수 있다! · 74
- 🏠 그럼 해약금과 위약금은 어떤 차이가 있나? · 74

017 계약금 일부만 지급했다면 그 돈만 해약금으로 지급하면 된다? · 75

018 가계약을 했을 때 가계약금은 돌려 받을 수 있다? · 77

019	계약당사자는 언제든지 해약금을 지급하고 계약을 깰 수 있다?	79
020	계약이 이행되고 나서는 어떻게 계약을 해제할 수 있나?	80
021	계약금과 중도금 지급 후 대항요건을 갖춘 임차인은 대항력 있다?	82
022	실권약관이 있으면 계약해제 의사표시가 없어도 해제할 수 있다?	85
023	상가임차인의 대항요건과 대항력은 언제 발생하나?	86
024	사업자등록을 안한 임차인도 갱신요구가 가능한가?	87
025	사업자등록이 없으면 상임법으로 보호를 받을 수 없나?	89
026	상가 등이 화재로 계약을 이행하지 못해도 손해배상 책임이 있다?	90
	🏠 이행불능 시 계약해제와 손해배상 책임은?	90
	🏠 채무자 위험부담주의로 계약이 해제되면 손해배상 책임이 없다	91
	🏠 채권자 위험부담주의로 계약이 해제되면 손해배상 책임은?	91
027	계약도 부부 간에 일상가사대리권에 속한다?	92
028	계약을 이행하지 않으면 무조건 계약금을 떼인다?	93
	🏠 계약서에 해약금 조항만 있고 위약금 조항이 없는 경우	93
	🏠 약관법을 위반한 계약이라면 무효가 된다	93
029	집을 팔면 임차보증금 반환채권은 매수인에게 이전되고 소멸된다?	94
030	상가건물 매수 후 누수 등의 하자를 알았다면 매도인의 하자담보 책임은?	96
	🏠 매도인의 하자담보 책임	96
	🏠 매도인의 하자담보 책임의 질의응답	97
031	임대차계약 후 임대인의 체납세액을 임차인이 어떻게 확인하면 되나?	99
032	부모와 자식 간에 계약해도 주임법으로 보호받을 수 없다?	101
033	여관 장기투숙자의 경우 주택임대차보호법 적용 여부	101
	🏠 주택임대차보호법 적용 여부에 대한 질의 응답	101
	🏠 주임법으로 보호받을 수 있나? 에 대한 판단 여부	102

034	계약해제 시에 채권자와 채무자가 현명하게 대처하는 방법	104
🏠	채권자(계약위반 상대방)의 현명한 대처 방법	104
🏠	채무자(계약위반 당사자)의 현명한 대처 방법	105

PART 3 아는 만큼 보호받는 상가 임대차 Q&A 60사례

035	상가건물임대차보호법의 적용대상 건물과 임차인은?	108
질문	상가건물임대차보호법으로 보호받는 건물은?	108
질문	임차인이 상임법으로 보호받으려면 어떻게 해야 하나?	108
036	**상가임차인의 대항력은 언제 어떻게 발생하나?**	**110**
질문	상가임차인은 대항요건을 갖추고 있어야 대항력 있다?	110
질문	일반거래로 소유자가 바뀌면 임차인의 대항력은?	111
질문	상가에서 어떻게 사업자등록을 해야 대항력이 발생하나?	111
질문	경매나 공매로 소유자가 바뀌는 경우 대항력이 있을까?	111
질문	근저당권이 설정되고 임차인이 대항요건을 갖춘 경우 대항력이 없는 건가?	112
질문	건물과 대지에서 말소기준권리가 다를 때 임차인의 대항력 유무의 판단은?	113
질문	상가나 주택에서 전소유자가 임차인의 지위를 얻었다면 대항력은?	113
질문	신탁 등기된 상가 등에서 임차인이 대항력을 갖는 경우	114
037	**상가임차인이 최우선변제금을 받으려면 어떻게 해야 하나?**	**115**
038	**현행법상 소액임차인이면 누구나 최우선변제금을 받을 수 있나?**	**117**
039	**확정일자부 우선변제권은 어떠한 요건을 갖추고 있어야 하나?**	**118**
040	**상가임차인이 대항요건과 확정일자를 받았다면 그 효력은 언제 발생하나?**	**120**
041	**상임법의 적용을 받는 임차인의 최단 계약기간은?**	**121**
042	**상가임차인의 계약갱신요구권과 임대인의 계약갱신 거절권은?**	**122**

- 질문 상가임차인의 계약갱신요구권은 어떻게 행사하나? 122
- 질문 계약갱신요구권 10년을 행사하지 못하는 임차인도 있다? 123

043 상임법상 환산보증금 범위 내 임차인과 초과하는 임차인의 차이점은? 124
- 질문 상임법상 환산보증금 범위 내의 임차인은? 124
- 질문 상임법상 환산보증금을 초과하는 임차인은? 125

044 월세에 대한 부가가치세액이 상임법상 환산보증금에 포함되는지? 126

045 임차권등기와 임대차등기는 어떻게 다른가? 127
- 질문 임차권등기명령에 의한 임차권등기는? 127
- 질문 민법 제621조의 임대차등기는 어떻게 하면 되나? 128

046 임차권의 양도나 전대차는 임대인 동의가 있어야 할까? 130
- 질문 임차권의 양도는 임대인의 동의가 있어야 대항력 있다? 130
- 질문 임차권의 전대차는 임대인의 동의가 있어야 대항력 있다? 131

047 차임 등의 증감청구와 월차임 전환 시 산정률 132
- 질문 차임 등 증액청구의 기준 등(상임법 제11조) 132
- 질문 월차임 전환 시 산정률(상임법 제12조) 132

048 임차인의 권리금회수 기회 보호와 손해배상청구권은? 133

049 계약갱신요구권 10년을 초과해도 권리금회수 기회를 보호받을 수 있다? 136

050 2018년 10월 16일 상가건물임대차보호법 개정 내용 138

051 경매에서 환산보증금을 초과한 임차인은 어떻게 되나? 139

052 특별법으로 보호받지 못하는 민법상의 일반임차인은? 141
- 질문 일반 거래로 소유자가 변경되면 대항력이 없다 141
- 질문 임차부동산이 경매로 매각되면 대항력과 우선변제권도 없다 141
- 질문 일반임차인이 대항력을 갖게 되는 경우는 없을까? 142

053 환산보증금 범위 내와 초과하는 임차인 상담사례 모음 143

질문	상임법 제3조에 의한 대항력은?	143
질문	확정일자 부여 및 임대차 정보의 제공 등	143
질문	경매나 공매에서 임차인의 우선변제권은?	144
질문	임차권등기명령에 의한 임차권등기 신청 가능 여부	145
질문	경매에 의한 임차권의 소멸에 대한 판단(상임법 제8조)	145
질문	임대차 기간보호(상임법 제9조)	146
질문	상가임차인의 계약갱신 요구(상임법 제10조)	147
질문	묵시적 갱신(상임법 제10조 4항)	147
질문	권리금회수 기회보호(상임법 제10조의4)	148
질문	차임의 연체와 해지(상임법 제10조의8)	149
질문	차임 등의 증감청구권(상임법 제11조)	149
질문	월차임 전환 시 산정률의 제한(상임법 제12조)	150
질문	전대차관계에 대한 적용 등(상임법 제13조)	150

054 임대차 계약기간 연장 방법 3가지와 계약해지 3가지 — 151

질문	합의로 종전계약대로 재계약, 또는 계약내용을 변경해서 갱신하는 경우	151
질문	묵시적으로 계약을 갱신해서 계약기간을 연장하는 경우	152
질문	주택임차인의 계약갱신요구권으로 계약기간이 연장되는 경우	154
질문	상가임차인이 계약갱신요구권으로 계약기간을 연장하는 방법	155

055 상가임차인의 권리분석과 배당은 어떻게 하면 되나? — 158

질문	환산보증금을 초과하는 임차인은 대항력만 있고, 우선변제권은 없다!	158
질문	환산보증금의 범위 내의 임차인도 유의할 점이 많다!	159
질문	환산보증금 범위 내의 임차인과 초과하는 임차인에 대한 권리분석	161

056 서울시 상가건물의 임차인과 다른 채권자 간의 배당사례 — 162

| 질문 | 서울시 문래동 상가건물 임차인 조사 및 권리신고 내역 | 162 |
| 질문 | 등기부상의 권리와 부동산상의 권리를 분석해 보자! | 164 |

| | 질문 | 배당 순서와 금액은 다음과 같이 계산하면 된다 | 165 |

057 인천광역시 상가건물 임차인과 다른 채권자 간의 배당사례 168
	질문	인천시 작전동 상가건물 임차인 조사 및 권리신고 내역	168
	질문	등기부상 권리와 부동산상의 권리를 분석해 보자!	169
	질문	배당표를 작성해 보면 더 쉽게 이해할 수 있다	170

058 상임법 개정 전·후, 환산보증금 범위 내와 초과 시 임차인의 권리 핵심정리 172

PART 4 상가나 오피스텔 임대차 Q&A 실전상담 121사례

059 임대인이 구두 합의를 부정하고, 임대료 증액을 요구한다면? 178

060 임대차 기간을 1년으로 약정할 때 임대차 만료일은? 180

061 계약이 2022년 09월 30일에 만료되는 경우, 언제까지 계약갱신 요구권을 행사할 수 있나? 184

062 계약 이행 전, 계약기간 중에 계약을 깰 수 있을까? 186
	질문	계약 만기 전인데 계약을 해지하고 싶다면 어떻게?	186
	질문	계약을 깰 때 해약금은 보증금의 10%인가?	187
	질문	가계약금을 돌려받을 수 있을까?	187
	질문	상가건물을 계약하고 24시간 내에는 해약할 수 있을까?	189

063 임차인의 전기승압 공사비용은 누가 부담해야 하나? 190

064 사업자등록만 하고, 건물을 인도받지 않아도 대항력 있다? 191

065 공부와 다른 현관에 표시된 501호로 사업자등록을 하면 대항력은? 192

066 임대인이 신규 임차인의 특정 업종을 거부할 수 있을까? 193

067 1년 계약하고, 묵시적 갱신이 되면 2년을 주장할 수 있다? 194

068 환산보증금 범위 내, 또는 초과하는 경우에 묵시적 갱신이 되었다면? 196
- 질문 묵시적 갱신 중 계약 해지할 때, 신규 임차인을 주선해야 할까? 196
- 질문 묵시적 갱신 중에 임대인이 일방적으로 해지할 수 있다? 197

069 소유자가 바뀌면 대항력을 주장하지 않고 계약을 해지할 수 있다? 198

070 상가건물이 매매될 때 임차인은 계약을 해지할 수 있을까? 199

071 공동소유건물에서 과반수 이상과 계약하면 전세금 안전하다? 200
- 질문 공유물에서 과반이란 어떠한 경우를 말하는 것일까? 200
- 질문 과반수 이상과 계약하면 임차보증금은 안전하게 보호받나? 201

072 임대차가 종료되었는데 보증금을 돌려주지 않고 있다! 202

073 임차인이 만기가 되어도 안 나가는데, 짐을 들어내도 되나? 204

074 전세금을 법원에 공탁하지 않고 명도소송을 진행해야 한다? 205

075 임차인도 건물에서 거주하면서 경매를 신청할 수 있다? 206

076 건물소유자가 바뀌면 계약서를 다시 써야 한다? 207

077 상가건물을 팔면 임차보증금 반환채권은 매수인에게 이전되고 소멸된다? 208

078 전차인도 "상가건물 임대차보호법"을 적용받을 수 있을까? 210

079 외국인도 상가건물에 전세권 설정할 수 있을까? 211

▼ 부인으로 임차인 명의변경 시 주의할 점은? 212

081 어린이집도 "상가건물 임대차보호법"을 적용받을 수 있다? 213

082 계약을 승계한 임대인은 계약기간 전세금과 월세를 올리지 못한다? 214
- 질문 대항력은 어떤 권리인가? 214
- 질문 주택이나 상가, 토지에서 대항력 있는 임차인은? 214
- 질문 계약을 승계한 임대인은 전세금과 월세를 올릴 수 있을까? 215

083 바뀐 임대인이 임대료를 터무니없이 올려달라고 할 때? 217

084 계약기간 중에는 계약을 해지할 수 없다? — 218
- 질문 차임을 2기 이상 연체 시 최고 없이 계약을 해지할 수 있다 — 218
- 질문 임차인이 차임을 2기 또는 3기 이상 연체할 때 기준시점은? — 219
- 질문 임대인의 동의 없이 임차권을 양도나 전대, 용도를 변경한 경우 — 219
- 질문 상가임차인이 월세 2개월만 연체하면 계약은 자동 해지된다? — 220
- 질문 연속하지 않은 차임 연체에도 임대인이 계약을 해지할 수 있는지? — 220
- 질문 보증금반환채권을 양도한 경우 밀린 월세를 공제할 수 있는지? — 221

085 3기 이상 차임 연체 중에도 묵시적 갱신이 인정될까? — 222
- 질문 주택임차인이 차임 연체 중에 묵시적 갱신이 가능할까? — 222
- 질문 상가임차인이 차임 연체 중에 묵시적 갱신이 가능할까? — 223
- 질문 3기 이상 차임 연체한 사실, 3기 이상 차임 중에 있는 경우 — 224

086 학원 양도할 때, 임대인 동의가 없으면 대항력이 없을까? — 226

087 안전진단 D등급일 때, 임차인을 내보낼 수 있을까? — 227

088 원인불명의 화재로 임차물이 소실되어도 임차인은 손해배상 책임이 있다? — 228
- 질문 임차인에게 손해배상책임이 있는 경우와 없는 경우 — 228
- 질문 건물소유자인 임대인에게 손해배상책임이 있는 경우 — 229

089 집중호우로 인한 침수, 임대인에게 배상요구 가능한지? — 230

090 건물주는 권리금을 받지 못하는 것으로 오해하고 있다 — 231
- 질문 건물주가 임차인에게 직접 권리금을 받을 수 없을까? — 231
- 질문 건물주는 임차인에게 받은 권리금을 반환하지 않아도 된다? — 231
- 질문 건물주가 임차인에게 권리금을 반환해야 하는 사례는? — 232

091 임차인은 권리금회수 기회로 보호받을 수 있을까? — 233
- 질문 건물주가 만기 해지하는 임차인의 시설물을 인수하겠다면? — 233
- 질문 권리금 계약서에 해제 조항이 없으면 계약금을 돌려받지 못할까? — 234

- 질문 임대인이 고액의 임대료를 제시해서 권리금을 받지 못했다면 권리금은? 234
- 질문 임대인이 직접 사용한다고 하면서 권리금 회수를 방해할 때? 235
- 질문 전차인도 권리금 회수 기회를 보호받을 수 있을까? 236
- 질문 계약서 작성할 때 "권리금 포기" 약정이 유효할까? 236

092 연체 차임을 모두 상환했다면 권리금을 보호받을 수 있을까? 237
- 질문 밀린 월세를 다 갚았는데도 왜 권리금 보호를 못 받을까? 237
- 질문 밀린 월세를 다 지급해도 임대인은 권리금 배상 책임이 없다? 238

093 상가가 경매로 넘어가도 권리금회수 기회로 보호받을 수 있을까? 239

094 상가에서 10년이 지나면 권리금의 회수 기회가 상실된다? 240
- 질문 주무부서인 법무부의 유권해석 240
- 질문 5년을 초과해도 권리금회수 기회를 보호해야 한다는 판결 241
- 질문 계약갱신요구권 10년을 초과해도 권리금회수 기회로 보호받는다! 242

095 임대인은 임차인이 주선한 신규임차인과 계약을 해야 하나? 243
- 질문 임대차기간이 많이 남아서, 신규임차인을 주선했다면 계약해야 하나? 243
- 질문 임차인이 주선한 신규임차인과 계약을 해야 하나? 244

096 10년 만기 후 주인이 들어온다면 권리금 보호를 못 받을까? 245

097 임차인이 임대인에게 권리금을 돌려달라고 요구할 수 있을까? 246

098 묵시적 갱신 중 계약을 해지하면 권리금을 보호받을 수 있을까? 247

099 임차인에게 미리 알렸는데, 임차인 권리금을 보상해야 하나? 248

100 상가권리금은 세금 신고를 하지 않아도 되나? 249

101 재계약하면 다시 10년을 보장받을 수 있을까? 250

102 임차건물이 경매될 때 계약서를 분실했다면 배당요구를 할 수 없다? 251

103 임대인이 개인회생, 파산신청하면 보증금을 떼인다? 252
- 질문 임대인이 개인회생 신청하면 보증금을 떼이게 되나? 252

| 질문 | 임대인이 파산을 신청하면 보증금을 떼이게 되나? | 254 |

104 계약기간이 만료되면 언제든지 계약을 해지할 수 있다? 255

105 임차인이 임대차만료일 직전에 계약 해지할 수 있나? 257

106 상가임차인의 묵시적 갱신과 계약갱신요구권 상담사례 258
질문	환산보증금 초과 임대차에서 묵시적 갱신되면 10년 갱신요구권 없을까?	258
질문	환산보증금 9억원 이하 임대차에서 10년 이후에도 묵시적 갱신이 적용될까?	259
질문	임대차 보호 기간 10년은 기산일이 언제부터 일까?	260
질문	임대료가 많으면 임차인이 계약갱신요구권을 주장할 수 없나?	261
질문	환산보증금 9억원 초과해도 선순위 저당권이 없으면, 보증금 보호받을 수 있다?	262

107 상가임차인은 언제까지 계약갱신을 요구해야 되나? 263

108 건물 매수인이 재건축한다면서 나갈 것을 요구하고 있다? 264

109 재계약할 때 약정한 차임 등의 증액청구가 가능할까? 266
질문	재계약을 할 때도 증액한도의 제한규정을 적용받는다?	266
질문	재계약 체결할 때도 임대료 증액 청구 5%를 초과할 수 없을까?	267
질문	5% 초과 증액해서 지급한 임대료를 돌려받을 수 있을까?	268
질문	보증금과 월세를 각각 5% 증액 청구할 수 있나?	269

110 상가에서 장기수선충당금은 누가 부담해야 할까? 270

111 자동문 설치비용을 임대인에게 청구할 수 있나? 271

112 경매가 들어간 사실을 모르고 입주하면 전세금을 전액 손해 본다? 272

113 임차건물의 하자는 임대인과 임차인 중 누가 수선하나? 273
| 질문 | 임차건물을 임대인이 수선해야 하는 경우 | 273 |
| 질문 | 임차인의 통상수선의무에 해당하는 것은? | 275 |

- 질문 하자를 모르고 입주한 경우도 임대인에게 수선의무를 물을 수 있나? 275

114 계약 종료 후 임차물에 대한 임차인의 원상복구 의무는? 276
- 질문 임대인이 일방적으로 원상복구 비용을 공제하려고 한다? 276
- 질문 전 임차인의 시설까지 철거하고 원상복구를 해야 할까? 277
- 질문 '원상복귀'의 약정이 '원상복구'를 의미하는지? 278
- 질문 권리금 지급하고 가게 인수 후 원상복구 범위는? 278

115 상가임대차에서 계약을 해지할 수 있는 경우는? 280
- 질문 주택임차인이 차임을 2기 이상 연체 시 계약해지 280
- 질문 상가임차인이 차임을 3기 이상 연체 시 계약해지 281
- 질문 임대인의 동의 없이 임차권을 양도나 전대, 용도를 변경한 경우 281
- 질문 임대차 계약기간의 만료로 계약을 해지하는 경우 282

116 임대차 계약기간을 연장하는 방법은? 283
- 질문 종전계약대로 재계약, 또는 계약내용을 변경해서 갱신하는 경우 283
- 질문 묵시적으로 계약을 갱신해서 계약기간을 연장하는 경우 284
- 질문 상가임차인이 계약갱신요구권으로 연장하는 방법 286
- 질문 상가임차인은 계약갱신요구를 어떻게 해야 하나? 287
- 질문 문자메시지로 계약갱신 요구해도 효력이 있을까? 287
- 질문 계약갱신요구한 임차인이 계약기간 중에 해지할 수 있나? 288

117 계약 해제, 계약기간 만료, 묵시적 갱신 후에 중개수수료 누가 부담할까? 289
- 질문 계약금 2백만원 받고 계약이 해제됐는데, 중개보수를 2백만원 넘게 청구한다? 289
- 질문 중개업자의 과실로 해제됐을 때, 중개보수를 지급해야 하나? 290
- 질문 중개업자가 중개수수료를 과도하게 요구하고 있다? 290
- 질문 묵시적 갱신 중 계약 해지할 때 중개보수는 누가 지급하나? 291
- 질문 계약이 해제되어도 권리금 중개보수를 지급해야 하나? 291

질문	계약이 해제되었는데, 중개보수를 지급해야 하나?	292
질문	자동 연장 상태에서 나가면 중개 보수는 누가 낼까?	293
질문	계약 체결 시 중개 보수를 지급해야 할까?	294
질문	권리금에 대한 중개 보수는 상한 요율이 없나?	294

118 오피스텔 경매에서 소액임차인을 잘못 판단해 손해 볼 뻔한 사례 295

질문	입찰대상 물건정보와 입찰결과 내역은?	295
질문	매수인의 잘못된 판단으로 보증금을 인수할 뻔한 사례	296
질문	이러한 경매 상황에서 어떻게 탈출할 수 있었을까?	297

119 상가임차인이 경매에서 배당요구를 잘못했다면 어떻게 탈출할까? 298

질문	입찰할 물건정보와 입찰결과 내역은?	298
질문	상가임차인의 잘못된 배당요구로 낙찰자가 인수할 뻔한 사례	299
질문	잘못된 배당요구에서 현명하게 탈출하는 비법!	300

120 공장도 상가건물임대차보호법의 보호를 받을 수 있나? 300

PART 5 자신에게 유리한 상가 임대차(월세) 계약서 작성법!

121 상가 계약 전에 확인할 사항과 합의하는 과정은? 303

- 상가건물 월세 계약내용과 권리(시설) 양도 핵심 요약정리 303
- 임차인의 영업목적에 맞는 건물을 찾아라! 304
- 임차부동산이 영업할 업종에 규제 또는 제한이 있는 지를 확인 305
- 임차할 건물에 수리나 개선할 부분이 있는가! 305
- 임차할 부분을 현재 누가 사용하고, 그 상가에 다른 임차인이 있는지 306
- 상가건물의 시세, 등기된 선순위채권과 다른 임차인들 확인 306
- 등기부열람으로 소유자 확인과 권리하자에 대한 분석 307

- 🏠 건축물대장을 확인해서 등기부내역과 일치여부 확인 … 310
- 🏠 상가건물에 임차인보다 선순위채권 등이 있을 때 계약하는 방법 … 310
- 🏠 등기부에 나타나지 않는 조세나 공과금채권 등을 확인! … 310
- 🏠 계약할 때 기본적으로 합의해야 할 핵심 내용정리 … 311

122 일반건물 상가 임대차(월세) 계약서를 작성하는 방법 … 314

123 부동산 권리(시설) 양도·양수 계약과 임대인과 본 계약 진행 과정 … 318

124 부동산 권리(시설) 양도·양수 계약서 작성 비법 … 319
- 🏠 부동산 권리(시설) 양도·양수 계약과 그 진행과정 … 319
- 🏠 부동산 권리(시설) 양도·양수 계약서 작성 방법 … 321
- 🏠 비품 목록서(특약사항 별지) … 324

125 임대인과 상가건물 임대차(월세) 계약서를 작성하는 방법 … 325

126 업무용으로 오피스텔 임대차(월세) 계약서를 작성하는 방법 … 329
- 🏠 르네상스 오피스텔 임대차 계약 전에 확인 및 계약에 관한 합의 … 329
- 🏠 르네상스 오피스텔 임대차 계약서 작성 … 330

127 주거용으로 오피스텔 임대차(월세) 계약서를 작성하는 방법 … 334
- 🏠 행복 오피스텔 임대차 계약 전에 확인 및 계약에 관한 합의 … 334
- 🏠 행복 오피스텔 임대차 계약서 작성 … 334
- 🏠 계약서 작성 이후에 이렇게 대응해라! … 338

PART 6 모르면 당하는 상가·오피스텔 투자 기본 상식!

128 우량한 상가나 오피스텔을 찾는 것이 투자의 기본이다! … 340

129 계약하기 전에 매수할 부동산의 현황을 파악하라! … 341

- 🏠 매수할 상가 등에 수리나 개선이 필요한 부분이 있나? 341
- 🏠 매수할 상가를 누가(소유자, 임차인) 사용하고 있는가! 341
- 🏠 매수할 상가 등에 임차인의 수와 임차보증금을 확인해라! 341
- 🏠 매수부동산이 영업할 업종에 대한 규제 또는 제한이 있는가를 확인 342

130 계약 전에 매수할 상가의 시세를 정확하게 파악해라! 343
- 🏠 인터넷에서 매매와 전·월세 시세를 직접 확인하는 방법 343
- 🏠 주변 중개업소에서 매매와 전세 시세를 직접 확인해라! 346

131 계약 전에 등기부 열람과 계약을 위한 권리분석 347
- 🏠 대법원 인터넷등기소에서 등기부를 열람하는 방법 347
- 🏠 누구와 계약을 체결해야 소유권을 안전하게 취득하나? 348
- 🏠 상가건물에서 건물과 토지 소유자가 다를 때 계약은? 349
- 🏠 등기부에 근저당권과 가압류 등이 등기되어 있는 경우 350
- 🏠 등기부에 소유권을 제한하는 가처분, 가등기 등이 있다면? 350
- 🏠 등기부에 등기된 권리 중 누가 우선순위가 되는가를 알아야 한다 351

132 건축물대장과 토지이용계획확인원을 확인해라! 353
- 🏠 건축물관리대장과 토지대장을 확인하는 방법 353
- 🏠 건축물대장과 등기부에 표시된 내용이 다르면 이렇게 해라! 354
- 🏠 토지이용계획확인원을 확인하는 법 354

133 상가 등에 등기된 채권과 임차권이 있을 때 계약하는 방법 355
- 🏠 선순위 채권을 승계하는 조건으로 계약하는 방법은? 355
- 🏠 등기부에 등기된 채권을 말소하는 조건으로 계약하는 방법 356

134 계약 해제 시 해약금과 위약금에 관한 약정 357
- 🏠 해약금 약정 357
- 🏠 위약금 약정(채무불이행과 손해배상) 357

135 관리비 납부 여부와 선수관리비 인계인수 방법 358

- 🏠 관리비 및 공과금 납부 여부 ... 358
- 🏠 선수관리비 인계인수 방법 ... 358

136 상가와 오피스텔을 개인 또는 사업자명의로 구입할 때 꼭 알아야 할 내용 ... 359
- 🏠 상가나 오피스텔은 분양시 건물분 부가세와 농특세가 부과된다! ... 359
- 🏠 상가 등을 사업자(개인, 법인)가 매도하는 경우 건물분 부가세 10%가 있다! ... 361

137 업무용 오피스텔은 상가와 다르게 적용되고 있다 ... 363

138 상가나 오피스텔 등을 법인사업자로 취득 후 매도 시에 유의할 사항 ... 364
- 🏠 법인 명의로 취득시 취득세와 중과세율 ... 364
- 🏠 법인이 주택과 상가를 양도하는 경우 법인세와 추가되는 법인세 ... 366

139 영업 업종이 상가용도에 적합한가와 업종제한 유무를 확인해라! ... 367
- 🏠 영업업종이 상가용도에 적합한가에 대한 판단이 먼저이다! ... 367
- 🏠 영업할 업종제한이나 동일업종에 대한 영업금지 규정이 있는지! ... 368

140 상가 매수 후 누수 등의 하자를 알았다면 매도인의 하자담보 책임은? ... 368
- 🏠 매도인의 하자담보 책임은? ... 368
- 🏠 매도인의 하자담보 책임의 질의응답 ... 369

PART 7 초보투자자라면 꼭 알아야 할 매매 계약서 작성법!

141 개인 간에 주거용으로 오피스텔 매매 계약서 작성 ... 371
- 🏠 오피스텔 매매 계약 시 유의사항과 합의 ... 371
- 🏠 주거용으로 문화 오피스텔 매매 계약서 작성 방법 ... 373

142 개인 간에 업무용으로 오피스텔 매매 계약서 작성 ... 376

143 오피스텔을 사업자가 개인에게 팔 때 계약서 작성 ... 379
- 🏠 오피스텔을 사업자가 개인에게 주거용으로 팔 때 계약서 작성 방법 ... 379

🏠 오피스텔을 사업자가 개인에게 업무용으로 팔 때 계약서 작성 방법　382

144 임대사업자간 상가건물 매매 계약서 작성방법　386
　🏠 임대사업자간에 작성한 상가건물 매매 계약서　386
　🏠 계약서 작성 이후에 이렇게 대응해라　389

145 법인명의 상가건물을 법인이 매수할 때 올바른 계약서 작성 비법　390
　🏠 상가건물(집합건물, 일반건물) 매매 계약할 때 알고 있어야 할 내용　390
　🏠 상가나 오피스텔 등을 법인사업자로 취득해 매도 시에 유의할 사항　390
　🏠 법인사업자간에 합의한 내용으로 상가건물 매매 계약서를 작성하는 방법　392

146 중개수수료는 임대인과 임차인 중 누가 부담하나?　396
　🏠 임대차 계약기간이 만료된 경우와 묵시적 갱신된 경우　396
　🏠 계약기간의 만료 전에 임차인이 다른 곳으로 이사를 가게 되는 경우　396
　🏠 판례와 국토해양부 해석, 공인중개사협회의 실무처리지침　397

147 부동산 매매 및 임대차 계약할 때 중개수수료 계산방법　398
　🏠 주택(주택의 부속토지, 주택분양권 포함)의 중개보수요율　398
　🏠 오피스텔 중개보수요율　399
　🏠 주택 이외(토지, 상가 등)의 중개보수요율　400
　🏠 사무실 임대차계약 중개의 경우는?　400
　🏠 공인중개사법 제32조(중개보수 등)　401

148 상가권리금 중개수수료는 어떻게 계산하나?　402

PART 8 중개사고 발생 시, 꼭 알아야 할 20가지 실전노하우!

149 떼인 보증금, 중개업소 100% 책임에 대한 오해와 진실!　405
　❓ 중개업소에서 계약하면 떼인 보증금 100% 보장받을 수 있을까?　405

| 질문 | 전세금을 떼인 경우 임대인에게 100% 보상청구가 가능하다? | 406 |
| 질문 | 떼인 보증금을 개업공인중개사에게 어떻게 청구하면 되나? | 407 |

150 개업공인중개사의 과실 책임이 크다고 법원이 판단한 사례   409

- 질문 소유자가 아닌 자와 임대차계약을 중개한 경우 손해배상 책임은?   409
- 질문 근저당권 설정 사실을 고지하지 않은 중개업자의 과실 책임은?   410
- 질문 토지별도등기로 인해서 임차인이 보증금을 손해 본 사례   410
- 질문 신탁 부동산에 계약해서 보증금을 떼였다면 보상청구 범위는?   411
- 질문 선순위 임차인의 존재를 확인하지 않고 중개해서 손해를 보았다면?   411

151 임차인의 과실 책임이 많다고 법원이 판단한 사례   412

- 🏠 깡통전세로 1억 손해…법원 "위험 안 알린 중개사 4,000만원 배상해야"   412
- 질문 현관문엔 303호, 등기부엔 302호일 때 중개업자의 과실 책임은?   414
- 질문 다른 임차인의 보증금 등을 확인·설명하지 않았다면 손해배상은?   414
- 질문 선순위임차인을 중개업자가 설명하지 않아서 보증금을 떼인 사례   415
- 질문 건축물대장과 다른 구분호수로 전입신고해서 손해를 본 임차인들!   416

152 중개하지 않고 계약서만 작성한 경우 손해배상 책임은?   418

- 질문 공동중개에서 중개를 하지 않은 다른 중개업자의 책임은?   418
- 질문 중개하지 않고 계약서만 작성한 경우 손해배상 책임은?   419

153 임대차기간 중에 경매나 공매 통지 받았을 때 대처 방법은?   421

- 질문 대항력 있는 임차인과 대항력 없는 임차인의 대응방법   421
- 질문 임차인이 임차보증금으로 배당요구하는 방법은?   422

154 경매절차에서 언제 배당금 받고, 언제 건물을 인도해야 할까?   423

- 질문 경매에서 임차인에게 배당금을 지급하는 절차는?   423
- 질문 경매당할 때 임차인의 건물인도 시기와 부당이득 발생 시기?   424

155 서울시 상가임대차 상담센터와 상가임대차 분쟁조정위원회　　425
　🏠 서울시 상가임대차 상담센터　　425
　🏠 상가임대차 분쟁조정위원회　　426

PART 9 상가건물과 오피스텔 투자로 부족한 연봉 만들기

156 상가투자 방법과 실제 투자해서 성공한 사례　　428
　🏠 상가는 어떻게 접근해서 투자해야 하나?　　428
　🏠 구분상가를 매수해서 임대수익을 올린 사례　　429

157 북가좌6구역 근린생활시설을 매수해 신규아파트에 도전하다!　　431
　🏠 상가건물 사진과 주변현황도　　432
　🏠 매수하고 8억원으로 올랐고, 아파트 분양 자격도 있다!　　433

158 한국자산신탁에서 상가점포를 낙찰 받아 임대수익 만들기　　435
　🏠 마포 상가 109호의 사진과 주변 현황도　　435
　🏠 이 신탁기관 상가공매에서 권리분석은 어떻게 하면 되나?　　436
　🏠 신탁재산 공매 매각대금에서 배당 우선순위 결정 방법　　437
　🏠 낙찰 받고 나서 어떻게 대응했나?　　437

159 오피스텔 30평형을 일반 매매로 사서 임대수익 올리는 방법　　438
　🏠 서초파라곤 30평형 오피스텔의 단지 정보와 주변 현황도!　　439
　🏠 30평형 오피스텔 실거래가와 내부 구조도는 다음과 같다!　　439

160 도곡푸르지오 오피스텔을 임대해 부족한 연봉 만들기　　440
　🏠 도곡푸르지오 32평형 오피스텔 주변 현황도　　441
　🏠 32평형 오피스텔 시세와 임대수익은 얼마나 올리게 되었나?　　442

PART 1

Q&A로 풀어보는 상가와 오피스텔 실전 노하우!

001  부동산 투자, 어떻게 분석하고 투자해야 성공하나?

🏠 항상 실수요자 차원에서 생각하고 판단해라!

부동산 투자는 우리가 살고 있는 땅과 집(토지와 건물)이라는 요소의 가치를 극대화시키는 데서부터 출발해야 한다. 자신의 목적에 부합하는 이른바 실수요 차원의 투자가 필요하다. 부동산도 역시 돌고 돌다보면 나중엔 실수요자에게 돌아간다. 그래서 실수요자 차원에서 가치(needs)가 있는가를 판단해야 한다.

🏠 역세권 주변과 대중교통 등이 발달하는 지역을 공략해라!

역세권 주변이나 대중교통 등이 발전해 있는 곳, 또는 앞으로 발전해 가는 곳은 분명 메리트가 있다.

이러한 역세권으로서 수도권에서 발전해 가는 지역을 예를들면 "서울시 순환선으로 2호선 주변, 김포에서 하남시까지 이어지는 9호선 라인, 수원에서 용산까지 이어지는 신분당선라인, 인천과 강북을 연결해주는 7호선, 새로 신설될 안산과 서울 여의도를 잇는 10호선" 이러한 지역 인근이 유망할 것이다.

이러한 요인은 수도권만의 문제가 아니다. 지방에서도 마찬가지로 역세권 주변에 근접해 있거나 KTX 등의 철도, 그리고 고속버스, 항만 등 대중교통이 발전해 가는 곳의 주변 부동산에 투자하면 안정적이고도 미래가치가 있는 확실한 투자처가 될 수 있다.

부동산의 수요와 공급이 일치하는 곳, 아니 실수요가 공급보다 넘치는 곳이 황금 시장이다.

🏠 교육여건과 생활편의시설, 우수한 상권 등이 수요를 부른다!

① 주택을 선택할 때 우선되는 것은 교육여건이다. 제반사항이 불리하더라도 교육여건이 좋은 곳이라면 가치를 증가시킬 수 있다. 초·중·고등학교의 학군이 우수하거나 주변에 우수한 학원 등이 있는 경우에는 많은 수요가 예상되고 이에 따라 추후 발생되는 가격 상승요인이 된다.

② 대형마트, 재래시장, 공공기관(구청, 주민센터, 법원 등), 금융기관 등의 생활편의 시설과 접근성이 높으면 수요를 창출하게 된다.

③ 주거의 쾌적성, 주차공간 확보 등의 환경은 누구나 소망하는 조건이다. 아파트 근처에 공원이나 산, 강 등이 위치하고, 주차공간 등이 잘 확보되어 있으면 주거에 있어서 보다 편안함을 가져다줄 수 있고 이러한 지역은 부동산 가치가 높다.

④ 상가나 오피스텔 등도 본인이 직접 운영하는 경우는 물론이고, 임대하는 경우도 마찬가지로 장사가 잘되느냐, 그렇지 못하느냐에 따라 그 가치가 결정된다. 따라서 입지와 상권분석을 잘해서 좋은 상가에 투자한다면 고정적인 임대수익은 물론이고, 상가를 높은 가격에 팔아서 시세 차익을 올릴 수 있다.

🏠 남들이 하지 못하는 부동산에 관심을 가져라!

남들 모두가 돈을 벌 수 있다고 생각하는 사업에선 부자가 될 수 없다.

부동산도 마찬가지다. 그 시대의 유행을 피할 필요는 없지만, 남들이 하지 않는 곳을 개발해서 투자하면 높은 수익을 만들 수 있다.

① 주변에 비해 저평가되어 있는 아파트 등은 추가적으로 가격 상승이 예상된다. 특히 이러한 아파트 등에는 오래된 것이 많은데 잘 분석해 보면 재건축까지 기대할 수 있어서 미래가치를 증가시킬 수 있다.

② 역세권 주변 다세대주택이나 다가구주택 등은 아파트보다 환금성에선 조금 떨어질진 몰라도 수익성은 높일 수 있다.

③ 빈 땅, 노후화된 무허가건물 등이 자리를 차지하고 있으면 주택시장에서 천덕꾸러기지만 리모델링 또는 철거 후 신축 등으로 새로운 가치를 창출할 수 있다.

④ 구분상가건물 등에 공실이 많다는 것은 수요가 없다는 것이고, 그 가치는 떨어질 수밖에 없다.

이러한 구분상가를 싸게 사서 상가건물에 맞는 업종을 선택해서 입주시키는 방법으로 임대수익을 높이거나 재건축 등으로 투자가치를 높일 수 있다.

⑤ 주택이나 상가건물에서 일부 지분만 거래되거나, 토지만 또는 건물만 거래되는 경우 거들 떠 보지도 않는다. 이러한 물건을 싸게 사서 다른 공유자들과 협의로, 또는 소송 등으로 해결하면 그 실현 수익은 상상을 초월한다.

🏠 부동산 시장은 정보수집에 전력을 기울여야 한다!

부동산투자에서 정보는 곧 수익률과 직결된다. 특히 부동산에는 누구에게나 열려있는 정보 외에 숨어 있는 정보가 많다. 이 숨은 정보를 알아내는 능력을 키우는 일이야말로 부동산투자에 성공하는 비결이다.

① 부동산 시장은 신문과 방송 등의 정보에 민감하다.

신문이나 인터넷사이트, 잡지 등을 보면서 시장 흐름을 꿰차고 있어야 한다. 신문에 나오는 기사 등의 정보에만 의존하여 투자하는 방식은 바람직하지 않으나, 신문은 급변하게 돌아가는 시장 상황을 그때 그때 수시로 확인할 수 있는 좋은 정보 습득처이다.

② 부동산정보는 현장답사를 통해 얻어지는 것으로 발품을 팔아야 한다.

어떤 일을 하던 발품이 필요하지 않은 사업은 없다. 부동산의 경우도 마찬가지인데, 특히 상가건물과 오피스텔의 경우 더욱 발품을 팔아 얻은 정보를 가지고 투자 여부를 결정해야 한다.

직접 발품을 팔아 실물을 눈으로 확인한 뒤 매입해야 한다. 한번 보고 판단하지 말고, 두 번, 세 번 확인하는 것이 진정한 발품이다. 특히 상가나 오피스텔 등은 주택보다 입지 및 상권분석을 잘해야 성공할 수 있다. 현장답사 없이 주택가격이 상승 또는 상가 임대수익이 높다는 중개업자의 말만 믿고 부동산을 매수하는 경우, 손실을 입게 되면 그 책임은 고수란히 본인의 책임으로 남는다. 발품을 팔 때 물건을 소개한 중개업소의 말만 신뢰하지 말고, 다른 중개업소를 통해 시세와 임대수익 등을 확인하고, 일주일 정도 유동 인구 분석 등을 통해 입지 및 상권분석을 직접 분석하고, 그를 통해 얻어진 정보를 가지고 결정해야 한다. <u>본인의 판단으로 실수했다면 경험으로 남아서 그다음 실수를 줄일 수 있지만, 남의 말에 현혹된 묻지마 투자는 원망만 남을 뿐이다.</u>

002 Q. 상가 투자 시 기본적으로 알고 있어야 할 내용은?

상가는 단지내 상가, 근린상가, 주상복합상가, 오피스텔상가, 오피스텔, 상가주택 등이 있다.

🏠 상가가 활성화될 때 그만한 수익성 있는 부동산은 없다!

그러나 활성화에 실패한다면 큰 손실을 보게 된다. 상가투자는 고정적인 임대수익, 또는 시세차익을 창출하기 위해서 시작하게 된다. 이런 상가는 본인이 직접 장사를 하든, 임차인이 영업을 하든, 기본적으로 장사가 잘되야 수익을 높일 수 있어야 한다.

그래서 투자 전에 입지와 상권분석에 신중해야 한다. 반드시 임대수요가 어느 정도인지, 임대료 수준, 입지 등을 분석하여 매수를 결정해야 한다. 아무리 값이 싸더라도 장사가 되지 않는 입지 또는 임대수요가 적은 곳 같으면 피해야 한다. 상가가 경매로 나왔다면 이미 경영이 어려웠던 만큼 입지부분을 더 꼼꼼히 분석해야 한다.

상가 매수의 목적은 세 가지로 정리할 수 있다.

첫째는 자가 사업으로 운영하기 위해 구입하는 것이고, 둘째는 임대수익을 목적으로 하는 것, 셋째는 단기적인 매도로 투자수익을 올리기 위해 매수하는 경우 등이다. 이 세 가지 측면 모두 중요한 점은 모두 기본적으로 상가가 잘 되어야만 상가가치가 오르고, 그 반대의 경우에는 상가 가치를 하락시키게 된다는 사실이다.

아파트단지 내 상가와 근린상가, 중심상권상가 등은 고려해야 할 요소가 조금씩 다르다.

🏠 아파트단지 내 상가투자에서 고려할 점은?

아파트단지 내 상가는 아파트 가구 수와 단지 내 주민들의 소비 특성을 분석해야 한다. 일반적으로 35평형 미만의 중소평형 아파트에서는 단지 내 상가 이용률이 높은 반면, 대형 평수가 많은 고급 아파트 입주자들은 백화점을 선호한다. 또 대로변에 위치한 상가는 인근지역 주민들을 흡수하여 수익성을 높일 수도 있다. 주변에 대형할인점 등의 입주가 예정되어 있는가 등도 고려해야 한다. 대형유통시설 등의 입주는 아파트단지 내 상가의 영업력을 잠식시키기에 충분하다.

🏠 근린상가는 대로변이 좋다!

대단위 주거단지나 아파트 밀집지역을 배후에 두고서 대로변에 위치하고 있다면 더할 나위 없이 좋은 상가다.

🏠 중심상권의 상가는 경기를 적게 타고 임대료 수준도 높은 편이다!

이미 활성화된 곳이기 때문에 감정가 역시 그 점이 반영되어 높은 편이다. 상권변화가 적은 대신 권리금이 많으니, 이 경우 경매를 통해 구입할 수 있다면 그만큼의 수익을 높일 수 있다. 일반적인 매매에서 인정받는 권리금이 경매로 취득 시에는 인정되지 않는 까닭이다. 중심상권상가는 무엇보다도 미래 상권의 판도를 분석할 능력을 갖추는 것이 좋다. 일반적으로 지하층이나 고층은 피하는 것이 좋다. 이용자들의 동선이 넓어지면 그만큼 투자가치는 떨어질 수밖에 없다.

1층 출구 방향이 좋고, 에스컬레이터가 있을 때 올라오면서 마주볼 수 있는 자리가 좋다.

필자가 상가를 구입해 사업한 경험에 의하면, 상가 구입 시 주의할 점은 주변 유동인구 및 소득수준, 직업, 연령, 주변에 경쟁업체 입주 여부 또는 추후 입주 가능성 등이 있는가를 종합적으로 2~3주 정도 조사한 다음 결정하는데, 이중에서 기존 주변 경쟁업체 등의 사업이 어느 정도 수익성을 내고 있는가를 사전에 파악하는 것도 중요한 포인트가 된다. 이러한 분석은 기존 운영 사업장에 고객으로 방문하여 제품을 구입하면서 정보를 얻으면 될 것이다.

상가투자로 성공하려면 본인이 직접 상가를 운영하는 경우는 물론이고, 임대하는 경우에도 마찬가지로 임차인의 수익성이 안정되어야만 안정적인 임대수익을 보장받을 수 있다는 사실을 잊지 말아야 한다. 이렇게 입지와 상권분석을 잘해서 좋은 상가에 투자한다면 고정적인 임대수익을 물론이고, 상가를 높은 가격에 팔아서 시세 차익을 올릴 수 있을 것이다.

003 상가는 어떻게 투자해야 성공할 수 있나?

(1) 상가투자는 어떻게 접근해야 하나?

활성화된 상권에 투자하거나 앞으로 활성화가 예측되는 곳, 또는 현재 상권은 좋지 않지만, 매수 후 상가를 번영시킬 수 있는 업종으로 리모델링하는 방법도 있다. 그리고 간혹 상권이 우수한 데도 잘못된 업종 선택으로 상가 가치가 떨어진 곳이 있다. 이 상가는 입지와 상권에 맞는 업종 선택만으로도 상가 가치의 증가를 가져올 수 있다.

(2) 상가는 위치 선점이 중요하다!

1층 상가를 분양받거나 매수할 계획이라면 어떤 업종을 선택해야 상가를 활성화시킬 수 있는가를 고민해야 한다. 업종은 직접 발품을 팔아 시장조사를 하거나 아니면 인근 상가에 입점한 업종과 상권의 유동인구를 철저히 분석해서 판단해야 한다. 그리고 나서 매수하거나 임대를 선택하면 될 것이다. 2층, 3층, 4층 이상 상층부 상가도 마찬가지이다. 각 층에 맞는 업종을 선택해서 임대하는 방법으로 상가를 활성화시킬 수 있고, 임대수익이 높은 상가는 그 가치가 높아질 수밖에 없다.

(3) 상가를 분양을 받으려면 분양가가 적정한가를 체크해라!

신규분양 상가에서 분양가가 적정한가를 확인하는 것은 쉽지 않다. 그래서 임대수익률을 기준으로 매수 여부를 결정하는 사례가 많다. 그런데 분양업체 등이 상가를 분양할 때 기본적으로 신규로 입주하는 약국이나 병원, 그밖에 임차인 등에게 많은 혜택을 주면서 입주시키고, 임대수익률만 올려놓는 경향이 많다. 이러한 요인은 2년 또는 5년 후에 재계약 과정에서 임대수익률이 하락되는 이유가 되고, 그러한 현상은 상가가치의 하락으로 이어지는 사례가 많다. 따라서 기존 임차인을 내보내고 새로운 임차인이 입주를 하더라도 같은 임대수익을 올릴 수 있는가를 확인하고, 그 임대수익률을 바탕으로 적정한 분양가를 판단하는 것이 우선이다.

(4) 상가로 성공할 수도, 공실로 손해 볼 수도 있다!

매수시점에서 임대수익률이 적정한가! 공실로 손해보고 있는가!를 분석하는 것도 중요하지만, 앞으로의 주변 변화 즉 주변에 비슷한 상가나 대형 유통점 등의 입점 등으로 상권 변화가 발생할 수 있나? 까지 꼼꼼히 체크해야 한다. 월세 수익은 무조건 매매가격 대비 수익률로 나타난다.

그렇지만 적절한 월세가 아닌 높은 월세는 재계약 과정에서 임차인들로부터 외면당하게 되므로, 공실이 발생하거나 임대수익의 감소를 가져오게 된다는 사실을 알고 있어야 한다.

모든 부동산 투자는 어느 정도 위험부담이 항상 동반된다. 그러므로 언제라도 예기치 못한 상황에 탄력적으로 대비하는 습관을 갖는 것이 중요하다.

공실을 미연에 방지하는 것이 가장 좋지만, 만약 공실이 나더라도 생존할 수 있는 길을 미리 생각해 두어야 한다.

(5) 분양가가 비싸더라도 우량한 상가에 투자해야 성공한다!

우량한 상가는 가격이 높은 대신 투자자들이 두려움을 갖는 공실의 위험에서 해방될 수 있다. 공실이 없으니 당연히 안정적인 월세 수익을 얻을 수 있다. 임차인이 서로 입점하려고 하는 상가를 찾는 것이야말로 상가 투자의 핵심이자 최종 목표라 할 수 있다. 여기에 장사를 잘하는 임차인까지 입점 시키는 전략으로 상가가치를 더욱 높일 수 있을 것이다. 그런데 유의할 점은 호경기가 그리 오래 가지 않을 수도 있다는 사실이다. 그래서 상가가 좋은 위치에 입지하고 있더라도 분양가가 지나치게 비싸거나 현재 임차인 등이 부담하기에 어려운 월세를 지급하고 있다면, 이러한 현상은 상가가치의 하락으로 이어질 가능성이 높다.

(6) 상가는 투자하지 말아야 할 곳도 있다!
① 지나다니는 사람이 적은 곳
② 사람들의 발길이 오지 않는 상가
③ 주변에 대형마트나 백화점이 있는 곳
④ 권리금과 월세가 너무나 싼 곳
⑤ 세입자가 자주 바뀌는 곳
⑥ 경사진 곳에 위치한 상가
⑦ 유동인구가 있는 시간 대에 사람이 없는 곳

(7) 입지가 좋은데 장사가 안 되는 상가를 선택해라!

기본적으로 유동인구가 많고 상가가 활성화 되어 있는 입지인데도 불구하고 잘못된 업종 선택으로 장사가 안 되는 상가는 시세보다 저렴하게 매수할 수 있다. 필자는 이러한 상가를 사서 그 상권에 맞는 업종을 입주 시키는 전략만으로 상가 가치를 높인 사례가 있다. 이 방법은 매수전략에만 국한되는 것이 아니라 상가를 임대해서 장사를 하는 경우도 마찬가지이다.

상가 입지와 상권분석은 어떻게 해야 하나?

🏠 상가의 입지와 상권분석

(1) 상가의 입지란?

하나의 개별점포 입장에서 보면 상점을 개설하고 영업을 하기 위한 입지조건이 되지만, 소비자의 입장에서 보면 보다 편리하게 상품을 구매할 수 있는 구매지점이다.

따라서 외식 상품과 고객이 만나는 접객장소, 음식점의 대지나 점포가 소재하는 위치적 조건 등 음식점의 매출을 결정하는 요인을 의미한다.

(2) 상권분석은?

상가 점포의 세력이 미치는 범위, 고객을 흡수할 수 있는 지리적 영역, 마케팅의 단위로서의 공간적 범위를 말한다. 따라서 어떤 점포가 고객을 끌어들이는 지리적 범위가 어느 정도인지를 분석하는 것을 상권분석이라 한다.

🏠 상권조사 분석은 어떻게 해야 하나?

(1) 상권조사 분석의 핵심은?

상권의 규모로 상권력(활성화 정도)을 분석하고 상권의 특성 및 경쟁 상황을 파악할 수 있다. 상권은 입지를 기준으로 한 유효수요층의 범위이므로 입지가 우선 선정되어야 하지만 상권의 중심점을 입지로 가정하여 상권조사와 분석을 시행한다.

1차 상권(500미터 이내), 2차 상권(1,000미터 이내), 3차 상권(1,500미터 이내), 상권단절요인에 의한 규모와 범위를 지정할 필요가 있다. 또한 신도시 개발과 구도시의 슬럼화 등 행정구역상의 현황 조사로 상권에 미치는 영향력을 분석해야 한다.

그리고 상권 내 인구특성(인구 수, 가구 수, 남녀비율, 연령대별 비율, 인구증감, 거주형태, 가계지출, 외식비 지출 등)을 파악한다.

이를 위해서 통행 인구수와 성향 조사, 관찰을 통한 직접 조사, 주 메뉴 유효매층 등에 대한 **통행인구 조사**를 한다. 또한 접근성과 가시성을 판단하기 위한 **교통 및 통행량 조사**를 한다. 그리고 상권분석의 핵심인 경쟁점포 조사와 **상권변화의 예측**이 필요하다.

(2) 상권특성의 분석

상권특성의 분석이란 행정구역상 제한, 유동인구 및 거주인구의 인구 통계적 특성(나이, 성별, 소득수준, 소비수준 등), 교통량 등을 파악하는 활동을 뜻한다.

① 통행인구 조사 방법

통행인구의 양과 통행 인구의 성별, 연령별과 인구 통계적 성향과 통행인구의 통행 목적 및 보행속도와 같은 통행 인구의 성향도 함께 파악해야 한다. 통행 인구의 조사는 최소한 평일과 주말에 따라 달리 조사하여야 하며 시간대별로도 조사하고, 통행인구의 조사를 후보 점포에서만 하는 것이 아니라 길의 건너편 등에서도 조사해야 한다. 이러한 통행인구 조사는 다음 통행인구 조사표를 이용해 작성하면 된다.

구분		평일			주말		
		11~12시	16~17시	19~20시	11~12시	16~17시	19~20시
남자	10대						
	20대						
	30대						
	40대						
	50대						
여자	10대						
	20대						
	30대						
	40대						
	50대						
합계							

② 교통량 조사 방법

교통 및 통행량의 조사는 업체의 접근성, 가시성을 확인할 수 있는 요소이다. 이러한 교통량 조사는 다음 교통량 조사표를 이용해 작성하면 된다.

구분	11~12시	13~14시	14~15시	15~16시	16~17시	17~18시	18~19시	19~20시	...
승용차									
화물차									
버스									
기타									
합계									

(3) 상권분석의 핵심인 경쟁점포 조사

경쟁점포를 정의한다는 것은 이미 업종과 업태가 결정되었음을 가정하여, 직접적 경쟁업체 뿐 아니라 잠정적 경쟁업체도 정의가 필요하다.

상권분석의 최종 목적은 매출액 추정을 통한 타당성 분석	➡	경쟁점포 조사를 통해 가능
경쟁점포의 위치와 수	➡	인터넷을 활용한 방법과 직접 조사를 병행
경쟁점포의 내부현황 조사	➡	영업시간, 정기휴일, 면적, 메뉴, 종업원수 촉진수단, 좌석수, 영업활성화 정도, 고객의 특성, 인지도 등
미스터리 쇼핑을 통한 조사	➡	서비스 수준, 메뉴의 가격 및 맛, 메뉴의 구성 및 가치
예상 매출액의 추정	➡	실질 조사를 통한 추정, 식재료 납품업자나 주류 납품업자를 통한 추정, 주변 점포나 부동산을 통한 추정

(4) 상권의 변화를 예측해야 한다!

상권에도 수명주기가 존재함	➡	활성화되기도 했다가 침체되기도 함
향후 상권의 수명주기를 예측	➡	• 주변의 도시개발, 집객시설의 상권에 진출 • 상권 내 과도한 상가건물의 신축 • 도시 주요시설의 이전 등 (도시계획 확인원, 아파트 재개발 정보 등)

물리적 변화뿐만 아니라 소비자의 성향이나 라이프 스타일의 변화도 상권변화를 촉진한다. 주변 상권의 확대·축소 가능성을 파악하고, 주변 건물의 신축·철거계획 등과 개발계획(지하철역, 재개발/재건축, 백화점·할인점, 도시계획변경, 횡단보도 설치 등) 등을 조사한다.

005 Q. 선임대 후분양상가는 안전할까? 위험성은?

🏠 분양회사가 선임차인을 입주 후 분양하는 이유는?

상가 분양을 활성화시키기 위해서 분양할 때 임차인부터 입주시켜서, 임대 수익률이 확보되는 선에서 분양하는 사례가 증가하고 있다. 왜냐하면 분양 희망자들이 공실 없이 임대 수익률이 확보되는 것을 희망하기 때문이다. 선임대 후 후분양 상가는 준공까지 얼마 남지 않았거나 완공된 시점에 분양과 입점을 시작, 투자자 입장에서 공실 없이 임대료를 챙길 수 있다는 장점이 있는 것은 분명하다.

🏠 선임대 후 분양 시 임대 수익률 7%의 함정

회사원 이영철(가명) 씨는 고정적인 임대수익이 필요했다. 그래서 수익형 부동산을 알아보던 중 보증금 1억원에 월세 400만원에 임대가 맞춰져 있다는 분양가 8억원의 상가를 분양받기로 결정했다. 왜냐하면 상가를 분양 받아서 공실 없이 바로 임대수익을 얻을 수 있다는 장점에서 상가를 분양 받았다고 한다.

분양 받고 1년 동안 월세 400만원을 잘 받았는데, 임차인이 계약기간 만료 전에 계약해지 통지를 해 왔다. 임차인은 계약 만료 전까지 계약해지 통지, 임대인은 6개월 전부터 1개월 전까지 계약해지 통보를 할수 있다.

임대차계약기간을 1년으로 한 것이 그 원인 이었다. 그래서 새 임차인을 구하고자 노력했지만, 주변 임대수준은 종전 임대수준보다 한참 낮은 5,000만원에 100만원 수준이어서 장기간 공실로 두다가 5,000만원에 100만원으로 새임차인과 계약했다고 한다.

이러한 현상은 분양회사 등이 고가로 분양하기 위한 전략으로 선임대 후후분양하는 과정에서 임차인에게 1년 동안 일정한 월세를 보전하는 방법으로 입주 시키거나 분양회사와의 담합의 결과로 발생한 것이다. 상가를 분양하는 과정에서 이러한 일들은 자주 발생되므로, 신규로 분양 받기를 희망하는 분들은 유의해야 한다.

이렇게 이를 악용하는 못된 분양업자와, 이들과 한패거리인 임차인이 있을 수 있다. 임대수익률에 비례해 분양가가 결정되는 상가 투자의 특성을 잘 이용해서 상가를 높은 분양가로 매도하고자 하는 전략이다.

🏠 선임대 후분양 상가 피해 줄이는 법은?

계약을 상가 시행주체와 체결하는 가를 확인해야 한다.

계약자가 분양회사 직원으로 돼 있다면 '가짜' 선임대 계약일 가능성에 유의해야 한다. 시행주체와 체결했더라도 향후 계약자 명의로 승계해 주는 임대차 승계계약서를 발급해 주는지 여부도 확인해야 한다.

임대를 확정해 주는 임대보장증서 안전할까?

최근에는 해당 계약기간 동안 임대를 확정해 주는 임대보장증서와 수익률을 보장하는 임대수익보장 확약서도 등장하고 있다. 대내외적 요인을 들어 실제 이행되지 않는 경우도 있으니 이러한 계약을 맹신해선 안 될 것이다.

업계 한 전문가는 "이 외에도 수익률 보장을 내세우면서 시행사가 임대료를 보조해 수익률을 맞춰주겠다는 경우도 있는데, 애초 분양가 자체가 높게 책정됐을 가능성이 높고, 약속한 임대료 보조 기간을 지키는 사례도 드물어 조심해야 한다"고 조언하고 있다.

유명 프랜차이즈의 입점의향서를 제시하는 경우도 있다!

유명 프랜차이즈의 입점의향서를 실제 계약서인양 제시하는 경우도 있다. 입점의향서는 계약 확정에 대한 의사 표시가 아니므로 실제 계약서를 확인하는 게 좋다.

장기간 임대의사 여부를 확인해야 한다!

분양상가 임차인의 영업이 활성화 되고 있는가와 임차인을 직접 만나 장기간의 임차 의지가 있는가를 파악하고 투자 여부를 결정해야 한다. 병원이나 약국 등 특수 업종이라면 해당 면허증을 확인하는 것도 하나의 방법이 될 수 있다.

선임대 후 후분양 상가는 투자자의 공실 위험에 대한 불안 요소를 이용한 것으로 적정 임대료 파악이 불가한 신규 택지지구나 초기 신도시에서 많이 접할 수 있다. 때문에 상가 물량이 많은 지역의 상가투자에서 주의해야 한다. 눈앞의 이익에 취해 현상을 제대로 파악하지 못하는 사람들이 많은데 이는 투자의 손실로 이어질 가능성이 높은 것이다.

006 오피스텔은 상가와 투자 방법을 다르게 해야 한다!

오피스텔은 일반적으로 업무용으로 건축되었음에도 불구하고, 실제 사용 용도에 따라 업무용 또는 주거용으로 판단하게 된다.

오피스텔은 용도가 건축물대장상 업무용으로 건축되었으므로, ① 취득세는 주거용으로 사용하든, 업무용으로 사용하든 상관없이 업무용에 해당되는 4.6%가 부과된다.

② 재산세는 실무적으로 소유자가 변경되면 업무용으로 변경되고, 새로운 소유자가 주거용으로 구청 등에 신고하는 경우에만 주거용으로 부과되고, 이를 기준으로 종합부동산세도 부과되고 있으니 주의해야 한다. 그러므로 매수 후 또는 구청에서 재산세를 부과하기 전에 내가 보유하고 있는 오피스텔 등이 업무용으로 등재되어 있는지 또는 주거용으로 등재되어 있는지를 확인하는 습관이 필요하다.

③ 이렇게 재산세와 양도소득세, 종합부동산세, 부가가치세(월세와 건물분 부가세)의 경우 실제 사용 용도를 주거용으로 사용하느냐, 업무용으로 사용하느냐에 따라 다르게 적용된다.

🏠 주거용으로 사용하는 경우

주거용(본인이 전입신고 또는 임차인이 전입신고)으로 사용하면 주택의 과세 체계로, 건물분 부가세가 면제되고(임대한 경우에도 임차인의 월세에 대한 부가세가 면세이다).

주택임대차보호법의 적용대상이 되고 오피스텔을 1주택자로 보아 2년 이상 보유하면 양도세 비과세 혜택을 볼 수 있다(조정대상 지역내에서는 2년 거주해야 비과세). 그러나 다주택자의 경우에는 주택 수에 포함되어 취득세와 양도소득세가 중과될 수 있다. 그리고 주택에 해당하는 재산세와 종합부동산세가 부과된다.

🏠 업무용으로 사용하는 경우

업무용(본인이 사업자등록 또는 임차인이 사업자등록, 사업자가 없이 업무용으로 사용하는 경우도 포함)으로 사용하면, 주택이 아닌 건물로 과세체계가 적용된다. 따라서 건물분(대지권 비과세)에 대해 부가세 10% 부과된다(임대한 경우에도 임차인의 월세에 대한 부가세 10%가 부과된다).

상임법의 적용대상으로 주택과 같이 비과세 혜택은 누릴 수는 없지만 주택 수에 포함되지 않아서, 오피스텔을 보유한 상태에서 주택을 취득해도 취득세가 중과되지 않고, 기존 1주택자가 주택을 양도 시에도 비과세 혜택을 볼 수 있다. 그리고 기존에 주택 여러 채를 보유하고 있더라도, 오피스텔 양도 시에 중과되지 않고, 1년 미만은 50%, 2년 미만은 40%, 2년 이상은 6~45%의 기본세율만 적용 받는다는 장·단점이 있다. 그리고 업무용에 해당하는 재산세와 종합부동산세가 부과되는데, 오피스텔은 공시가격이 80억원을 초과해야만 종부세가 과세되므로 절세효과가 높다.

따라서 매도인의 사정에 따라 용도를 주거용, 또는 업무용으로 선택해서 매도해야 한다. 이는 매수인 역시 같은 방법으로 용도를 정해서 매수해야 한다.

이밖에 자세한 내용은 PART 6의 136 상가와 오피스텔을 개인 또는 사업자명의로 구입할 때 꼭 알아야 할 내용(359쪽)과 137 업무용 오피스텔은 상가와 다르게 적용되고 있다(363쪽). 138 상가나 오피스텔 등을 법인사업자로 취득해 매도 시에 유의할 사항(364쪽)과 141 개인 간에 주거용으로 오피스텔 매매 계약서 작성(371쪽), 142 개인 간에 업무용으로 오피스텔 매매 계약서 작성(376쪽), 143 오피스텔을 사업자가 개인에게 팔 때 계약서 작성(379쪽)을 참고하면 될 것이다.

007 오피스텔 투자에서 성공하려면 이렇게 투자해라!

🏠 오피스텔이 위치하고 있는 입지 여건

오피스텔은 어디에 위치하고 있냐에 따라 투자의 성공여부가 결정된다. 입지가 역세권, 업무지구 등 주변의 수요가 탄탄해야만 공실의 위험에서 벗어날 수 있다. 오피스텔의 무덤은 수요가 없어서 공실이 발생하는데 있다. 탁월한 배후지를 가지고 있을 때 공실의 위험을 줄일 수 있다. 주변에 사무실, 학교 등이 집중되어 임대 수요자를 충분히 확보할 수 있는 곳이라면 좋다.

🏠 안정적인 임대수익을 보장 받을 수 있는 곳

오피스텔 투자 시 수익성보다 더 신경써야하는 것이 안정성이다. 공실률이 높은 오피스텔은 매매가격이 저렴한 편인데 공실률이 높다는 건 그만큼 오피스텔 투자 가치가 떨어진다는 것이다.

매매가격이 저렴하다고 무조건 투자할 것이 아니라 임대수요를 체크해서 계속적인 임대수익율과 시세차익을 노려 볼 수 있는 곳에 투자해야 성공할 수 있다. 오피스텔에서 임대수익율과 가치가 떨어지게 하는 요인 중 하나가 수요자가 없어서 공실이 발생하고, 이러한 공실로 인해서 1동 전체의 관리비가 증가되고, 그로인해서 개별 관리비의 증가로 이어지고 있다는 점이다.

아파트의 경우 대단지가 좋다는 것은 누구나 알고 있다. 이는 대단지가 소단지 아파트보다 주거환경이 좋기 때문이다. 이 공식이 오피스텔에도 그대로 적용되지 않고, 그 반대의 효과가 발생할 수도 있다. 왜냐하면 오피스텔의 경우 주거용으로도 사용하지만, 업무용으로 사용하는 경우가 많아서, 그 수요가 제한되어 있기 때문이다.

🏠 오피스텔 투자물건을 선택하는 방법

신규 분양하는 경우는 분양가에 거품이 있을 수가 있다. 보통 새로 지어진 오피스텔의 경우 새건물에 대한 분양가 거품이 있고, 주변 기존 오피스텔의 월세 시세보다 높게 책정되어 있는 경우가 많다.

따라서 신규분양 오피스텔의 경우에는 주변의 매매가격 및 임대료 수준 등을 미리 확인하고 적정한 가격에 분양 받는 전략이 필요하다.

지어진지 3~4년 정도 지나서 가격에 거품이 어느 정도 빠진 뒤에 구매하거나 일반매매보다 급매나 경매·공매로 구입하는 방법도 좋은 방법이다. 어차피 오피스텔은 시세차익을 노리는 것보다 매월 월세를 받을 목적으로 투자하는 수익형 부동산이기 때문이다.

  신규 오피스텔은 시행사가 대지소유권을 확보하고, 신탁계약이나 분양보증을 받아서 관할 시·군·구청에 분양신고를 하고 분양한다. 이때 사전예약금을 받고 동·호수를 지정해주는 사전분양을 하는 경우가 있는데, 시행사가 사전예약금을 다른 곳에 투자한다거나 하여 부도가 날 수도 있으므로 사전분양은 피하는 것이 좋다.

🏠 오피스텔은 대형보다 소형이 유리하다!

  오피스텔은 전세보다는 월세 수요가 많고, 1인 가구나 독신 직장인, 대학생이 주 고객이므로 비싼 임대료나 목돈이 들어가는 전세보증금은 임대를 어렵게 할 수도 있다. 따라서 소형오피스텔에 투자하는 것이 좋다. 소형 평수가 수요도 많고, 빠르게 회전할 수 있어서 공실률을 적게 만들어 주고 있기 때문이다. 기본적으로 소형 평수가 수요도 많아서, 공실률이 적으면서 임대수익율의 증가를 가져다준다. 단점은 아파트 상승장에서 대형오피스텔처럼 가격이 오르지 못한다는 점이다.

🏠 주거용을 대체할 수 있는 중형과 대형 오피스텔을 찾아라!

  오피스텔은 주택과 다르게 업무용 수요가 많은 곳이면서, 주거를 대체할 수 있는 방 2개~ 3개로 구성된 대형 오피스텔이라면, 그 가치가 더욱 증가한다. 이는 아파트 전세가와 아파트 가격의 상승으로 소비자들이 대체할 수 있는 주택을 찾으면서 발생한 새로운 수요이기 때문이다. 이런 중형(방 2개)과 대형(방 3개) 주상복합아파트와 함께 있다면 오피스텔만 있는 건물보다 가치가 있어서 더 오른다.

008 상가건물 등은 일반건물과 집합건물이 있다

상가는 단지내 상가, 근린상가, 주상복합상가, 오피스텔상가, 오피스텔, 상가주택 등이 있다(건축법시행령 제3조의5 별표1 용도별 건축물의 종류).

단지내 상가

단지내 상가는 아파트 단지내 상가와 기존 주택의 단지내 상가가 있다.

근린상가

근린상가는 중심상가, 근린상가, 유통상가, 일반상가로 1종, 2종 근린생활시설 위주로 구성되어 있는 건물이다.

주상복합상가

주상복합상가는 상층부는 아파트(3~4층 이상은 주택)이나 하층부는 상가(1~3층 등은 상가)로 구성되어 있다. 주거공간과 상업공간이 복합된 아파트로 주상복합아파트라고도 부른다. 상가와 아파트만 있는 경우도 있지만, 1~2층은 상가, 3~7층은 오피스텔, 8~15층은 아파트로 구성되어 있는 건물도 있다.

🏠 오피스텔상가

오피스텔상가는 상층부는 오피스텔이나 하층부는 상가(1~3층 등은 근린상가)로 구성되어 있다.

🏠 오피스텔

오피스텔은 주택법에 따라서는 준주택으로 건축법에 따라 지어진 건축물로 건물전체가 업무용 오피스텔로 구성되어 있는 건물이다. 오피스텔은 업무용으로 지어졌지만 사용용도에 따라 주거용 오피스텔과 업무용 오피스텔로 구분하기도 한다. 특히 방 2~3개로 구성된 중대형 오피스텔은 주거를 대체할 수 있는 오피스텔로 인정 받아 계속적으로 가격이 상승하고 있다.

🏠 상가주택

상가겸용주택이라고도 하는데, 한 건물에 주택과 상가가 복합되어 있는 경우로, 보통 1층은 상가, 2~3층은 주택으로 사용한다.

알아두면 좋은 내용

건물은 일반적인 독립건물과 집합건물이 있다

① 일반적인 독립건물은?
토지와 건물이 분리되어 거래의 대상이 되는 건물로 주택과 상가 등이 있다. 주택으로 단독주택, 다중주택, 다가구주택, 공관 등이 있고, 상가건물로 근린상가와 상가주택과 공장 등이 있다.

② 집합건물이란?
집합건물에서 구분소유권이 성립 되고 나서 대지사용권은 집합건물과 분리 처분할 수 없다(집합건물법 제20조). 따라서 대지는 집합건물의 처분에 따르게 된다. <u>이러한 집합건물은</u> 공동주택으로 아파트, 연립주택, 다세대주택, 기숙사 등과 상가건물로 근린상가와 주상복합상가, 오피스텔상가, 아파트형 공장 등이 있다.

🏠 도시형 생활주택과 생활형 숙박시설의 장점과 단점

(1) 도시형 생활주택

도시형 생활주택은 주택법이 적용되는 건축물로, 오피스텔과 비슷하지만, 다른 점은 300세대 미만, 수도권의 경우 85㎡ 이하의 면적만 가능하고, 주택 수에 포함된(20㎡이하 1채는 주택 수에 포함 안됨)다는 점과 발코니 설치 및 확장이 가능하다는 것이다. 이런 도시형 생활주택은 원룸형 주택, 단지형 연립주택, 단지형 다세대주택으로 분류할 수 있다.

(2) 생활형 숙박시설

생활형 숙박시설은 호텔과 오피스텔을 결합한 숙박시설이다. 주택법이 아닌 건축법의 적용을 받기 때문에 분양 계약시 청약통장이 필요 없고, 누구나 분양 신청을 할 수 있다. 이런 생활형 숙박시설은 일반호텔이나 모텔보다 저렴한 가격으로 숙박과 취사까지 모두 해결할 수 있는 장점이 있어서 외국인들이 많이 찾는 숙박 형태이다. 그리고 생활형 숙박시설은 주거 목적뿐만아니라 임대수익을 목적으로 숙박업을 영위할 수도 있다(일명 레지던스라고도 불림).

이 생활형 숙박시설의 가장 큰 장점은 주택 수에 포함되지 않고, 종합부동산세에서도 배제되면서 전매제한이 없다는 것이다.

009 집합건물 상가의 구분소유권과 대지사용권은?

🏠 집합건물의 종류

집합건물의 종류에는 아파트, 다세대주택(빌라), 연립주택, 오피스텔, 상가, 아파트형 공장 등이 있다.

🏠 집합건물 상가의 구분소유권이란?

1동의 건물 중 구조상 구분된 수 개의 부분이 독립된 건물로 사용될 수 있을 때 각 건물 부분을 목적으로 하는 소유권이다(집합건물의 소유 및 관리에 관한 법률 제1조, 제2조1호). 집합건물에 속한 독립된 각 가구의 구분된 공간에 대한 소유권이다. 구분소유자란 구분소유권의 소유자를 말한다.

🏠 집합건물 상가에서 전유부분이란?

구분소유권의 전용부분으로 등기부상 표시하는 내용이고 일반적으로 건축물대장이나 분양에서는 전용면적이라 부른다.

🏠 집합건물에서 알고 있어야 할 용어정리

(1) 전용면적

　현관 안쪽의 실제 사용면적으로 방, 거실, 주방, 화장실, 다용도실의 면적이 모두 포함된다(베란다 즉 발코니는 제외된다). 세대별로 독립적으로 이용되는 공간으로 실제 사용하는 면적을 말하며 공동주택의 구분소유권등기에 기재되는 등기면적이다. 동일한 평형대라도 주거전용면적이 차이가 있을 수 있고 주거전용면적이 큰 곳이 더 넓은 공간에서 산다고 볼 수 있다[주거전용면적비율=주거전용면적/공급면적(주거전용+주거공용면적)].

(2) 주거공용면적

　아파트건물 내에서 다른 세대와 공동으로 사용하는 공간을 뜻한다. 계단, 엘리베이터실, 1층 현관, 복도 등이 이에 해당된다. 아파트공급면적은 전용면적+주거공용면적을 말한다.

(3) 기타공용면적

　주거공용면적을 제외한 전체단지에서 공동으로 사용하는 관리사무소, 노인정, 기계실, 경비실, 지하주차장 및 지하층면적 등을 말한다. 아파트 구입 시 계약면적은 전용면적+주거공용면적+기타공용면적이 포함된다.

(4) 서비스면적

　발코니 즉 베란다면적을 말한다.

🏠 공동주택과 상가나 오피스텔 등의 집합건물에서 분양면적의 차이는?

① 계약면적은 전용면적+주거공용면적+기타공용면적의 합계이다.

② 아파트 등의 공동주택의 경우 주택법이 적용되고, 분양면적은 공급면적(전용면적+주거공용면적)만 가지고 계산하고, 기타공용면적은 포함되지 않는다. 그리고 전용면적에 포함되지 않고 서비스 면적으로 제공되는 발코니가 있다.

③ 상가나 오피스텔 등의 집합건물은 건축법이 적용되고, 분양면적은 공급면적(전용면적+공용면적+기타 공용면적을 합한 면적)으로 계약면적이 모두 분양면적이다. 그리고 공동주택에서 전용면적에 포함되지 않고 서비스 면적으로 제공되는 발코니가 없다는 차이가 있다.

이런 이유로 같은 전용면적이더라도 공동주택이 상가나 오피스텔 등의 집합건물보다 클 수밖에 없다.

🏠 집합건물의 대지사용권이란?

(1) 대지사용권이란?

대지사용권은 건물의 구분소유자가 전유부분을 소유하기 위하여 건물의 대지에 대하여 가지는 권리이다(집합건물의 소유 및 관리에 관한 법률 제2조 6호).

(2) 대지사용권의 종류

대지사용권의 종류에는 소유권이 대지권인 경우와 소유권 이외의 권리 중 지상권, 전세권, 임차권, 법정지상권, 관습법상 법정지상권, 무상사용권(시

영아파트), 유상사용권(건물만 분양하고 토지사용료를 일정 기간 동안 분양가에 포함한 경우) 등이 있다. 이러한 대지권은 집합건물등기부의 두 번째 표제부(전유부분 표제부) 하단에 지분으로 대지권의 표시(대지권의 종류, 대지권의 비율 등)가 등기되며 이를 대지권 등기라 한다.

🏠 집합건물의 대지권은 전유부분과 분리처분이 불가하다!

단독주택(다가구), 일반건물 등은 토지와 건물이 별개이므로 개별적인 거래 대상이 될 수 있다. 그러나 집합건물의 경우에는 특별한 경우(대지권 등기가 없는 건물, 대지권만 분리 처분한다는 특약) 외에는 대지권을 전유부분과 분리하지 않고 일체의 거래 대상으로 보아야 하는 것이다. 집합건물의 소유 및 관리에 관한 법률 제20조 제1항에 따르면 구분소유자의 대지사용권은 그가 가지는 전유부분의 처분에 따르며 구분소유자는 그가 가지는 전유부분과 분리하여 대지 사용권을 처분할 수 없다. 다만 이 분리처분금지는 그 취지를 등기하지 않으면 선의로 물권을 취득한 제3자에게 대항하지 못한다.

🏠 구분소유자에게 대지사용권이 없는 경우

구분소유자에게 대지사용권이 없는 경우 그 전유부분의 철거를 주장할 수 있는 권리를 가진 자, 즉 집합건물에서 법정지상권이 성립되지 않아서 전유부분의 철거를 요구할 수 있는 권리를 가진 자는 구분소유자에게 구분소유권을 시가로 매도할 것을 청구할 수 있다(집합건물의 소유 및 관리에 관한 법률 제7조, 구분소유권 매도청구권).

010 아파트 등의 집합건물을 분양할 때 분양면적과 평형 계산은?

(1) 집합건물을 분양할 때 계약면적은?

등기부에서는 전유면적(=전용면적)만 등기되고, 공용면적은 등기되어 있지 않다. 건축물대장에서만 <u>전용면적 + 주거공용면적 + 기타 공용면적 등이 기재</u>되어 있는데, 이 면적들의 합계가 <u>분양할 때 계약면적</u>이 된다.

(2) 아파트 등의 집합건물 평형을 계산하는 방법

아파트 평형에 대해 혼동하는 분들이 많은데, 이번 기회에 확실하게 알고 넘어가자! 건축물대장에서 전용면적과 주거용 공용면적(전용부분을 사용하기 위해서 직접적으로 공유하는 복도와 계단 및 엘리베이터 등의 면적)을 구해서 0.3025를 곱하면 우리가 흔히 말하는 아파트 평형이다. 이때 주거공용면적은 등기부에 표시되지 않고, 건축물대장에서만 확인할 수 있다. 즉 아파트 등의 평형을 제곱미터로 환산하는 방법은 전용면적 + 주거공용면적(계단, 복도 등의 면적) = 합계 00㎡ 즉 전용면적 84.98㎡ + 주거용 공용면적 24.02㎡ = 109㎡ × 0.3025 = 33평형(32.97)이다.

이 부분은 다음 이미지를 통해서 한눈으로 구분할 수 있다.

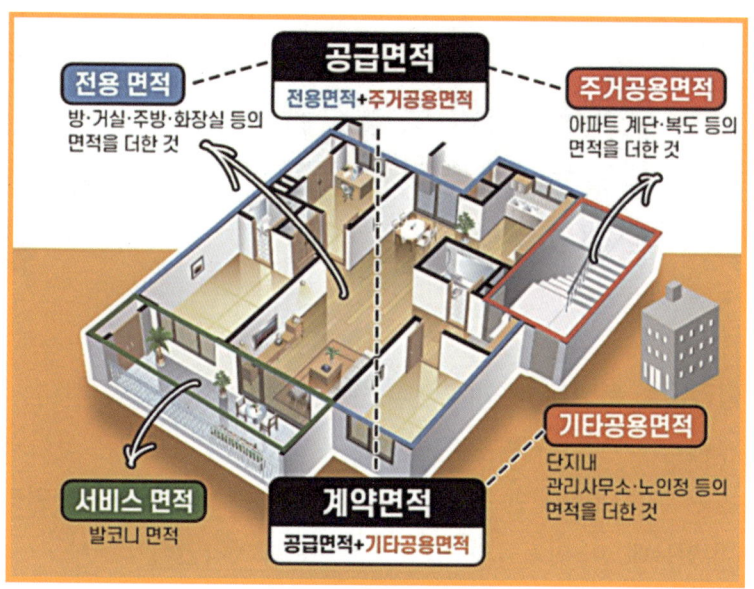

(3) 아파트 분양시 공급면적과 전용면적, 그리고 계약 면적은?

 아파트 분양시에 85A/65라고 표시가 되어있다면 85㎡는 공급면적, 65㎡는 전용면적이다. 그리고 아파트의 경우 공용면적 안에 주거공용면적과 기타공용면적으로 구분된다. "공용면적"에서 주거공용면적은 계단, 복도, 엘리베이터와 같은 시설이 포함되고, 기타공용면적은 주차장, 경비실, 관리사무소, 기계실, 노인정 등이 포함된다.

 아파트 등의 경우 전용면적 + 주거전용면적을 합산한 게 공급면적이고, 공급면적이 곧 분양면적이다. 그리고 "계약면적"이라 함은 공급면적 + 기타공용면적이 포함되는 것으로 아파트의 경우 분양면적 기준으로 안내되고, 상가와 오피스텔 등은 계약면적을 기준으로 안내하고 있다.

011 상가나 오피스텔 등을 분양할 때 계약면적과 평형 계산은?

🏠 집합건물 상가나 오피스텔을 분양할 때 계약면적은?

등기부에서는 전유면적(=전용면적)만 등기되고, 공용면적은 등기되어 있지 않다. 건축물대장에서만 상가건물의 경우 **전용면적 + 기타 공용면적 등이 기재**되어 있는데, 이 면적들의 합계가 분양할 때 계약면적이다.

아파트 등의 경우 전용면적 + 주거전용면적을 합산한 게 공급면적이고, 공급면적이 곧 분양면적이다. 그리고 "계약면적"이라 함은 공급면적 + 기타 공용면적이 포함되는 것으로 아파트의 경우 분양면적 기준으로 안내되고, 상가와 오피스텔 등은 계약면적을 기준으로 안내하고 있다.

🏠 상가나 오피스텔 투자에서 전용율이 얼마나 중요한가?

상가나 오피스텔 등의 집합건물에서 전용율이란 분양면적에서 복도, 계단, 관리사무소 등 공공시설면적을 제외한 나머지 면적이 분양면적에서 얼마만큼을 차지하는가를 보여주는 백분율이다. 전용율이 높다는 것은 실사용 면적이 그만큼 넓다는 것을 의미한다.

일반적으로 분양광고 등에 등장하는 3.3㎡당 분양가격은 전용면적이 아닌 분양면적으로 책정된다. 전용율이 다른 상가를 직접 골라 계산해 보면 차이점을 분명하게 느낄 수 있다.

예를 들어 분양면적 37.2㎡인 상가의 3.3㎡당 분양가격이 2,500만원이다. 여기서 A상가는 50%의 전용율이고, B상가는 70%의 전용율로 가정해 보겠다.

A와 B 상가 모두 분양가가 281,818,182원으로 겉으로는 차이점이 없어 보이지만, 주목할 점은 실사용 면적대비 분양가의 차이가 발생한다는 점이다.

A상가의 경우 실사용 면적은 18.6㎡로 실사용 면적대비 분양가를 계산해 보면 3.3㎡당 50,000,000원이고, B상가의 경우 실사용 면적은 26.04㎡로 실사용 면적대비 분양가를 계산해 보면 A상가보다 29% 정도 저렴한 35,714,286원 수준이다. 그리고 전용율이 높은 상가에 비해 낮은 상가가 관리비도 적게 발생하는 것으로 알려졌다.

이처럼 전용율을 이용해, 실사용 면적대비 분양가격을 비교해 보면 동일한 분양가격으로 책정되어 있다고 하더라고 훨씬 저렴한 상가투자가 가능하다. 하지만 전용율이 높다고 무조건 좋은 것만은 아니다.

 상가투자에서 전용율만 높으면 무조건 좋을까?

주거용 부동산 투자에선 공급면적 대비 전용면적의 비율이 전용율이다.

그러나 상가 투자에서는 전용율이 높으면 좋겠지만, 이밖에도 고려할 사항이 많다.

🏠 전용율이 높으면 공용부분이 적어 상가 활성화가 어렵다!

전용율이 높으면 그만큼 공용부분이 적어지게 되고, 이는 내부통로 등의 협소로 이어지게 되므로, 상가 활성화에 필요한 면적을 확보 하지 못할 수도 있다.

🏠 상가 투자는 전용율보다 상권이 우수해야 성공한다!

상가에서는 전용율보다는 기존 상권, 배후수요, 유동인구 등이 우수해야 장사가 잘되고 있는 상가의 가치를 높여 준다.

한국창업부동산정보원에 따르면, 상가라 해도 종류별로 전용율이 조금씩 다르다. 주상복합상가(전용율 54.2%)나 쇼핑몰 상가인 멀티테마상가(60.3%)는 비교적 전용율이 낮고, 근린상가(57.9%)나 단지내 상가(70%)는 전용율이 높다. 그러나 그렇다고 해서 전용율이 높은 상가가 수익률이 높은 건 아니다.

장경철 한국창업부동산정보원 이사는 "상가는 거주용이 아니라 전용율보다는 수익율이 가장 중요하다"며 "상가에 투자할 때는 전용율과 함께 입지와 유동인구 등을 반드시 파악해야 한다"고 말했다.

따라서 상가의 입지가 좋고 미래전망이 밝은 지역에서 전용율마저 높으면 투자 가치고 높다고 이해하면 될 것이다.

🏠 아파트와 다세대주택, 상가건물에서 약식으로 평형 계산방법

보통 아파트의 전용율은 70%, 다세대주택이나 연립주택 등은 80%선이고 주상복합아파트 전용율은 60~70% 선인데 반해서, 상가나 오피스텔 등의 전용율은 대략 50% 선이다.

그리고 집합건물에서 평형 계산방법은 앞의 10번의 아파트와 같이 계산해야 정확한 면적을 확인할 수 있다. 하지만 현장답사 과정에서 집합건물의 전용면적만 알고 있을 때 건축물대장을 확인하지 않고, 약식으로 계산하는 방법은?

① 아파트는 전용면적 84.98㎡ × 0.3025 × 1.3(주거공용면적이 전용면적의 30% 수준임)=33.41로 34평형

② 다세대주택이나 연립주택은 전용면적 59.78㎡ × 0.3025 × 1.2(주거공용면적이 전용면적의 20% 수준임)=21.70으로 22평형

③ 상가나 오피스텔 등은 전용면적 48.54㎡ × 0.3025 × 2(상가 등은 전용면적이 51%, 공용면적이 49%이기 때문)= 29.36으로 30평형으로 판단하면 된다. 그러나 이 계산 방법은 부동산을 현장 조사하는 과정에서 전용면적만 알고 있을 때 약식으로 면적을 계산하는 것이지 정확한 계산방법은 앞의 10번과 11번과 같이 건축물대장을 통해서 계산해야 한다.

🏠 전용면적이 같은데 왜 상가나 오피스텔이 아파트보다 좁을까?

① 아파트 등의 경우 전용면적에 포함되지 않고 서비스 면적으로 제공되는 '발코니'가 있는데, 상가나 오피스텔에는 없기 때문이다.

② 아파트 등의 공동주택의 경우 주택법이 적용되고, 분양면적은 공급면적(전용면적+주거공용면적)만 가지고 계산하고, 기타공용면적을 포함되지 않는다.

③ 반면에 상가건물과 오피스텔 등의 집합건물 등의 경우 건축법이 적용되고, 분양면적은 공급면적(전용면적+공용면적+기타 공용면적을 합한 면적)으로 계약면적이 모두 분양면적이다.

따라서 같은 전용면적이더라도 공동주택이 상가나 오피스텔 등의 집합건물보다 클 수밖에 없다.

④ 이러한 이유로 오피스텔의 전용면적 비율이 50% 안팎으로 아파트의 80% 수준보다 낮아지는 이유이다.

이처럼 다양한 이유 때문에 통상 전용 59㎡ 아파트(발코니 확장 시)와 전용 84㎡의 오피스텔 실사용 면적이 유사하다고 보고 있다.

아파트 · 오피스텔 분양면적 비교

	아파트	오피스텔
근거법	주택법	건축법
실사용면적	전용+서비스면적	서비스면적 없음
분양면적	공급면적(전용+주거공용)	공급면적(공급+기타공용)
전용률	80% 안팎	50% 안팎
㎡당 분양가	분양가/공급면적	분양가/(공급+기타 공용면적)

PART 2

당신만 몰랐던 상가투자의 진실과 거짓!

013. 구두계약을 하고 대항요건을 갖추면 대항력이 없다?

답변

계약은 계약서를 작성하고 계약금이 지급되어야만 효력이 발생한다고 생각하는 사람들이 많다. 그러나 이러한 생각은 계약에 대한 오해에서 발생하는 것이다.

구두로 계약해도 적법하게 계약이 성립되어 계약당사자 간에 그 효력이 있다. 따라서 계약서 없이 당사자 간에 구두계약을 하고, 그에 따라 전세금을 지급 후 주택인도(=거주)와 주민등록(=전입신고)을 갖추었다면 대항력(대항력은 소유자가 변경되면 새로운 소유자에게 임차권이 승계되는 것이다)이 있다. 그리고 경매절차에서 배당요구해서 소액임차인으로 최우선변제금을 배당받는 것만큼은 분명하다.

그러나 계약서가 없으면 확정일자를 부여받을 수가 없고 그에 따라 임차주택이 경매당하면 임차보증금을 손해 볼 가능성이 높을 것이다.

물론 선순위임차인(말소기준권리 이전에 대항요건을 갖춘 임차인)은 대항력이 있어서 낙찰자가 인수하게 되므로 손해를 보지 않겠지만, 선순위임차인이 얼마나 되겠는가?

그리고 구두로 계약하면 계약이 파기되거나 계약내용을 부인하는 경우 그 증명을 위해서는 많은 어려움을 겪게 되므로, 계약을 할 때 계약 내용을 계약서로 작성해서 증빙자료로 보관하고 있어야 임대인과 임차인 모두 권리를 안전하게 지킬 수 있다.

014 계약을 하고 24시간 안에 계약을 해제할 수 있다?

전세계약서를 작성하지 않았지만 계약하기로 합의해서 계약금까지 지급했는데, 건물 주인이 24시간 내에는 계약을 언제든지 파기할 수 있으니 계약을 하지 않겠다고 하면 어떻게 해야 하나?

24시간 내에 언제든지 계약을 깰 수 있다는 오해는 공산품 등에 있어서 계약을 해지할 수 있는 규정과 혼동해서 생긴 일이 아닌가 생각한다. 부동산 계약 후에는 임의 해제할 수 없고, 계약금을 해약금으로 지급해야만 계약을 해제할 수 있다. 민법상 계약체결은 당사자 간의 의사표시의 합치로 청약과 승낙을 하는 과정으로 이루어지기 때문이다.

청약은 "건물을 1억원에 전세로 내 놓았군요, 들어가고 싶으니 계약을 원합니다."

승낙은 "네, 1억원에 내 놓았습니다. 계약합시다. 계약은 보증금의 10%인 1,000만원을 계약금으로 하고 계약하기로 하죠"

위의 사례처럼 계약서를 작성하지 않았지만 계약하기로 합의하고, 돈을 주고 받았다면 계약은 성립된 것으로 임대인은 계약금의 배액을, 임차인은 계약금을 해약금으로 지급해야만 계약을 해제할 수가 있다.

그러므로 계약당사자 일방이 24시간 이내에 아무 조건 없이 계약을 깰 수 있다는 말은 잘못된 상식에 불과하다.

계약 당사자가 임대차계약을 체결하게 되면 일단 그 효력은 유효하고, 일방 당사자가 해약할 수 있는 권리를 유보하는 등 특별한 경우가 아니라면 일방적으로 해약할 수 없다.

매매, 임대차 계약 체결 후 24시간 안에 계약금을 돌려주면 합법적으로 계약을 취소할 수 있다는 일부 부동산 업계의 관행은 법적으로 전혀 근거가 없다.

따라서 상대방이 계약 해제에 동의하지 않는다면 특별한 사유가 없는 한 일방적으로 계약을 해제하고 지급한 계약금을 반환받을 수 없다.

상가 임대차 계약 체결하고 집에 와서 생각해 보니 성급히 결정한 것 같아서 계약을 해제하고 싶습니다. 아직 24시간이 지나지 않았기 때문에 계약을 해약하고 계약금을 돌려받을 수 있다고 들었는데 맞나요?

양 당사자가 임대차계약을 체결하게 되면 일단 그 효력은 유효하고, 일방 당사자가 해약할 수 있는 권리를 유보하는 등 특별한 경우가 아니라면 일방적으로 해약할 수 없습니다.

매매, 임대차 계약 체결 후 24시간 안에 계약금을 돌려주면 합법적으로 계약을 취소할 수 있다는 일부 부동산 업계의 관행은 법적으로 전혀 근거가 없습니다.

따라서 상대방이 계약 해제에 동의하지 않는다면 특별한 사유가 없는 한 일방적으로 계약을 해제하고 지급한 계약금을 반환 받을 수 없습니다.

015 Q. 계약금을 지급하지 않았다면 계약의 효력이 없는 걸까?

답변

부동산중개실무에서 계약서를 작성(주계약)하고 서명날인 했더라도 요물계약이므로 계약금계약이 성립되어야, 즉 계약금이 입금되어야 그 효력이 발생한다고 오해를 하는 사람들이 많다. 그래서 계약금을 입금하지 않았다면 계약의사가 없는 것으로 판단해서 처음부터 없었던 것으로 처리하고 있으나 <u>법원의 판단은 계약만 하고 계약금을 지급하지 아니한 경우도 계약의 효력이 발생해서 계약을 해제할 수 없다고 다음과 같이 판단하고 있으므로 중개실무가 잘못된 것이다.</u>

<u>대법원 2007다73611</u>은 "계약이 일단 성립한 후에는 당사자의 일방이 이를 마음대로 해제할 수 없는 것이 원칙이고, 다만 주된 계약(계약서 작성, 계약서가 없어도 계약에 합의했다면)과 더불어 계약금계약을 한 경우에는 임의해제를 할 수 있기는 하나, 계약금계약은 금전 기타 유가물의 교부를 요건으로 하므로 단지 계약금을 지급하기로 약정만 한 단계에서는 아직 계약금으로서의 효력, 즉 위 민법 규정에 의해 계약해제를 할 수 있는 권리는 발생하지 않는다. 따라서 계약금 전부를 나중에 지급하기로 약정한 경우, 교부자가 계약금의 전부를 약정대로 지급하지 않으면 상대방은 계약금 지급의무의 이행을 청구하거나 채무불이행을 이유로 계약금약정을 해제할 수 있고, 나아가 위 약정이 없었더라면 주계약을 체결하지 않았을 것이라는 사정이 인정된다

면 주계약도 해제할 수도 있을 것이나, 교부자가 계약금의 전부를 지급하지 아니하는 한 계약금계약은 성립하지 아니하므로 당사자가 임의로 주계약을 해제할 수는 없다."고 판결했다.

016 Q 계약이행 전에는 해약금을 지급하고 언제든지 계약을 해제할 수 있다?

🏠 계약이행의 착수와 민법 제565조의 당사자 일방의 의미

(1) 계약이행의 착수란?

계약 후 중도금의 일부 또는 전부를 지급한 경우, 잔금의 일부만 지급한 경우, 잔금 날 매수인이 잔금지급, 매도인의 부동산인도와 소유권이전등기 서류 교부 등의 행위를 말합니다.

(2) 민법 제565조 제1항의 당사자의 일방이란?

매매 계약 쌍방 중 어느 일방을 지칭하는 것이고, 상대방이라 국한하여 해석할 것이 아니므로, 비록 상대방인 매도인이 매매 계약의 이행에는 전혀 착수한 바가 없다고 하더라도 매수인이 중도금을 지급하여 이미 이행에 착수한 이상 매수인은 민법 제565조에 의하여 계약금을 포기하고 매매 계약을 해제할 수 없는 것입니다.

🏠 계약이행 전에는 계약금을 해약금으로 지급하고 계약을 해제할 수 있다!

상대방이 계약이행에 착수하기 이전에 해약을 원하는 계약 당사자가 해약금을 지급하고 임의로 계약을 해약할 수 있는데, 민법 제565조에서는 다른 약정이 없는 한 계약금을 해약금으로 보고 있습니다.

부동산 매매 계약서(또는 임대차 계약서) 계약내용『제5조 [계약의 해제]는 매수인(또는 임차인)이 중도금(중도금 약정이 없을 때는 잔금)을 지급하기 전까지 매도인(또는 임대인)은 계약금의 배액을 상환하고, 매수인(또는 임차인)은 계약금을 포기하고 본 계약을 해제할 수 있다』이 조항은 "해약금 약정"으로, 계약서에 이 조항이 없어도 민법 제565조 제1항에서 계약금은 특별한 약정이 없으면 해약금으로 추정된다는 법률에 근거해서 매수인과 임차인은 계약금을 포기하고, 매도인과 임대인은 배액을 배상하고 계약을 해제할 수 있습니다. 다만 해제권을 배제하는 특약이 있을 경우 해제가 불가할 수도 있는 것이죠(대법원 2005다4115).

🏠 그럼 해약금과 위약금은 어떤 차이가 있나?

① 해약금은 계약이행 전에 일정한 금액(=계약금 상당)을 포기하고 계약의 구속에서 스스로 벗어나기 위해서 지급하는 금액이고, ② 위약금은 계약을 이행하지 않거나 계약 위반에 따른 손해가 발생에 대비해서 계약당사자간 계약서에 미리 손해배상금으로 정해 놓은 금액으로, 계약서 특약사항란에 "계약위반에 따른 손해배상금 또는 위약금은 계약금 상당금으로 한다거나 금액을 정해서 위약금은 5,000만원으로 한다"고 명시하는 것으로 해약금과 다른 의미입니다.

017

Q 계약금 일부만 지급했다면 그 돈만 해약금으로 지급하면 된다?

답변

　부동산중개실무에서는 계약금의 일부만을 지급한 경우 그 계약금 일부만을 해약금으로 지급하고 계약을 해제하는 경우가 대부분이어서 계약을 가벼이 생각하는 풍조가 만연해 있지만, 법원의 판단은 계약금의 일부만 지급하고 계약한 경우 계약을 해제할 수 있는 계약금계약으로 보지 않아서, 계약금 일부를 해약금으로 지급하고 계약을 해제할 수 없다고 판단하고 있다. 다만 계약당사자간의 특약으로 계약금 일부 또는 전부를 위약금으로 정한 약정이 있다면 수수한 계약금 일부 또는 전부를 위약금으로 지급하고 계약을 해제할 수 있을 것이다.

　대법원 2014다231378은 乙(을=매도인)은 2013년 3월 甲(갑=매수인)에게 서울 서초동에 있는 아파트(147.86㎡)를 11억원에 팔기로 하면서 계약금을 1억1,000만원으로 정하고, 매수인이 매매계약을 해제할 경우는 계약금을 포기하고, 매도인이 해제할 때에는 계약금의 배액을 배상하기로 하는 내용도 명시하였다. 乙(을)은 계약 당일에 1,000만원을 받았고 나머지 계약금 1억원은 다음날 송금받기로 하였다. 그러나 乙(을)은 계약 직후 송금 받기로 한 계좌를 폐쇄한 뒤 甲(갑)에게 계약 해제 통보를 했고, 이미 받은 1,000만원의 배액인 2,000만원을 변제공탁을 했다. 뒤늦게 이 사실을 알게 된 甲

(갑)은 을(乙)이 계약 해제를 위해서는 2,000만원이 아니라 계약금과 같은 금액인 1억1,000만원을 위약금으로 지급하여야 한다며 소송을 제기했다.

서울중앙지법 민사25부에서는 부동산 매매계약을 해약당한 매수인 甲(갑)이 매도인 乙(을)을 상대로 낸 손해배상 청구소송(2013가합528346)에서 위약금 3,300만원과 이미 받은 계약금의 일부인 1,000만원을 합하여 4,300만원을 지급하라고 원고일부승소 판결을 했다. 재판부는 판결문에서 부동산 소유자에게는 계약금의 일부만 받은 상태에서는 매매계약을 해제할 수 있는 권리가 발생을 하지 않는다면서 乙(을)은 계약금으로 정한 1억1,000만원을 다 받고 나서야 금액의 배액을 돌려주며 계약해제를 주장할 수 있는 것이지 계약금의 일부인 1,000만원만 받은 상태에서 하루 만에 매매계약을 무르기로 결심하고 2,000만원을 돌려주며 계약해제 주장을 할 수는 없다고 밝혔다. **다만 위약금으로 계약금에 해당하는 금액인 1억1,000만원은 과다하다고 인정되므로 이를 30% 정도로 감액하여 3,300만원을 위약금으로 지급하는 것이 타당하다고 판시했다.**

이에 동의할 수 없었던 매수인 甲(갑)이 항소했고, **서울고등법원 2014나2010739 판단은** 채무불이행에 따른 손해배상으로서 이 사건 매매계약 제6조에서 정한 위약금 1억1,000만원을 지급할 의무가 있으나 판시와 같은 사정을 감안하면 **위 금원은 부당히 과다하므로 그 액수를 70%로 감액한 7,700만원을 지급할 의무가 있다고 판단했다.**

이에 매도인 乙(을)이 불복하여 상소를 하게 되었으나 **대법원 2015. 4. 23.선고 2014다231378 판단은** 계약해제 이전에 약정된 계약금 중 일부만이 수수된 사안이 아니라, 계약해제 이전에 매수인인 원고가 공탁절차를 통하여 약정계약금 모두를 매도인에게 지급한 이후에 계약해제 된 사안이라고 이 사건 사실관계를 판단하였다. 따라서 이 사안 자체의 해결차원에서는 여기에서 더 이상의 법리 판단 없이 매도인의 상고를 기각했다. 그래서 손해배상금은 7,700만원으로 확정되었다.

018

 가계약을 했을 때 가계약금은 돌려 받을 수 있다?

답변

가계약이란 말 그대로 본 계약을 하기 전에 다른 사람과 먼저 계약하는 것을 막기 위해서 임시로 맺은 본 계약과 다른 또 하나의 계약이다. 가계약금 100만원 또는 200만원 정도를 상대방에게 지급하면서 다음 날에 본 계약하기로 약속하는 증거금의 성격을 가지고 있으며, 본 계약을 체결하지 않으면 가계약금은 상대방에게 귀속시키기로 합의하는 계약으로 진행하고 있어서 반환 받지 못하게 되는 사례가 대부분이다. 그러나 특약으로 본 계약을 이행하지 않으면 가계약금을 반환하기로 약정했다면 돌려받을 수 있다.

가계약도 계약의 일종이고, 계약금에 비추어 소액이지만 가계약금의 수수까지 이루어지는 만큼 뭔가 구속력이 있겠지만, 임시의 계약이다 보니 본 계약보다는 약한 구속력을 가진, 약간은 불분명한 무엇일 수밖에 없다. 결국은 가계약에 관한 당사자들의 의사합치의 내용이 무엇인지에 관한 해석의 문제로서 당사자들이 가계약에 이른 경위에 따라 다양한 해석이 가능하다(대구지방법원 서부지원 2018. 12. 11. 선고 2018가소21928 판결).

첫째, 가계약의 본래의 의미대로 본 계약 체결을 약속하며 그 증거금으로 지급한 가계약금이다. 이 경우 과거 법원은 본 계약을 체결하지 않으면 가계약금을 해약금으로 지급해야 한다는 판결을 유지해 오다가 다음 대법원 2022다247187 판결처럼 해약금 또는 위약금 조항 없이 가계약하고 가계약금을 지급한 경우, 가계약금을 해약금으로 볼 수 없기 때문에 반환해야 된다는 취지로 변경되었다.

〈대법원 2022. 9. 29. 선고 2022다247187 임대차 가계약금 반환 청구소송〉
당사자 사이에 가계약금을 해약금으로 하는 약정이 있었음이 명백히 인정되지 아니하는 한 원고가 스스로 계약 체결을 포기하더라도 가계약금이 피고 2에게 몰취되는 것으로 볼 수는 없다고 할 것이다. 그럼에도 원심은 그와 같은 해약금 약정의 존재를 제대로 확인하지도 아니한 채 그 판시와 같은 이유만으로 원고의 청구를 배척하였으니 이러한 원심의 판단에는 가계약금에 관한 법리를 오해하여 대법원의 판례에 상반되는 판단을 함으로써 판결에 영향을 미친 잘못이 있다. 대법원은 위와 같은 법리를 판시하면서 당사자 사이에 가계약금을 해약금으로 하는 약정이 있었음이 명백히 인정되지 아니하는 한 원고가 스스로 계약 체결을 포기하더라도 가계약금이 피고에게 몰취되는 것으로 볼 수는 없다는 이유를 들어 이와 달리 판단한 원심판결을 파기·환송했다.

둘째, 법원은 가계약서만 작성되었더라도, 매매계약의 중요사항에 합의가 있었다면 매매계약이 성립된 것으로 판단하고 있다. 비록 가계약서에 잔금 지급 시기가 기재되지 않았고, 후에 그 정식계약서가 작성되지 않았다 하더라도, 위 가계약서 작성 당시 매매 계약의 중요 사항인 매매목적물과 매매대금 등이 특정되고 중도금 지급 방법에 관한 합의가 있었으므로 원·피고 사이에 이 사건 부동산에 관한 매매계약은 성립되었다고 판단했다(대법원 2006. 11. 24. 선고 2005다39594 판결).

이런 경우에는 당사자 간의 의사합치로 계약의 효력이 발생한 것이므로, 가계약금 반환이 어려울 뿐만 아니라 더 나아가 계약을 해지하려면 본 계약

매매대금의 계약금 상당 금액을 해약금으로 지급하고 계약을 해지해야 하는 어려울 상황에 몰릴 수도 있다는 사실에 주의해야 한다.

〈필자의 지혜로운 해결 방법 제시!〉
이렇게 매매계약의 일환으로 작성한 가계약서인 경우, 잘못하다간 매매대금의 계약금 상당 금액을 해약금으로 지급할 수도 있으니 가계약금만 포기하거나 가계약금일부를 반환 받고 계약을 해제하는 방법을 찾아야 한다.

019 계약당사자는 언제든지 해약금을 지급하고 계약을 깰 수 있다?

계약이행의 착수 이전에는 계약당사자 스스로 계약금을 해약금으로 지급하고 계약을 해제할 수 있다(해제권을 배제하는 특약이 있을 때는 예외적으로 불가, 대법원 2005다4115 판결). 계약이행의 착수가 있고서는 해약금을 지급하고 계약을 깰 수 없다. 여기서 계약이행의 착수는 계약 후 중도금의 일부 또는 전부를 지급한 경우, 잔금의 일부만 지급한 경우, 잔금 날 매수인이 잔금지급, 매도인의 부동산인도와 소유권이전등기 등을 말한다.

020 계약이 이행되고 나서는 어떻게 계약을 해제할 수 있나?

　계약금 지급 후 중도금 일부 또는 전부를 지급했거나 잔금의 일부를 지급한 경우와 같이 계약이행이 착수된 경우에는 채무자(계약을 위반한 당사자)가 채권자(계약을 위반하지 않은 당사자)에게 계약을 해제할 수 없습니다. 그래서 다음과 같이 해제해야만 되는 것이죠.

🏠 계약이행이 있은 후 계약을 해제할 수 있는 방법

　① <u>합의해제</u>는 계약당사자 간의 합의로 계약을 해제하는 방법으로, 이렇게 계약이 해제되면 계약은 처음부터 없었던 것이 되므로, 이미 수수된 계약금과 중도금은 반환해야 합니다. 이 방법은 채무자(계약을 위반한 당사자)와 채권자(계약을 위반하지 않은 당사자)간에 합의해제하는 과정에서 채무자가 채권자에게 일정한 합의금을 주고 해결하는 방법입니다.

　② <u>약정해제</u>는 계약서를 작성할 때 특약으로 계약해제 사유를 미리 정해놓고, 그러한 사실이 발생한 경우 그 약정에 따라 계약을 해제하는 것으로, 즉 "계약이행 후, 계약이 완료되기 전에는 채무자와 채권자 누구라도 계약을 해제할 수 있고, 이때 손해배상금으로 채무자는 채권자에게 계약금 상당액을 지급하기로 한다. 또는 손해배상금 없이 계약을 해제하기로 하고, 이미 수수된 계약금과 중도금은 아무 조건 없이 반환하기로 한다."로 약정해제

조항을 정하고, 그에 따라 해제하는 방법이다. 특히 토지거래허가구역 내에서 계약할 때 특약으로 약정해제 조항을 미리 정하게 되는데, "매수인에게 토지거래허가가 나오지 않으면 계약은 무효로 하고 아무조건 없이 수수한 계약금을 반환하기로 한다" 등 입니다.

③ 법정해제는 법률의 규정에 의해서 계약을 해제하는 것으로 채무자의 계약이행지체, 이행 불능, 불완전한 이행, 채권자의 목적물 수령지체 등이 있습니다. 이러한 법정해제의 경우 상당한 기간을 정해 중도금을 지급할 것을 최고한 후 그 때까지도 지급하지 않는 경우에만 계약을 해제(계약이행을 최고하고 계약해제를 통지하는 방법으로)할 수 있습니다. 그런데 상대방이 '동시이행의 항변권'을 갖는 경우 즉 매수인과 임차인의 잔금 지급 의무와 매도인과 임대인의 소유권이전등기 서류 교부 및 주택인도 의무는 동시 이행 관계에 있죠. 이러한 경우 해제권자 본인도 자신이 부담하는 채무에 대한 이행제공을 하면서 상대방의 이행을 주장해야 상대방이 동시이행을 하지 않는 이행 지체에 빠뜨리는 것이 되므로 계약을 해제할 수 있습니다. 즉 당사자 중 어느 일방이 계약의 이행을 하지 않을 경우에는 이행하려고 하는 쪽에서 의무이행을 먼저 해야 합니다.

계약이행이 착수된 경우에는 이렇게 합의해제, 약정해제, 법정해제로만 계약을 해제할 수 있는 것입니다.

021 계약금과 중도금 지급 후 대항요건을 갖춘 임차인은 대항력 있다?

답변

　이러한 경우 임차인은 등기부를 확인해서 잔금지급기일 이전에 근저당이나 채권가압류가 등기되어 있는가를 확인하고, 있다면 그 사유가 해결될 때까지 잔금지급을 거절해야 한다. 하지만 임차인이 부동산 전문가가 아니다 보니 등기부를 확인하지 않고 약속된 기일에 잔금을 지급하는 경우가 있는데, '임차주택이 경매당하면 임차인의 대항력은 어디까지 보호를 받을 수 있을까' 하는 문제가 발생하게 된다.

　전세보증금 1억원, 임대기간 2년의 임대차계약서를 작성하고 계약금 1,000만원과 중도금 6,000만원을 지급 후, 임대인의 동의를 얻어서 입주와 전입신고를 마쳤다. 그 후 근저당권이 설정된 사실을 모르고 잔금 3,000만원을 지급했고, 이 근저당권에 의해서 경매가 진행되고 있다면 임차인의 대항력과 우선변제권은 어떻게 될까?

이 내용은 다음 판례 돋보기를 참고하면 된다.

 **판례 돋보기**

(1) 서울지방법원 2000나31563 건물명도 청구소송에서
다음 경매사건에서 임차인이 전 소유자인 박○○과 임대차기간을 1995. 1. 26. 부터 계약하고 자녀의 병간호를 목적으로 1995. 1. 4. 주택을 인도 받아 1. 16. 전입신고를 마쳤고, 그 후 1. 19. 한국주택은행의 제1순위 근저당권설정등기가 마쳐져, 낙찰자가 임차인이 대항력이 없다고 명도 청구한 소송에서 임대차계약서상 임대차기간이 1995. 1. 26. 부터고 임대인이 주택은행으로부터 1995. 1. 19. 대출을 받으면서 임차인이 없다고 하였다고 하더라도 임차인이 대항요건을 근저당권보다 먼저 갖추고 있어서 대항력 있는 임차인으로 판단하고 낙찰자의 인수로 판결했다.

1998타경0000호

- 서울서부지방법원 본원
- 매각기일 : 1999.10.14(木) (10:00)
- 경매 2계(전화:02-3271-1322)

소재지	서울특별시 서대문구 북가좌동 000-00, 로얄빌라 000호 도로명주소검색						
물건종별	다세대(빌라)	감정가	70,000,000원	오늘조회: 1 2주누적: 0 2주평균: 0 조회동향			
				구분	입찰기일	최저매각가격	결과
대지권	24.95㎡(7.547평)	최저가	(20%) 14,049,280원	1차	1999-04-15	70,000,000원	유찰
				2차	1999-05-13	56,000,000원	유찰
건물면적	60.04㎡(18.162평)	보증금	응찰금액의10%	3차	1999-06-10	44,800,000원	유찰
				4차	1999-07-08	35,840,000원	유찰
매각물건	토지·건물 일괄매각	소유자	박○○	5차	1999-08-12	28,672,000원	유찰
				6차	1999-09-09	22,938,000원	유찰
개시결정	1998-12-14	채무자	박○○	7차	1999-10-14	14,049,280원	
사건명	임의경매	채권자	주택은행	낙찰: 17,175,000원 (24.54%)			
				배당종결 1999.12.08			

• 매각물건현황

목록	구분	사용승인	면적	이용상태	감정가격	기타
건물	4층중 1층		60.04㎡ (18.16평)	주거용		
토지	대지권		223.04㎡ 중 24.95㎡			

• 임차인현황 / 말소기준권리 : 2008.07.07 / 배당요구종기일 : 2012.07.27

임차인	점유부분	전입/확정/배당	보증금/차임	대항력	배당예상금액	기타
안○○	주거용 전부	전입일: 95. 01. 16. 확정일: 없음 배당요구일: 99. 05. 14.	보증금: 4,800만원	있음	배당금 없음	

• 등기부현황

No	접수	권리종류	권리자	채권금액	비고	소멸여부
1	1995.01.19.	근저당	주택은행	채권최고액: 24,000만원		
2	1998.12.14.	임의경매	주택은행	청구금액: 24,092,632원		

> **(2) 이 사건의 최종심인 대법원 2000다61855 판결**
> 임차인이 주택의 인도와 전입신고를 마친 때에는 주임법 제3조에 의하여 그 다음 날부터 임차주택의 양수인에 대하여 대항력을 취득하게 되므로, 보증금의 반환을 받을 때까지 임대차관계의 존속을 주장할 수 있는 권리를 가지게 되는 것이고, 여기서 임차인이라 함은 적법하게 임대차계약을 체결하여, 그 임대차관계가 유지되고 있으면 족한 것이며, 반드시 새로운 이해관계인이 생기기 전까지 임대인에게 그 보증금을 전부 지급하여야만 하는 것은 아니라고 할 것인바, 원심이 확정한 대로, 피고가 이 사건 주택의 당시 소유자로부터 이를 임차하기로 하는 임대차계약을 체결한 후 이를 인도받아 전입신고를 마친 시점이 소외 한국주택은행 명의의 이 사건 근저당권설정등기일 이전인 이상, 피고는 위 근저당권자에게도 대항할 수 있는 임차인이라고 판결하였다.

　대항력을 갖춘 임차인이 근저당권이 설정등기된 이후에 보증금을 증액하는 경우에는 증가된 금액에 대해서는 대항력이 없지만(대법2010다12753)(증액계약은 또 다른 새로운 계약임), 근저당권이 설정되기 전에 임대인과 임차인이 보증금 1억원으로 하는 임대차계약서를 작성하였다면 계약은 이미 성립한 것이고, 그에 기해서 대항요건인 주민등록과 주택인도를 갖추어서 대항력이 발생했으므로 근저당권이 설정된 것을 모르고 잔금을 지급했더라도 앞에서 보증금증액을 근저당권 설정 이후에 증액하는 것과 같지 않고 대항력이 인정된다.
　따라서 대항력이 인정되는 보증금의 범위는 1억까지 보장된다고 볼 수 있다.

022 실권약관이 있으면 계약해제 의사표시가 없어도 해제할 수 있다?

　매도인이 위약 시에는 계약금의 배액을 배상하고 매수인이 위약 시에는 지급한 계약금을 매도인이 취득하고 계약은 자동적으로 해제된다는 조항은 위약 당사자가 상대방에 대하여 계약금을 포기하거나 그 배액을 배상하여 계약을 해제할 수 있다는 해제권 유보조항이라 할 것이고 최고나 통지 없이 해제할 수 있다는 특약이라고 볼 수 없다(대법 80다851 판결). 즉 계약금을 채무불이행조건으로 실권약관(失權約款)하는 경우 실권약관을 인정함에 있어서 상대방에게 상당한 기간(1~2주)을 정해서 채무이행을 최고하고, 그래도 이행하지 않으면 계약해제의 의사표시를 해야 적법하게 계약이 해제된다.

023 상가임차인의 대항요건과 대항력은 언제 발생하나?

답변

상임법 제3조 제1항 임대차는 그 등기가 없는 경우에도 임차인이 건물의 인도와 사업자등록을 신청하면 그 다음 날부터 제3자에 대하여 효력이 생긴다.

제2항 임차건물의 양수인(그 밖에 임대할 권리를 승계한 자를 포함한다)은 임대인의 지위를 승계한 것으로 봅니다.

그래서 일반거래(매매, 상속, 증여 등)로 소유자가 변경되면 대항력이 있어서 임대인의 지위를 승계하게 됩니다.

그러나 법원 경매나 압류재산 공매로 매각되는 경우에는 조금 다르게 분석해야 합니다.

말소기준권리(근저당, 가압류, 압류, 담보가등기, 전세권(집합건물), 강제경매개시결정기입등기) 전에 대항요건을 갖춘 경우만 대항력이 있고, 말소기준권리 후에 대항요건을 갖춘 경우에는 대항력이 없습니다.

<u>상가임차인의 대항력만 가지고 보면</u> ㅁ 환산보증금(보증금+월세×100)이 <u>상임법 적용대상 범위 내(상임법 제2조 1항)에 있는 임차인과 초과하는 임차인(제2조 3항)간에는 차이가 없습니다.</u>

그러나 유의할 점은 ① <u>환산보증금 범위 내에 있는 임차인이</u> ㅁ 선순위인 경우 대항력과 우선변제권(최우선변제금과 확정일자부 우선변제금)중 선택할 수

있고, ▫ 후순위인 경우 대항력이 없어서 우선변제권으로 배당 받고 소멸되죠.

② <u>환산보증금을 초과하는 임차인은</u> ▫ 선순위인 경우 대항력만 인정되고 배당요구해서 우선변제 받을 수 있는 권리는 없습니다. 그래서 ▫ 후순위인 경우 더욱 심각하죠. 대항력이 없어서 소멸되는 임차권에 불과한데, 배당요구해서 우선변제 받을 수 있는 권리(최우선변제금과 확정일자부 우선변제금)가 없어서, 일반채권자로 채권가압류 후 배당요구종기 전까지 배당요구해야 배당참여가 가능하지만, 하더라도 배당순위가 후순위가 되어 배당 받을 채권이 없는 경우가 많습니다.

024 사업자등록을 안한 임차인도 갱신요구가 가능한가?

질문

2021년 10월 을지로에 보증금 300만 원, 월세 20만 원의 작은 상가를 1년 기간으로 임차하였습니다. 임대인이 올해 계약이 종료되면 나가달라고 합니다. 사정상 사업자등록을 하지 못했는데, 그럼 상가임대차법을 적용 받지 못하여 갱신요구를 할 수 없나요?

답변

　상가건물임대차보호법은 사업자등록의 대상이 되는 상가건물을 임차해 영리목적으로 사용하는 임대차 계약에 적용됩니다. 따라서 임차인이 비록 사업자등록 신청을 안 했어도 임차인은 최초의 임대차 기간을 포함 10년 동안 계약갱신요구권을 행사할 수 있습니다.

　또한 임차인이 사업자등록을 신청 안했어도 「상가건물임대차보호법」의 '임차인의 권리금회수기회보호(동법 제10조의4)', 임대료 증액의 상한 요율 5% 적용(동법 제11조), '보증금의 월차임 전환 시에 산정율의 제한(동법 제12조) 등의 적용을 받을 수 있습니다(2023년 서울시 상가상담사례 27쪽 일부 발췌).

이 사례는 소유자가 변경되지 않고 계약당시 임대인의 지위가 유지되는 경우에 그러하다는 것입니다.

　<u>그러나 상임법상 대항요건 즉 사업자등록과 건물인도를 갖추지 못한 경우</u> 대항력이 없는 임차인으로 계약한 임대인에게만 그 효력이 미치는 일반채권자에 불과합니다. 그래서 소유자가 변경되거나 특히 법원경매나 한국자산관리공사에서 진행하는 압류재산 공매로 매각되면 낙찰자에게 대항할 수 없고, 우선변제권도 없는 일반채권자에 불과해서 보증금을 떼일 수밖에 없다는 사실에 유의해야 합니다. <u>이러한 영향은 다음 032 사례도 마찬가지로 적용될 것입니다.</u>

025 사업자등록이 없으면 상임법으로 보호를 받을 수 없나?

신림동에서 보증금 500만 원 월세 50만 원 점포에서 세탁소를 운영 중입니다. 올해 2년째 영업 중인데, 임대인이 건물을 재건축한다고 하면서 재계약하지 않겠다고 합니다. 저는 사업자등록을 하지 않아「상가건물임대차보호법」의 보호를 받지 못한다고 하는데 그냥 쫓겨나야 합니까?

상가건물임대차보호법은 사업자등록의 대상이 되는 상가건물로써 영리 목적의 영업용으로 사용하는 임대차에 적용하는데, 해당 상가가 사업자등록 대상은 되지만 임차인이 사업자등록 신청을 하지 않았을 때는 상가건물임대차보호법이 제한적으로 적용됩니다.

임차인은 임차인의 의무를 현저히 위반하는 등의 특별한 사유가 없는 한 사업자등록 여부와 무관하게 계약갱신요구권을 행사할 수 있습니다.

따라서 임차인은 사업자등록 신청 여부와 무관하게 상가건물임대차보호법 제10조에 따른 계약갱신요구권을 행사함으로써 전체 임대차 기간 10년간 영업할 수 있습니다(2023년 서울시 상가상담사례 31쪽 발췌).

그리고 상임법 제10조의4 임차인의 권리금 회수기회 보호 등도 보호받을 수 있습니다.

Part 2 당신만 몰랐던 상가투자의 진실과 거짓!

026 Q. 상가 등이 화재로 계약을 이행하지 못해도 손해배상 책임이 있다?

계약 후 계약을 이행하는 과정에서 부동산이 화재가 나서 계약이행을 할 수 없을 때 어떻게 해야 할지를 민법이 정하고 있다.

먼저 누구의 잘못인가를 판단해야 한다. ① 매도자나 임대인이 불을 내서 멸실되었다면 이행불능(민법 제546조), ② 매도자나 임대인이 아니고 이웃집에서 불이 나서 옮겨 붙은 경우이거나 원인불명인 경우에는 채무자 위험부담주의(민법 제537조), ③ 매수자나 임차인이 잔금 전에 인테리어 공사를 하다가 불이나 멸실된 경우에는 채권자 위험부담주의(민법 제538조)라고 한다.

🏠 이행불능 시 계약해제와 손해배상 책임은?

이행불능과 해제(민법 제546조)는 채무자(매도인 등)의 책임 있는 사유로 이행이 불가능하게 되었다면 채권자(매수인 등)는 계약을 해제할 수 있다. 반대로 채무자는 계약을 해제할 수 없고 채권자의 처분에 따라야 한다. 여기서 채무의 이행불능이란 단순히 절대적·물리적으로 불능인 경우가 아니라, 사회생활의 경험법칙 또는 거래상의 관념에 비추어 채권자가 채무자의 이행 실현을 기대할 수 없는 경우를 말한다(대법원 2016다200729 판결).

🏠 채무자 위험부담주의로 계약이 해제되면 손해배상 책임이 없다?

　채무자 위험부담주의(민법 제537조)는 쌍무계약의 당사자 일방의 채무가 당사자 쌍방의 책임 없는 사유로 이행할 수 없게 된 때에는 채무자는 상대방의 이행을 청구하지 못한다는 내용이다.
　민법 제537조는 채무자위험부담주의를 채택하고 있는바, 쌍무계약에서 당사자 쌍방의 귀책사유 없이 채무가 이행 불능된 경우 채무자는 급부의무를 면함과 더불어 반대급부도 청구하지 못한다고 할 것이므로, 쌍방 급부가 없었던 경우에는 계약관계는 소멸하고 이미 이행한 급부는 법률상 원인 없는 급부가 되어 부당이득의 법리에 따라 반환 청구할 수 있다(대법원 2008다98655 판결).

🏠 채권자 위험부담주의로 계약이 해제되면 손해배상 책임은?

　채권자귀책사유로 인한 이행불능(제538조)은 ① 쌍무계약의 당사자 일방의 채무가 채권자의 책임 있는 사유로 이행할 수 없게 된 때에는 채무자는 상대방의 이행을 청구할 수 있다. 채권자의 수령지체 중에 당사자 쌍방의 책임 없는 사유로 이행할 수 없게 된 때에도 같다.
　② 전항의 경우에 채무자는 자기의 채무를 면함으로써 이익을 얻은 때에는 이를 채권자에게 상환하여야 한다.

027 계약도 부부 간에 일상가사 대리권에 속한다?

답변

민법 제827조에서 말하는 '일상의 가사'라 함은 부부가 공동생활을 영위하는데 필요한 통상의 사무를 말하는 것이어서 특별한 사정이 없는 한 부동산을 처분하는 행위는 일상의 가사에 속한다고 할 수 없는 것이고, 처가 특별한 수권 없이 남편을 대리하여 위와 같은 행위를 하였을 경우에 그것이 민법 제126조 소정의 표현대리가 되려면 처에게 일상가사대리권이 있었다는 것만이 아니라 상대방이 처에게 남편이 그 행위에 관한 대리의 권한을 주었다고 믿었음을 정당화할 만한 객관적인 사정이 있어야 한다(대법 2008다95861 판결).

028 계약을 이행하지 않으면 무조건 계약금을 떼인다?

🏠 계약서에 해약금 조항만 있고 위약금 조항이 없는 경우

해약금 조항은 계약이행에 착수하기 이전에 해약을 원하는 계약 당사자가 일정한 금액의 손해를 부담하고 임의로 계약을 해제할 수 있는 조항이므로, 계약위반에 따른 손해배상을 미리 정하는 위약금과는 엄연히 다른 문제다. 그래서 해약금 조항만 있는 경우에 계약위반으로 계약이 해제되면 계약은 처음부터 없었던 것과 같이 원상회복되야 하므로 계약금은 돌려주고 실제로 손해 본 금액에 대해서만 손해배상을 청구할 수밖에 없는데 그 손해를 입증하기가 어렵고 있다고 해도 소액이다.

🏠 약관법을 위반한 계약이라면 무효가 된다

"약관"이라 함은 그 명칭이나 형태 또는 범위를 불문하고 계약의 일방 당사자가 다수의 상대방과 계약을 체결하기 위하여 일정한 형식에 의하여 미리 마련한 계약의 내용이 되는 것을 말하는 것으로(약관규제법 2조), 신의성실의 원칙에 반하여 공정을 잃은 약관조항은 무효다(약관규제법 6조).

공정거래위원회는 '부동산 매매계약에서 매매대금의 10% 정도에 해당하는 금액을 계약금으로 정하고, 매수인이 약속을 어겼을 경우 그 계약금을 포기하기로 하는 게 거래관행'이라며, '위약금을 분양대금 총액의 20%, 많게는 30%까지 부과하는 것과 아파트 관리비에 연 30%가 넘는 연체율을 부과하는 것은 약관법 위반' 이고, '사업자는 불공정약관 조항으로 계약을 하더라도 무효이며, 이를 계약내용으로 주장할 수 없다'고 2012년 09월 11일 밝히고 있다.

이렇게 약관법을 위반한 것으로 판단되는 위약금 조항 등이 있을 때 공정거래위원회에 판단을 구하거나 법원에 판단을 구해서 위약금조항이 무효로 판단되면 위약금약정이 없는 계약이 되므로 실제 손해 본 금액에 대해서만 청구가 가능하고 이미 지급한 매매대금 등은 반환 받을 수 있다.

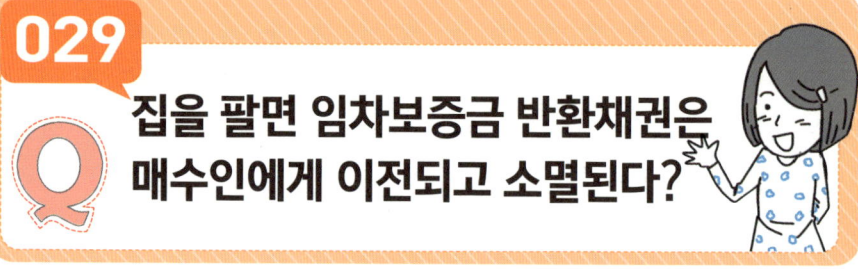

029
Q 집을 팔면 임차보증금 반환채권은 매수인에게 이전되고 소멸된다?

답변

주택의 임차인이 제3자에 대한 대항력을 갖춘 후 임차주택의 소유권이 양도되어 그 양수인이 임대인의 지위를 승계하는 경우에는, 임대차보증금의 반환채무도 부동산의 소유권과 결합하여 일체로서 이전하는 것이므로 양도인의 임대인으로서의 지위나 보증금반환 채무는 소멸한다[대법 95다35616 판결].

대항력을 갖춘 임차권의 목적인 주택이 양도되어 양수인이 임대인의 지위를 승계한 경우, 양도인의 임대보증금반환채무가 소멸하는지 여부(적극)[대법 2009다15794 판결]. 이렇게 임차인의 동의 여부에 상관없이 소유권변동에 따라 임대인의 지위가 자동 승계되고 전소유자는 임대인의 지위에서 벗어나게 되는 것이 원칙이다.

임차주택이 경매로 매각되면 조금 다르게 판단해야 한다.

임차주택의 말소기준권리보다 먼저 대항요건을 갖추고 있었다면 낙찰자에게 대항력을 주장할 수도 있고, 배당요구해서 전액 변제받을 수도 있다. 설령 미배당금이 발생해도 낙찰자가 인수하게 되므로 임차인은 보증금을 손해 보지 않게 된다.

그러나 임차인이 말소기준권리보다 후순위로 대항요건을 갖추었다면 임차권은 전액 배당 여부와 상관없이 경매로 소멸하게 되므로 낙찰자가 인수하지 않는다. 이 과정에서 임차인은 보증금을 손해 보게 될 수도 있다.

보증금을 떼였다면 계약당사자였던 전소유자에게 청구할 수 있을까?

이에 대법원 2002다36051 판결에서는 계약인수의 경우에도 종전 임대인(양도인)을 면책시키지 아니한 채, 계약인수에 동의를 할 수 있는 것이고, 이 경우 당사자의 의사표시가 명백하거나 기타 특별한 사정이 있는 경우를 제외하고는 원칙적으로 면책에 대한 동의는 없었던 것으로 봐야 한다고 판시하고 있다. 따라서 면책적 채무인수의 다툼을 줄이기 위해서도 채무자의 승낙이 관건이 될 수 있으므로 주택 양도 시 임차인의 승낙표시 즉 계약서의 특약사항란에 종전 임대인은 임대인의 지위에서 탈퇴시키고, 새로운 임대인이 기존임대차계약을 승계하기로 한다는 내용으로 종전 임대인, 임차인, 새로운 임대인이 서명 날인해야 하는 점도 알아둬야 한다.

그러나 임차인 입장에서는 이러한 특약을 하지 않아도 당연히 신소유자가 승계하게 되는 것이므로 위와 같은 특약은 하지 않는 것이 또 하나의 보험을 들어 둔 것이 된다는 사실을 잊지 말아야 한다.

030 Q 상가건물 매수 후 누수 등의 하자를 알았다면 매도인의 하자담보책임은?

🏠 매도인의 하자담보책임

매매의 목적물에 하자가 있는 때에는 매수인이 이를 알지 못한 때에는 이로 인하여 계약의 목적을 달성할 수 없는 경우에 한하여 매수인은 계약을 해제할 수 있다. 기타의 경우에는 손해배상만을 청구할 수 있다. 그러나 매수인이 하자 있는 것을 알았거나 과실로 인하여 이를 알지 못한 때에는 그러하지 아니하다(민법 제580조 매도인의 하자담보책임 1항).

이러한 권리는 매수인이 그 사실을 안 날로부터 6월 내에 행사하여야 한다(민법 제582조).

🏠 매도인의 하자담보책임의 질의응답

주택 매매에서 잔금을 치르고 매수자가 입주하고 나서 중대한 하자를 발견을 했다면 하자담보책임을 매도자에게 물을 수 있나요?

하자로 말미암아 매매의 목적을 달성할 수 없는 때에 매수인이 선의 또는 과실이 없는 경우라면 계약을 해제하고 손해의 배상을 청구할 수 있습니다.

목적물의 하자가 계약의 목적을 달성할 수 없을 정도로 중대한 것이 아닌 때에는 매수인은 손해배상을 청구할 수 있을 뿐이고, 계약해제는 하지 못합니다(민법 제580조 및 제575조 1항). 권리의 행사는 매수인이 목적물의 하자를 발견한 때로부터 6개월 내에 하여야 합니다. 만일 계약의 중대한 하자로 계약을 해제할 때에는 매수인은 매도인에게 지급한 매매대금의 반환을 청구할 수 있습니다.

아파트를 매매 했는데, 소유권이전등기를 하고 입주하기 전 도배를 하려고 하는데 기존도배지에 누수흔적이 있어 떼어 보니 벽에서 누수가 발생한 것입니다. 장롱이 놓였던 벽이라 아마도 전소유주도 모르는 상황에서 매매를 한 것인 듯한데, 이 경우에도 전 소유자에게 하자담보책임을 물을 수 있나요?

민법 제580조(매도인의 하자담보책임)과 민법 제575조(제한물권 있는 경우 매도인의 담보책임)에 따라, 매매 목적물에 누수의 하자가 있고, 매매당시 누수부분을 장롱이 가리고 있어 매수인이 알 수가 없었으며, 계약목적을 달성할 수 있는 경우에 해당되므로 그로인한 손해배상을 청구할 수 있습니다. 그 손해배상액은 그 보수비용이라 할 것이므로 방수작업의 비용을 청구할 수 있습니다.

　매매 계약서 특약사항란에 주택은 현(現) 시설 상태 하에서 매수인이 확인하고 매매하는 계약이라는 문구를 넣었다면, 매도인은 매매한 물건에 하자가 있더라도 매수인에게 책임을 물을 수 없나요?

　매도인의 하자담보책임은 공평의 원칙에 의거해 매도인에게 부과되는 무과실 책임입니다. 그리고 하자(=흠)란 매매 목적물에 존재하는 물질적 결점을 말하는데, 하자 담보 책임을 묻기 위해서는 매수인이 하자 부분에 대해 선의이며 과실이 없어야 합니다. 또 하자담보책임의 내용은 계약의 해제권과 손해배상청구권인데, 위의 계약의 목적을 달성할 수 없는 경우에야 해제권이 인정되고, 그 밖의 경우에는 손해배상만 청구할 수 있습니다. 이러한 하자담보책임에 관한 규정은 임의규정으로 당사자 간의 특약으로 매도인의 책임을 면제시킬 수는 있습니다.

　그러나 특약 사항에 현 시설 상태 하의 계약이라고 해도 내부 누수와 같은 중대 하자에 대한 책임을 배제하는 것은 아니라고 보며, 매수인이 하자 부분에 대해 선의이며 선의인데 과실이 없다면 손해배상을 청구할 수 있다고 법원이 판단하고 있습니다(대판 2000.01.18. 98다18506). 어쨌든 이러한 매수인의 계약해제 또는 손해배상청구권은 매수인이 그 사실을 안 날부터 6개월 이내에 행사해야 합니다.

 **031** 임대차계약 후 임대인의 체납세액을 임차인이 어떻게 확인하면 되나?

답변

2023년 1월 18일 정부가 보증금이 1,000만원을 초과하는 임대차계약을 체결한 임차인은 임대인의 동의 없이 체납세금 여부에 대해 열람할 수 있게 시행령을 개정했습니다. 기존에는 임대인의 미납국세 금액을 확인하기 위해서는 임대차계약 전 임대인의 동의를 받아 임대차계약 전까지 가능했었는데, 오는 2023년 4월 1일부터 '빌라왕' 전세 피해를 막기 위해 1,000만원이 넘는 보증금 계약을 한 임차인은 임대인 동의 없이 임대인의 미납국세를 다음 법률규정에 따라 열람할 수 있게 되었습니다(시행시기 2023년 4월 1일).

국세징수법 제109조(임대인 미납국세 열람 허용) 제1항 주택임대차보호법 제2조에 따른 주거용 건물 또는 상가건물 임대차보호법 제2조에 따른 상가건물을 임차하여 사용하려는 자는 해당 건물에 대한 임대차계약을 하기 전 또는 임대차계약을 체결하고 임대차 기간이 시작하는 날까지 임대인의 동의를 받아 그 자가 납부하지 아니한 다음 각호의 국세 또는 체납액의 열람을 임차할 건물 소재지의 관할 세무서장에게 신청할 수 있다. 이 경우 열람 신청은 관할 세무서장이 아닌 다른 세무서장에게도 할 수 있으며, 신청을 받은 세무서장은 열람 신청에 따라야 한다. 제2항 제1항에도 불구하고 임대차계약을 체결한 임차인으로서 해당 계약에 따른 보증금이 대통령령으로 정하는 금액을 초과(보증금이 1,000만원을 초과하는 임차인)하는 자는 임대차 기간이 시작하는 날까지 임대인의 동의 없이도 제1항에 따른 신청을 할 수 있다. 이 경우 신청을 받은 세무서장은 열람 내역을 지체 없이 임대인에게 통지하여야 한다고 규정하고 있습니다.

그런데 왜 1,000만원을 초과하는 임차인만 동의없이 열람을 가능하도록 한 것일까?

1,000만원(최우선변제금이 제일 적은 그 밖의 지역을 기준으로 보면, ① 주택은 2,000만원, ② 상가는 1,000만원이므로, 1,000만원을 기준으로 한 것임) 이하 소액임차인은 주택과 상가건물 임대차보호법상 최우선변제금으로, 법원경매나 압류재산 공매 매각되는 경우 국세보다 우선해서 배당 받을 수 있기 때문에, 이 최우선변제금보다 적은 전세물건은 따로 국세 열람 권리를 둘 필요가 없기 때문이다.

032 부모와 자식 간에 계약해도 주임법으로 보호받을 수 없다?

부모와 자식 간에도 임대차계약서를 작성할 수 있고, 이때 임차인이 전입신고를 하고 거주하고 있으면 주임법으로 보호를 받을 수 있다. 그러나 부모와 자식 간의 임대차는 미성년자가 아니고 부모와 독립된 세대로 별도로 떨어져 살던 자녀가 부모와 임대차계약서를 작성하고 대항요건을 갖추어야 대항력이 인정된다. 그런데 이러한 경우 임차주택이 경매되면 후순위채권자가 허위 임대차임을 주장해서 배당이의를 하게 되는 사례가 많으므로 임대인과 임차인 간에 임차보증금이 입금된 내역 등 증빙할 수 있는 자료를 가지고 있어야 한다.

중요한 것은 독립 세대이고 부모와 거주지가 다르고, 임대차계약서에 확정일자와 임차보증금을 확실하게 입금한 내역만 있으면 배당이의 소송에서도 승소할 수 있다. 입증을 못하는 경우에는 허위임차인으로 인정되는데, 독립세대원이 아니고 동일세대원이거나 독립세대원이라도 같은 공간에 거주하는 경우, 미성년자로 소득이 없는 경우라면 대항력이 인정되지 않을 수도 있다.

033 여관 장기투숙자의 경우 주택임대차보호법 적용 여부

🏠 주택임대차보호법 적용 여부에 대한 질의 응답

저는 A숙박업소에서 장기 투숙자로서 전세계약서를 쓰고 전입신고를 한 후 거주하고 있습니다. 숙박업소 건물이 경매가 되었을 경우 주택임대차보호법에 의해 보호를 받을 수 있는지요?

기본적으로 여관에 장기 투숙 또는 장기 임대를 한다고 주택임대차보호법의 대상이 되는 것은 아닙니다. 즉 일시 사용을 위한 고시원, 고시텔, 여관 등은 임대차보호법 적용을 받지 못합니다.

그러나 대법원은 주거용으로 세를 살았다고 입증이 되는 경우에는 주택임대차보호법의 대상이 된다고 판시하고 있습니다(대법원 94다 52522 판결). 즉 여관을 주거용으로 개조해 임차해주고, 임차인이 전입신고를 한 경우에는 여관을 주택으로 인정해서 주택임대차보호법으로 보호받을 수 있습니다(대법원 86누 536 판결).

수원지방법원 판례에서도 등기상 여관으로 되어 있는 곳에 임대차 계약을 마치고 전입신고를 한 사안에서 씽크대와 주방 등이 설치되어 있어 주거로 사용된 것이 확실시 되어 주택임대차보호법으로 보호받을 수 임차인으로 판단한 사례가 있습니다.

🏠 주임법으로 보호받을 수 있나? 에 대한 판단 여부

주택임대차보호법으로 대항력과 우선변제권(최우선변제권 및 확정일자부 우선변제권)을 가지려면 여관을 주거용으로 개조해서 주거용으로 실제 사용하는 경우만 가능하다.

<u>실제 주거용으로 사용하는가 여부는 전입신고와 확정일자를 갖춘 여관에 씽크대와 주방 등으로 실제 주거용으로 사용할 수 있는 시설 등을 갖추고 있다면, 설령 공부상 여관 등으로 되어 있더라도 주임법상 보호 대상자가 된다.</u>

그러나 주거시설 등을 갖추고 있지 못한 여관 등의 숙박시설에서 임대차계약서를 작성하고 전입신고와 계약서에 확정일자를 갖추고 장기 투숙하고 있다면 주임법상 보호대상이 될 수 없다는 사실을 알고 있어야 한다.

034 Q 계약해제 시에 채권자와 채무자가 현명하게 대처하는 방법

🏠 채권자(계약위반 상대방)의 현명한 대처 방법

  법정해제권은 채권자만 행사할 수 있는 것이고, 채무자(계약위반 당사자)는 행사할 수 없다.

  그래서 채권자 입장에서는 채무자가 계약을 이행하지 않더라도 법정해제권으로 성급하게 계약을 해제할 것이 아니라, 위약금 약정이 있는지, 약관의 규제에 관한 법률을 위반한 계약인지, 만약 위약금 약정이 없거나 약관법을 위반한 계약이면, 다른 손해배상의 청구가 입증 가능할 것인지 여부를 꼼꼼히 따져 봐서 계약을 해제해야 한다.

  ① 위약금 약정이 없어서 실제로 손해 본 금액만 청구할 수 있다면 법정해제권을 행사하며 계약을 해제하지 말고 계약이행을 최고하면서 합의해제를 유도하는 방법이 좋다.

  왜냐하면 채무자의 계약위반으로 계약이 해제되면, 이미 수수한 계약금과 중도금 등은 당연히 채권자에게 귀속되는 것이 아니라, 계약자체가 없었던 것으로 돌아가기 때문에 채무자에게 반환하고, 계약으로 인해 손해가 발생한 금액에 대해서만 손해배상을 청구할 수 있는데, 그 손해배상금액도 채권자가 입증해서 청구할 수밖에 없기 때문이다.

② 위약금 약정이 있는 경우라면 채권자가 법정해제권을 행사하며 계약을 해제하고 그 위약금을 손해배상금으로 청구할 수 있다. 그러나 위약금이 과다할 때 채무자가 법원에 감액 청구를 할 수도 있으니, 위약금 조항이 있더라도 계약당사자간에 합의해서 계약을 해제하는 방법이 현명하다. 특히 중도금까지 영수한 상황이라면, 계약이 해제되면 중도금은 반환해야 하므로 합의해제로 중도금 일부까지 합의금으로 영수하고, 나머지를 반환하는 방법이 현명한 대처이다.

> **알아두면 좋은 내용**
>
> **계약이 완전히 해제되기 전에 제3자와 계약하면 안되는 이유!**
> 계약금은 채무자 스스로 계약금을 해약금으로 지급하고 계약해제 의사를 밝히지 않는 이상 쉽게 몰수할 수 있는 것이 아니다.
> 채무자 스스로 계약을 깨기 전까지 계약의 효력은 계속 유지되고 있는 것이다. 그래서 채무자가 계약을 이행하지 않는다고 해서 계약이 적법하게 해제되지 않은 상황에서 채권자가 또다른 제3자에게 팔거나 임대하면 2중적으로 계약한 것이 되므로 오히려 채권자가 계약 위반에 따른 손해배상 책임을 지게 될 수도 있다는 사실에 유의해야 한다.

채무자(계약위반 당사자)의 현명한 대처 방법

채무자 입장에서 자신의 책임으로 계약이 해제되었으므로 계약금을 쉽게 포기하는 경향이 많다.

그러나 위약금 약정이 있는지 여부와 약관법을 위반한 계약인지를 확인하고 판단해야 한다.

① 위약금 약정이 없는 경우에는 채무자 스스로 계약금을 해약금으로 지급하고 계약을 해제하지 않는 한 계약금의 일부를 반환 받을 수도 있다. 왜냐하

면 계약이행 전 또는 계약이 이행되고 나서 **채권자가 채무 불이행에 따라 계약을 해제하면(법정해제권을 행사하면) 계약은 처음부터 없었던 것이 된다.**

그래서 이미 수수된 계약금과 중도금 등은 반환해야 한다. 다만 채권자는 채무자에게 계약 불이행에 따른 손해배상만을 청구할 수 있는데, 그 손해 본 금액을 채권자가 입증하기도 어렵고, 인정한다고 하더라도 계약금보다는 상당히 저감된 금액으로 결정되기 때문이다. 이렇게 위약금 약정 등이 없는 사안에서 재판 실무는 계약금의 전부를 손해배상금으로 인정하지 않고, 일부를 감액해서 판결하고 있다. 따라서 계약금이 과다하거나 중도금까지 수수된 상황에서 계약당사자간에 합의해제를 하지 말고, 법원에 감액 청구 소송으로 손해를 줄이는 방법이 현명한 대처 방법이다. 왜냐하면 중도금까지 지급된 상황에서 합의해제가 이루어지기란 쉽지 않기 때문이다. 이러한 상황에서 법원은 채권자와 채무자간에 원만하게 조정이 이루어지지 않으면, 계약해제로 인해 실제 손해 본 금액에 한해서만 손해배상금으로 판단하게 된다.

② **위약금 약정이 있는 경우라면** 채권자가 계약해제를 하고 그 위약금을 손해배상금으로 청구할 수 있다. 그러나 위약금이 과다할 때 채무자가 법원에 감액 청구를 할 수도 있다. 특히 계약금과 중도금 등이 수수된 상황에서는 채권자와의 합의가 쉽지 않다. 이때 법원에 감액 청구 소송으로 손해를 줄이는 방법이 현명한 대처 방법이다. 왜냐하면 위약금이 과다하면 감액 받을 수도 있고, 중도금은 특별한 사정이 없는 한 당연히 반환 받을 수 있는 금액이 되기 때문이다.

그래서 채무자 입장에서는 위약금 약정이 없는 경우와 있는 경우, 그리고 약관법을 위반한 계약인지 등을 종합해서 현명하게 대처하는 지혜가 필요하다.

아는 만큼 보호받는 상가 임대차
Q&A 60사례

035 상가건물임대차보호법의 적용대상 건물과 임차인은?

 상가건물임대차보호법으로 보호받는 건물은?

 상가건물임대차보호법도 주택임대차보호법의 적용대상 건물처럼 임대차 목적물의 전부 또는 일부를 영업용 건물로 사용하는 경우에도 적용 대상이다. 영업용으로 사용하고 있는 건물이 영업용 건물로 등기가 되었든, 미등기든, 무허가 건물이든, 비영업용 건물의 일부를 영업용 건물로 이용하든 <u>사업자등록을 할 수 있는 건물이면 모두 적용대상</u>이 되는데 <u>그 영업용 건물의 용도로 사용하는 판단 시점은 임대차계약체결 시점으로 판단해서 상임법의 적용</u>을 받게 된다.

임차인이 상임법으로 보호받으려면 어떻게 해야 하나?

 ① 상가건물임대차보호법의 보호를 받으려면 사업자등록을 할 수 있는 건물에서 대항요건(사업자등록+건물인도)을 갖추고, 대통령이 정하는 <u>환산보증금(보증금+월세×100)이 상임법 적용대상 범위 내</u>에 있어야 했다(상임법

시행령 제2조 1항). 즉 기존에는 대통령이 정하는 환산보증금 기준(2014. 1. 1. 시행)으로 4개의 권역으로 나누어 •서울특별시는 4억원, •수도권 과밀억제권역은 3억원, •광역시는 2억4천만원, •그 밖의 지역은 1억8천만원을 범위 내에 있는 임차인만 보호대상이고, 초과하는 임차인은 보호대상이 아니어서 대항력이 없었다. 그래서 건물주가 바뀌면 기존 임대차계약을 주장할 수 없고, 강제 퇴거당하는 사례가 빈번했었다.

② 그런데 2015. 05. 13. 부터 상임법 개정(상임법 제2조 3항)에 따라 ① 항의 환산보증금(보증금+월세×100)을 초과하는 상가임차인에게도 상가건물 소유자가 변경되어도 새로운 소유자에게 임대인의 지위를 승계하도록 대항력을 인정했고, 최소 5년간 계약갱신요구권도 보장 받을 수 있게 되었다. 다만 백화점과 대형마트 등 유통산업발전법에서 규정한 대규모 점포는 적용대상에서 제외된다. 그리고 이 법은 2015년 05월 13일 이후 새로 계약하거나 갱신된 임대차부터 적용한다. 현재는 환산보증금에 관계없이 모든 상가임차인들이 적법한 대항요건(사업자등록과 건물인도)만 갖추고 있으면 소유자가 변경돼도 대항력과 5년간의 계약갱신요구권으로 보호를 받을 수 있게 되었다.

이러한 계약갱신요구권 행사기간은 5년에서 10년으로 연장(상임법 제10조 제2항)되어 2018년 10월 16일부터 새로 계약을 체결한 임차인과 시행 전 존속적인 임대차는 계약을 갱신한 경우부터 인정된다.

③ 2019년 4월 2일부터 현재는 상임법 시행령 제2조 1항이 개정되어 대통령이 정하는 환산보증금 기준은 4개의 권역으로 나누어 •서울특별시는 9억원 이하, •수도권 과밀억제권역 및 부산광역시는 6억9천만원 이하, •광역시(과밀억제권역과 군지역, 부산시 제외), 세종특별자치시, 파주시, 화성시, 안산시, 용인시, 김포시 및 광주시는 5억4천만원 이하, •그 밖의 지역은 3억7천만원 이하로 변경되었다.

결론적으로 현재는 상임법상 보호대상인 환산보증금 범위 내에 있는 임차인은 대항력(계약갱신요구권 10년 포함)과 우선변제권(최우선변제권, 확정일자부 우선변제권)을 가지고 있으나 환산보증금 범위를 초과하는 임차인은 대항력(계약갱신요구권 10년 포함)만 있고 경매나 공매절차에서 배당 요구할 수 있는 우선변제권(최우선변제권, 확정일자부 우선변제권)은 없다.

036 상가임차인의 대항력은 언제 어떻게 발생하나?

질문 상가임차인은 대항요건을 갖추고 있어야 대항력 있다?

답변

상임법 제3조 제1항 임대차는 그 등기가 없는 경우에도 임차인이 건물의 인도와 사업자등록을 신청하면 그 다음 날부터 제3자에 대하여 효력이 생긴다.

제2항 임차건물의 양수인(그 밖에 임대할 권리를 승계한 자를 포함한다)은 임대인의 지위를 승계한 것으로 본다.

제3항 이 법에 따라 임대차의 목적이 된 건물이 매매 또는 경매의 목적물이 된 경우에는 민법 제575조 제1항·제3항 및 제578조를 준용한다.

일반거래로 소유자가 바뀌면 임차인의 대항력은?

 상가임차인이 상임법상 대항요건(사업자등록과 건물인도)을 모두 갖춘 다음 날 오전 0시부터 대항력이 발생하므로, 그 후에 소유자가 바뀌어도 새로운 소유자에게 임대차기간 동안 상가를 사용·수익할 수 있고, 종료 시에 주택인도와 동시에 보증금반환을 청구할 권리를 갖게 된다. 일반거래는 매매, 상속, 증여 등으로 소유자가 변경되는 것을 말한다.

 상가에서 어떻게 사업자등록을 해야 대항력이 발생하나?

 상가건물은 ① 일반 상가건물에서는 소재하는 지번만 일치하게 사업자등록을 하고 영업을 하면 상가임차인은 상임법상 대항력을 가지게 된다. ② 집합건물 상가에서는 예를 들면 서울시 마포구 상수동 200번지 하늘빌딩 제101동 제8층 805호라면 동과 호수까지 정확하게 일치한 주소로 사업자등록과 건물인도를 갖추어야 다음날 오전 0시에 대항력이 발생한다.

 경매나 공매로 소유자가 바뀌는 경우 대항력이 있을까?

 경매·공매절차에서는 조금 다르게 적용되고 있다.
 말소기준권리(근저당, 가압류, 압류, 담보가등기, 전세권(집합건물), 강제경매개시결정기입등기) 이전에 대항요건을 갖춘 경우만 대항력이 있고 이후에 대항요건을 갖춘 경우에는 대항력이 없다. 상가임차인의 대항력만 가지고 판단할 때에 •환산보증금(보증+월세×100)이 상임법 적용대상 범위 내(상임법 제2조 1항)에 있는 임차인과 초과하는 임차인(제2조 3항)이 차이가 없어 보인다. 그러나 유의할 점은 ① 환산보증금 범위 내에 있는 임차인이 •선순위인 경우 대항력과 우선변제권(최우선변제금과 확정일자부 우선변제금) 중 선택할 수 있고, •후순위인 경우 대항력이 없어서 우선변제권으로 배당 받고 소멸된다. ② 환산보증금을 초과하는 임차인이 •선순위인 경우 대항력만 인정되고 배당요구해서 우선변제 받을 수 있는 권리는 없다. 그러므로 •후순위인 경우에는 더 심각해진다. 대항력이 없어서 소멸되는 임차권에 불과한데, 배당요구해서 우선변제 받을 수 있는 권리(최우선변제금과 확정일자부 우선변제금)가 없어서, 일반채권자 지위에서 채권가압류 후 배당요구종기 전까지 배당 요구해야 배당참여가 가능하다.

 근저당권이 설정되고 임차인이 대항요건을 갖춘 경우 대항력이 없는 건가?

일반매매로 소유자가 변경될 때에는 새로운 소유자에게 대항력을 주장할 수 있지만, **먼저 설정된 저당권에 의하여 상가건물(주택)이 경매된 경우에는 대항요건을 갖춘 임차권도 소멸하게 되는데**, 만일 소멸하지 않는다면 경락이 잘 이루어지지 않을 것이고, 그것은 곧 선순위 저당권의 담보가치를 훼손하는 것이 되기 때문이다. 나아가 임차권이 먼저 대항력을 갖추고 저당권이 후순위로 설정되었다 하더라도, 그 저당권설정등기 이후에 증액한 보증금으로써는 그 주택의 경락인에게 대항할 수 없다(대판 90.8.24. 90다카11377).

건물과 대지에서 말소기준권리가 다를 때 임차인의 대항력 유무의 판단은?

건물과 토지의 말소기준권리가 다른 경우 임차인의 대항력 기준은 토지와 건물에 설정된 말소기준권리 중 가장 빠른 날짜가 되는 것이 아니라 건물의 말소기준만을 가지고 판단하게 된다. 이는 임대차대상이 건물이고 임차인은 건물 사용·수익을 목적으로 하기 때문이다. 그래서 상가나 주택임차인은 건물에서 대항력과 우선변제권을 주장할 수 있지만, 토지에 대해서는 대항력을 주장할 수 없고 우선변제권만 주장할 수 있다. 그래서 토지만 매각되면 임차인은 배당요구만 가능하고, 매수인은 임차인을 인수하지 않아도 된다.

 상가나 주택에서 전소유자가 임차인의 지위를 얻었다면 대항력은?

상가건물과 주택의 소유자가 임차인으로 지위가 바뀐 경우 새로운 소유자 앞으로 소유권이전등기일 다음날 오전 0시에 대항력이 발생한다(대법 99다59306, 99다70556, 2001다61500). 등기부상 소유자로 되어 있는 상태에서는 주민등록이 주택임대차보호법 제3조 제1항 소정의 대항력 인정의 요건이 되는 적법한 공시방법으로서의 효력이 없다고 보기 때문이다(대법원 98다32939 판결).

신탁등기된 상가 등에서 임차인이 대항력을 갖는 경우

① 신탁등기 전에 소유자와 임대차계약을 체결하고 대항요건을 갖춘 후 신탁등기가 이루어졌다면 임차인은 대항력이 있다.

② 신탁등기 이후에 입주한 임차인이 수탁자와 우선수익자의 동의를 얻어 위탁자와 계약을 체결한 경우

③ 수탁자가 우선수익자의 동의를 얻어 임차인과 임대차계약을 체결한 경우 등은 상임법상 대항력과 우선변제권(최우선변제권, 확정일자부 우선변제권)으로 보호받을 수 있지만 **수탁자와 우선수익자 동의 없는 임대차로는 대항력을 행사할 수 없다.**

동의를 얻었더라도 다음 <알아두면 좋은 대법원 2019다300095 판결>의 다항처럼 동의를 받은 경우에는 수탁자, 우선수익자, 신탁공매 절차에서 낙찰받은 자에 대해서는 대항력을 주장하지 못하고, 위탁자에게만 대항할 수 있다는 판례도 있다는 사실을 참고하기 바란다.

 알아두면 좋은 대법원 2019다300095 판결

1. ~ 생략
2. 원심판결 이유와 원심이 적법하게 채택한 증거에 의하면 다음과 같은 사실을 알 수 있다(가항 생략함).
   나. 이 사건 신탁계약상 위탁자는 수탁자의 사전 승낙을 받아 위탁자의 명의로 신탁부동산을 임대하도록 정하고 있었고(제9조 제2항 및 제10조 제3항), 이러한 신탁계약의 내용이 신탁원부에 기재되었다.
   다. 우선수익자인 농협중앙회는 2007. 6. 4.경 한국토지신탁에 이 사건 오피스텔에 관하여 'OOO의 임대차계약 체결에 동의하되, 수탁자는 보증금 반환에 책임이 없다'는 취지의 동의서를 작성하여 교부하였고, 한국토지신탁은 이를 위탁자 OOO에 교부하였다.

3. 위 사실관계를 앞서 본 법리에 비추어 살펴본다.
이 사건 오피스텔에 관한 부동산담보신탁 이후에 위탁자인 OOO로부터 이를 임차한 피고는 임대인인 OOO를 상대로 임대차보증금의 반환을 구할 수 있을 뿐 수탁자인 한국토지신탁을 상대로 임대차보증금의 반환을 구할 수 없다. 나아가 한국토지신탁이 임대차보증금 반환의무를 부담하는 임대인의 지위에 있지 아니한 이상 그로부터 이 사건 오피스텔의 소유권을 취득한 원고가 주택임대차보호법 제3조 제4항에 따라 임대인의 지위를 승계하여 임대차보증금 반환의무를 부담한다고 볼 수도 없다고 판결했다.

037

상가임차인이 최우선변제금을 받으려면 어떻게 해야 하나?

답변

임차인은 보증금 중 일정액을 다른 담보권자보다 우선하여 변제받을 권리가 있다. 이 경우 임차인은 건물에 대한 경매신청의 등기 전에 상임법 제3조 제1항의 대항요건(사업자등록과 건물인도)을 갖추어야 한다(상임법 제14조 1항). 경매신청등기 전에 대항요건을 갖춘 상가임차인은 전세의 경우 보증금을, 월세일 경우 보증금+(월세×100)으로 환산하여 그 보증금액이 다음 소액보증금과 최우선변제금 기간별 지역별 변천사의 보증금 범위 내에 있는 경우는 일정액을 담보물권자보다 우선하여 변제받을 수 있다. 이때 유의할 점은 보증금 중 일정액의 합산액이 상가건물(대지포함)의 가액의 2분의 1(2014.1.1.부터 개정됨, 개정 전 2013. 12. 31. 까지는 3분의 1)을 초과하는 경우에는 각 임차인의 보증금 중 일정액의 비율로 그 상가건물의 가액의 2분의 1에 해당하는 금액을 분할한 금액을 각 임차인의 보증금 중 일정액으로 본다. 최우선변제금액은 아래 ①, ②, ③, ④권역에서 환산보증금이 소액보증금액에 해당할 때에 소액보증금 중 일정액을 우선하여 변제받을 수 있는 금액이다.

권역별	개정 전 2002.11.1.~2010.7.25.까지		권역별	개정 후 1차 개정 2010.7.26.~2013.12.31.		2차 개정 2014.1.1. 이후부터 현재까지	
	보증금	최우선 변제금		보증금	최우선 변제금	보증금	최우선 변제금
① 서울특별시	4,500만원	1,350만원		5,000만원	1,500만원	6,500만원	2,200만원
② 수도권 과밀억제권역(서울 제외)	3,900만원	1,170만원	② 수도권 과밀억제권역(서울 제외)	4,500만원	1,350만원	5,500만원	1,900만원
③ 광역시(인천, 군 지역 제외)	3,000만원	900만원	③ 광역시(수도권 과밀억제권역과 군지역은 제외), 안산, 용인, 김포, 광주(경기)	3,000만원	900만원	3,800만원	1,300만원
④ 그 밖의 지역	2,500만원	750만원	④ 그 밖의 지역	2,500만원	750만원	3,000만원	1,000만원
환산보증금			환산보증금				

김선생 한마디

환산보증금 계산법 : 임대보증금+(월세×100)
2차 개정 이후인 2014.1.1. 이후부터 현재까지를 기준으로 계산하면,
① 서울소재 보증금 1,000만원에 월세 50만원이라면 1,000만원+(50만원×100)5,000만원=6,000만원으로 소액임차인에 해당되어 저당권 등에 우선하여 최우선변제금 2,200만원을 받을 수 있으므로 보증금인 1,000만원을 받을 수 있다.
② 보증금 3,000만원에 월세 40만원이라면 3,000만원+(40만원×100)4,000만원=7,000만원으로 소액임차인에 해당되지 못함으로 최우선변제 대상이 아니다.

038 현행법상 소액임차인이면 누구나 최우선변제금을 받을 수 있나?

답변

첫 번째로 매각물건에 등기된 담보물건이 없다면 현행법에 따라 서울의 경우 6,500만원 이하인 임차인이 상가건물가액의 2분의 1 범위 내에서 2,200만원을 1순위로 배당 받을 수 있다.

두 번째로 담보물권(근저당권, 담보가등기, 전세권, 확정일자부 임차권, 등기된 임차권)이 있고 그 담보물권이 상임법 시행일 이전에 설정되었다면 상임법 적용대상이 아니어서 최우선변제권이 인정되지 않으므로 1순위로 담보물권이 배당 받게 되고, 2순위로 최우선변제금 순으로 배당하게 된다.

세 번째로 담보물권이 상임법 시행일 이후에 설정되었다면, 소액보증금이 각 지역별로 해당되는 금액 이하인 경우만 최우선변제금을 받을 수 있다. 그런데 유의할 점은 현행상임법상 환산보증금이 소액임차인에 해당되어도, 그이전에 담보물권이 설정되어 있다면 그 담보물권 설정당시에 해당하는 구간에 소액임차보증금이어야 그 담보물권보다 우선해서 최우선변제금을 받을수 있다. 담보물권자가 예측하지 못하는 손실을 막고자 상임법 시행령 부칙제4조(소액보증금 보호에 관한 적용례) 이 영 시행 전에 담보물권(근저당권,

담보가등기, 전세권, 확정일자부 임차권, 등기된 임차권)을 취득한 자에 대해서는 종전의 규정에 따른다는 예외 조항을 두었기 때문이다. 그래서 이 예외조항에 근거해서 우리의 귀에 익숙한 소액임차인의 결정기준이 탄생하게 되었고, 담보물권자를 보호하기 위해 담보물권이 설정된 시기에 해당하는 소액임차인만 담보물권보다 우선해서 변제받을 수 있지만 그 구간에서 소액임차인에 해당되지 못하면 담보물권보다 우선하지 못하게 된 것이다.

039 Q. 확정일자부 우선변제권은 어떠한 요건을 갖추고 있어야 하나?

답변

상임법 제5조제2항 상가임차인이 제3조제1항의 대항요건을 갖추고 관할 세무서장으로부터 임대차계약서에 확정일자를 받으면 경매에서 임차건물(임대인소유의 대지를 포함)의 매각대금에서 후순위권리 그 밖의 채권자보다 우선하여 임차보증금은 변제 받을 권리가 있다.

(1) 상가임대차보호법의 적용대상은 어떻게 되는가?

상가임대차는 영세상인을 보호하기 위해 제정된 법이라 다음 ②번과 같이

4개의 권역별 기간별에 해당하는 환산보증금 이하인 임차인만 대항요건과 확정일자를 갖춘 경우 확정일자에 의해 후순위 채권자보다 우선해서 변제 받을 수 있다. 그러나 환산보증금이 법 적용 기준금액을 초과한다면 대항력(계약갱신요구권 10년)만 인정되고, 확정일자부 우선변제권으로 배당요구할 수 있는 우선변제권은 없다. 그래서 말소기준권리 이전에 대항요건을 갖추고 있는 선순위임차인만 대항력으로 보호받고, 후순위임차인은 대항력과 우선변제권이 없는 일반채권에 불과해서 손해를 볼 수밖에 없다는 사실을 알고 있어야 한다.

(2) 상임법 적용대상 환산보증금의 권역별 기간별 변천사

권역별	2002.11.1.~2008.8.20.	2008.8.21.~2010.7.25.	권역별	2010.7.26~2013.12.31.	2014.1.1.~2018.1.25	권역별	2018.1.26.~2019.4.1.	2019.4.2.~현재까지
① 서울특별시	2억4천만원 이하	2억6천만원 이하	① 서울특별시	3억원 이하	4억원 이하	① 서울특별시	6억1천만원 이하	9억원 이하
② 수도권 과밀억제 권역(서울시 제외)	1억9천만원 이하	2억1천만원 이하	② 수도권 과밀억제권역(서울 제외)	2억5천만원 이하	3억원 이하	② 수도권과밀억제권역(서울시 제외), 부산시	5억원 이하	6억9천만원 이하
③ 광역시(인천, 군지역 제외)	1억5천만원 이하	1억6천만원 이하	③ 광역시(과밀억제권역과 군 지역 제외), 안산, 용인, 김포, 광주(경기)	1억8천만원 이하	2억4천만원 이하	③ 광역시(과밀억제 권역과 군 지역, 부산시 제외), 세종시, 안산, 용인, 김포, 광주(경기), 파주, 화성	3억9천만원 이하	5억4천만원 이하
④ 그 밖의 지역	1억4천만원 이하	1억5천만원 이하	④ 그 밖의 지역	1억5천만원 이하	1억8천만원 이하	④ 그 밖의 지역	2억7천만원 이하	3억7천만원 이하
비 고	환산보증금	환산보증금		환산보증금	환산보증금		환산보증금	

040 상가임차인이 대항요건과 확정일자를 받았다면 그 효력은 언제 발생하나?

상가 임차인의 대항력과 우선변제권은 이렇게 알고 있으면 된다.

① 상임법 시행 전인 2002년 05월 10일 사업자등록/건물인도 ⇨ 2002년 11월 01일 확정일자를 받았다면 : 대항력과 확정일자 우선변제권은 2002년 11월 02일 오전 0시에 발생(기존임대차는 상임법 시행 후에 상임법 적용대상이 되므로 그때 비로소 대항요건을 갖추게 된다).

② 상가임차인이 2005년 05월 01일 사업자등록/건물인도 ⇨ 05월 10일 확정일자를 받았다면 : 대항력은 05월 02일 오전 0시, 확정일자부 우선변제권은 05월 10일 당일주간에 발생하게 된다.

③ 상가임차인이 2005년 05월 01일 확정일자를 받고 ⇨ 5월 10일 사업자등록/건물인도를 받았다면 : 대항력은 05월 11일 오전 0시, 확정일자부 우선변제권은 05월 11일 오전 0시에 발생.

④ 상가임차인이 2005년 05월 01일 사업자등록/건물인도와 확정일자를 받았다면 대항력과 우선변제권은 05월 02일 오전 0시에 발생하게 된다.

041 Q. 상임법의 적용을 받는 임차인의 최단 계약기간은?

답변

　상임법 제9조 1항은 기간의 정함이 없거나, 기간을 1년 미만으로 정한 임대차는 그 기간을 1년으로 본다. 다만, 임차인은 1년 미만으로 정한 기간이 유효함을 주장할 수 있다. 이와 같이 임대차의 최단 존속기간을 1년으로 규정하고 있으나 최대 10년까지 계약갱신요구권을 보장하여 실질에 있어서는 10년간의 임대차기간을 보장하고 있다.

042 상가임차인의 계약갱신요구권과 임대인의 계약갱신 거절권은?

답변

상임법 제10조 1항에서 임대인은 임차인이 임대차기간 만료 전 6월부터 1월 사이에 행하는 계약갱신요구에 대하여 정당한 사유 없이 이를 거절하지 못한다. 임차인은 계약만료 전 6월에서 1월 사이에 계약갱신을 전체 임대기간 10년 내의 범위 내에서 요구할 수 있다. 그러나 임차인이 차임액을 3기 이상 연체한 사실이 있는 경우와 임대인의 동의 없이 목적건물 전부 또는 일부를 전대한 경우와 임차인의 중대한 과실이 있는 경우는 임대인은 계약갱신을 거절할 수 있다.

질문 상가임차인의 계약갱신요구권은 어떻게 행사하나?

답변

계약갱신요구권 행사기간을 5년에서 10년으로 연장(상임법 제10조 제2항)되어 2018년 10월 16일부터 새로 계약을 체결한 임차인과 시행 전 존속 중인 임대차는 계약을 갱신하는 경우부터 인정된다. 이 법은 2018년 10월 16일부터 시행한다.

여기서 시행 전 존속 중인 임대차가 계약을 갱신한 경우(최초 계약일로부터 5년 이내에 한 번이라도 계약을 갱신하면) 총 10년의 기간을 보장받을 수 있다. 상가임차인이 환산보증금 범위 내에 있든, 환산보증금 범위를 초과하든, 법 개정 전 존속 중인 임차인은 5년간 계약갱신요구권을 행사할 수 있다. 이렇게 5년 동안 단 한번이라도 계약갱신을 요구했다면 종전 임대차기간을 포함해서 총 10년간의 임대차기간을 보호받을 수 있도록 부칙 제2조에 명시하고 있다. 여기서 갱신된 임대차는 법 개정 전에 계약갱신 또는 묵시적으로 갱신된 임대차를 의미한다(환산보증금을 초과하는 임차인도 묵시적 갱신으로 갱신된 경우도 갱신된 임대차에 포함시키고 있는 것은 계약갱신요구권을 행사할 수 있는 10년 동안 묵시적 갱신을 인정하지 않고 계약갱신만 인정하고 있다는 점이 특이한 점이다).

따라서 종전임대차에서 5년의 계약갱신요구권을 가지고 있는 임차인만 개정된 법률에 따라 최초계약일로부터 10년간 보호를 받을 수 있다. 그러나 법 개정 전에 이미 4년이 지나서 계약갱신요구권이 없는 임차인은 임대인이 계약갱신에 동의하지 않는 한, 이 법으로 보호를 받을 수 없고 5년으로 계약기간이 만료된다.

질문 계약갱신요구권 10년을 행사하지 못하는 임차인도 있다?

계약갱신요구권을 행사할 수 있는 기간인 5년(종전임대차) 또는 10년(개정 후 임대차)의 기간 내에 있더라도 임차인이 계약갱신 당시 차임을 3기 이상 연체하고 있는 경우(3기에 해당하는 금액을 연체해야 함) 또는 임대차기간 중에 차임을 3기 이상 연체한 사실이 있는 경우, 임차인으로 의무를 현저하게 위반한 경우(임대인 동의 없이 임차권을 양도하거나 전대하는 경우) 등에는 계약갱신요구권을 행사하지 못한다. 왜냐하면 임대인이 임대차 기간 중이라도 임대인은 언제든지 계약을 해지할 수 있기 때문이다. 이러한 경우 임대인은 계약갱신을 거절하면서 계약해지를 통지할 수 있다.

043 상임법상 환산보증금 범위 내 임차인과 초과하는 임차인의 차이점은?

질문 상임법상 환산보증금 범위 내의 임차인은?

　상임법 제10조 1항에서 임대인은 임차인이 계약기간 만료 전 6개월 전부터 1개월 전 이내 갱신거절의 통지 또는 조건변경 통지를 하지 아니한 경우에는 동일한 조건으로 임대차한 것으로 본다(묵시적 갱신). 묵시적 갱신이 적용되면 해당 임대차계약은 이전 임대차와 동일한 조건으로 보증금과 월세가 같아지게 되며, 임대차 기간은 1년 연장된다. 만약 기존 임대차계약 기간이 3년이었다 하더라도 묵시적 갱신에 의해 1년이 연장된다. 다만 임차인은 언제든지 해지 통고할 수 있고, 통고를 받은 날로부터 3개월 지나면 효력이 발생한다.

질문 상임법상 환산보증금을 초과하는 임차인은?

환산보증금을 초과하는 상가임차인에 대하여도 상임법 제2조 제3항에서 상임법의 일부 규정을 적용하고 있다. 이 중 임차인의 계약 갱신요구에 관한 조항(제10조 제1항, 제2항, 제3항 본문)은 환산보증금을 초과하는 임차인에 대한 조항이다. 그 내용을 살펴보면 임차인은 계약만료 6개월 전부터 1개월 전 사이에 계약갱신을 요구할 수 있으며, 임대인은 특별한 사정이 없는 한 이를 거절할 수 없으며 최대 10년까지 가능하다.

그러나 환산보증금을 초과하는 임차인이 상임법 제10조 제1항에 따라 갱신을 요구하지 않은 경우에는 상임법 제10조 제4항에 따른 묵시적 갱신으로 보호받지 못하고(환산보증금 범위 내의 임차인만 보호 받음), 민법 제639조에 따른 묵시적 갱신이 되기 때문에 주의해야 한다.

민법 제639조(묵시의 갱신) 제1항 임대차기간이 만료한 후 임차인이 임차물의 사용, 수익을 계속하는 경우에 임대인이 상당한 기간 내에 이의를 하지 아니한 때에는 전임대차와 동일한 조건으로 다시 임대차한 것으로 본다. 그러나 당사자는 제635조(기간의 약정 없는 임대차의 해지통고)의 규정에 의하여 해지의 통고를 할 수 있다.

이렇게 민법 제635조에 따른 묵시적 갱신이 되면 기한의 정함이 없는 임대차가 되어 각 당사자는 언제든지 계약해지의 통고를 할 수 있다. 이 경우 임대인이 계약해지 통지 시에는 6월이 경과 후, 임차인이 계약해지 통지 시에는 1월이 경과 후에 해지 효력이 발생한다.

044 Q. 월세에 대한 부가가치세액이 상임법상 환산보증금에 포함되는지?

답변

임차인이 부담하기로 한 부가가치세액이 상가건물 임대차보호법 제2조 제2항에 정한 '차임'에 포함되지 않는다는 법원의 판단이 나왔다.

임대차계약의 당사자들이 차임을 정하면서 '부가세별도'라는 약정을 하였다면 특별한 사정이 없는 한 임대용역에 관한 부가가치세의 납부의무자가 임차인이라는 점, 약정한 차임에 위 부가가치세액이 포함된 것은 아니라는 점, 나아가 임대인이 임차인으로부터 위 부가가치세액을 별도로 거래 징수할 것이라는 점 등을 확인하는 의미로 해석함이 상당하고, <u>임대인과 임차인이 이러한 약정을 하였다고 하여 정해진 차임 외에 위 부가가치세액을 상가건물 임대차보호법 제2조 제2항에 정한 '차임'에 포함시킬 이유는 없다</u>(수원지법 2009.4.29. 선고 2008나27056 판결).

따라서 계약서에 월세와 부가가치세를 명확하게 구분해서 작성하거나 부가가치세별도로 특약사항에 기재해야 한다.

045 임차권등기와 임대차등기는 어떻게 다른가?

질문 임차권등기명령에 의한 임차권등기는?

주임법 제3조의3, 또는 상임법 제6조의 임차권등기명령에 의한 임차권등기는 그 대상이 주택과 상가건물(상임법보호대상만)에 한정되어 있고, 임대차가 종료되거나 해지 사유(경매나 공매)가 발생 후에 보증금을 반환받지 못한 임차인이 임대인의 동의 없이 임차주택의 소재지를 관할하는 법원에 단독으로 신청이 가능하다.

① 임차권등기는 계약기간 종료 이후에 하게 되는 것으로 대항력과 우선변제권은 대항요건과 확정일자를 갖춘 시점에서 그 효력이 발생한다. 임차권등기 후에 대항요건을 상실해도 이미 취득한 대항력과 우선변제권은 상실되지 않고 그대로 유지된다. 이 임차권등기명령의 효과는 신청서 제출시가 아니라 등기부에 임차권등기가 등기된 시점에 발생한다는 점에 유의해야 한다.

② 임차권등기를 한 임차인은 우선변제권을 가지며, 위 임차권등기는 임차인으로 하여금 기왕의 대항력이나 우선변제권을 유지하도록 해 주는 담보

적 기능을 주목적으로 하고 있다. 그래서 임차권등기가 첫 경매개시결정등기 전에 등기되어 있다면, 배당받을 채권자의 범위에 관하여 규정하고 있는 민사집행법 제148조 제4호에 준하여, 그 임차인은 별도로 배당요구를 하지 않아도 당연히 배당받을 채권자에 속하게 된다. 설령 최선순위 임차권등기라도 마찬가지이다.

③ 임차권등기는 주택을 사용하기 위한 용익적인 권리이기 때문에 동일목적물에 대해 중복적으로 임차권등기를 하는 것이 허용되지 않고 있으나 임대차기간이 만료 돼 대항력을 유지하기 위해 임차권등기를 하고 이사를 나간 뒤 새로운 임차인이 입주해서 대항요건을 갖추고 있는 경우에는 종전 임차권등기가 주택을 사용하기 위한 용익적인 권리가 아니라 담보물권적인 권리만을 보호받기 위한 권리이므로 새로 입주한 임차인이 거주하거나 전세권등기, 임차권등기를 하는 것도 가능하다.

이러한 내용을 정리하면 임차권등기 이후에도 새로운 임차인이 입주할 수 있고, 후순위로 임차권등기(대법 2005다4529 판결)도 가능하지만, 선순위임차권등기의 효력이 미치는 범위 내에서만 대항력과 우선변제권이 배제된다.

질문 민법 제621조의 임대차등기는 어떻게 하면 되나?

민법 제621조의 임대차등기는 모든 부동산임대차에 대해서 할 수 있는 것으로 입주하기 전에, 또는 임대차 존속기간 중에만 임대인의 동의를 얻어서 임대차등기를 하게 된다는 점이 임차권등기명령에 의한 임차권등기와 차이가 있다.

① 민법에 의한 임대차등기는 모든 주택과 상임법 적용대상 상가건물에 한해서만 등기 시점 즉시 대항력과 우선변제권의 효력이 발생하고(그 이전에 대항요건을 갖춘 경우 그 시점), 주택이나 상임법 보호대상 상가건물 이외의 건물이나 토지임대차등기는 대항력만 인정되고 우선변제권이 없어서 경매절차에서 배당요구를 할 수 없다.

② 주임법 제3조의4와 상임법 제7조에 기한 임대차등기는 대항력과 우선변제권이 있어서 배당요구가 가능한데, **선순위 임대차등기권자가** 대항력을 주장하면 낙찰자의 부담으로 남고, 배당요구한 경우도 전액 배당 받을 때까지 소멸되지 않고 대항력이 있지만, 후순위 임대차등기권자는 배당요구와 상관없이 배당 받고 소멸한다.

이밖에 다른 민법상의 모든 임대차등기는 대항력만 인정되고 우선변제권이 없어서 배당요구가 불가하므로 배당요구를 위해서 별도 채권가압류 또는 집행권원이 있어야 한다.

046

 임차권의 양도나 전대차는 임대인 동의가 있어야 할까?

질문 임차권의 양도는 임대인의 동의가 있어야 대항력 있다?

임차권의 양도는 임차권이 그 동일성을 유지하면서 이전하는 계약으로서 임차권의 양도인은 임차인의 지위를 벗어나게 되고 양수인이 임차인으로서의 권리의무를 취득하게 된다.

임차권의 양도는 임차인(양도인)과 양수인 사이의 계약만으로 유효하게 성립하나, 민법 제629조에서 임차인은 임대인의 동의 없이 임차권을 양도하지 못하도록 제한하고 있으며, 임대인은 자신의 동의 없이 임차권을 양도한 경우 임대차계약을 해지할 수 있다.

임차권의 양도계약은 이들 사이에서 유효하게 성립하고, 양도인은 양수인을 위해 임대인의 동의를 받아 줄 의무를 지게 된다(대법 85다카1812, 대법 84다41003 판결).

그리고 임대인의 동의 없이 임차권을 양수한 자는 주임법, 또는 상임법상 대항력이 없어서 경매나 공매절차에서 배당 요구할 수 있는 우선변제권을 갖지 못하게 될 수도 있다. 이는 전대차의 경우도 마찬가지이다.

질문 임차권의 전대차는 임대인의 동의가 있어야 대항력 있다?

답변

임차권의 전대는 임차인 자신이 전대인이 되어 그의 임차물을 다시 전차인으로 하여금 사용·수익하게 하는 새로운 임대차관계로, 임차인의 임차권은 소멸하지 않고 전대인의 지위를 갖고, 새로운 주택이용자는 전차인의 지위를 갖게 된다. 따라서 전대차 계약을 하면, 전대인(임차인)과 전차인(제3자) 사이에는 별개의 새로운 임대차 관계가 생기나, 임차인(전대인)과 임대인의 관계는 그대로 존속한다.

그리고 민법 제629조에서 임차권의 전대를 원칙적으로 금지하고 있으므로, 임대인은 자신의 동의 없이 임차인이 임차상가건물을 전대한 때에는 임대차계약을 해지할 수 있다.

그러나 상가건물의 임차인이 그 상가건물의 일부분을 다른 사람에게 사용하게 할 경우 전대의 제한, 전대의 효과 및 전차인의 권리의 확정에 관한 규정은 적용되지 않는다(민법 제632조).

그리고 주임법 제3조 제1항에 의한 <u>대항력을 갖춘 주택임차인이 임대인의 동의를 얻어 적법하게 임차권을 양도하거나 전대한 경우</u>에 양수인이나 전차인이 임차인의 주민등록 퇴거일로부터 주민등록법상의 전입신고기간 내(14일 이내)에 전입신고를 마치면 종전 대항력과 우선변제권을 그대로 유지할 수 있다. 이는 상가임차인도 마찬가지이다.

047 차임 등의 증감청구와 월차임 전환 시 산정률

질문 차임 등 증액청구의 기준 등(상임법 제11조)

① 차임 또는 보증금이 임차건물에 관한 조세, 공과금, 그 밖의 부담의 증감이나 경제 사정의 변동으로 인하여 상당하지 아니하게 된 경우에는 당사자는 장래의 차임 또는 보증금에 대하여 증감을 청구할 수 있다. 그러나 증액의 경우에는 대통령령으로 정하는 기준에 따른 비율을 초과하지 못한다. 여기서 대통령령으로 정한 기준인 100분의 5(5%)의 금액을 초과할 수 없다(시행령 제4조).

② 제1항에 따른 증액 청구는 임대차계약 또는 약정한 차임 등의 증액이 있은 후 1년 이내에는 하지 못한다.

질문 월차임 전환 시 산정률(상임법 제12조)

보증금의 전부 또는 일부를 월 단위의 차임으로 전환하는 경우에는 그 전환되는 금액에 다음 각 호 중 낮은 비율을 곱한 월차임의 범위를 초과할 수 없다.

1. 은행법에 따른 은행에서 적용하는 대출 금리와 해당지역의 경제여건 등을 고려하여 대통령령으로 정한비율. 여기서 대통령령으로 정하는 비율은 연 1할2푼(12%)을 말한다(시행령 제5조 1항).

2. 한국은행에서 공시한 기준금리에 대통령령으로 정하는 배수를 곱한 비율. 여기서 대통령령으로 정하는 배수란 연 4.5배를 말한다. 따라서 한국은행 기준금리 3.5%(2023년 1월 13일 기준)×4.5로 15.75%가 된다(시행령 제5조 2항).

이 1호와 2호 중 낮은 비율인 12%를 초과할 수 없다.

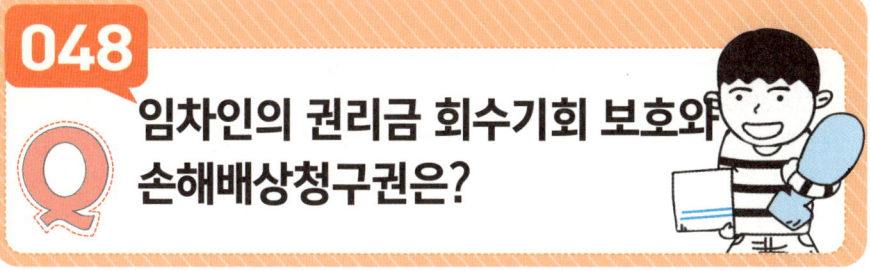

048 Q 임차인의 권리금 회수기회 보호와 손해배상청구권은?

답변

이 규정은 2015년 5월 13일에 시행되었고, 이 당시 존속중인 임대차도 적용된다. 따라서 상임법으로 적법한 대항요건을 갖추고 있으면 대항력이 있어서 환산보증금이 상임법 보호대상 범위에 있는 임차인은 물론, 초과하는 임차인도 모두 보호를 받을 수 있다(부칙 제3조 제10조의4 제1항의 개정규정은 이 법 시행 당시 존속 중인 임대차에 대하여도 적용한다).

상임법 제10조의4(권리금 회수기회 보호 등) 제1항 임대인은 임대차기간이 끝나기 6개월 전부터 임대차 종료 시까지 다음 각 호의 어느 하나에 해당하는 행위를 함으로써 권리금 계약에 따라 임차인이 주선한 신규임차인이 되려는 자로부터 권리금을 지급받는 것을 방해하여서는 아니 된다.

> 1. 임차인이 주선한 신규임차인에게 건물주가 직접 권리금을 요구 또는 수수하는 행위, 2. 임차인이 주선한 신규임차인에게 권리금을 지급하지 못하게 하는 행위, 3. 임차인이 주선한 신규임차인에게 현저히 높은 보증금과 차임을 요구하여 계약에 이르지 못하게 하는 행위, 4. 그밖에 정당한 사유 없이 새 임차인과 계약 맺기를 거절하는 행위를 금지하고 있다.

다만, 제10조제1항 각 호의 어느 하나에 해당하는 사유가 있는 경우에는 그러하지 아니하다.

> **권리금 회수기회를 상임법 제10조의4로 보호를 받을 수 없는 경우**
> 1. 임차인이 3기의 차임액에 해당하는 금액에 이르도록 차임을 연체한 사실이 있는 경우, 2. 임차인이 거짓이나 그 밖의 부정한 방법으로 임차한 경우, 3. 서로 합의하여 임대인이 임차인에게 상당한 보상을 제공한 경우, 4. 임차인이 임대인의 동의 없이 목적 건물의 전부 또는 일부를 전대(轉貸)한 경우, 5. 임차인이 임차한 건물의 전부 또는 일부를 고의나 중대한 과실로 파손한 경우, 6. 임차한 건물의 전부 또는 일부가 멸실되어 임대차의 목적을 달성하지 못할 경우, 7. 임대인이 다음 각 목의 어느 하나에 해당하는 사유로 목적 건물의 전부 또는 대부분을 철거하거나 재건축하기 위하여 목적 건물의 점유를 회복할 필요가 있는 경우, 8. 그 밖에 임차인이 임차인으로서의 의무를 현저히 위반하거나 임대차를 계속하기 어려운 중대한 사유가 있는 경우

제2항 다음 각 호의 어느 하나에 해당하는 경우에는 제1항 제4호의 정당한 사유가 있는 것으로 본다.

> 1. 임차인이 주선한 신규임차인이 되려는 자가 보증금 또는 차임을 지급할 자력이 없는 경우, 2. 임차인이 주선한 신규임차인이 되려는 자가 임차인으로서의 의무를 위반할 우려가 있거나 그 밖에 임대차를 유지하기 어려운 상당한 사유가 있는 경우, 3. 임대차 목적물인 상가건물을 1년 6개월 이상 영리목적으로 사용하지 아니한 경우, 4. 임대인이 선택한 신규임차인이 임차인과 권리금 계약을 체결하고 그 권리금을 지급한 경우

제3항 임대인이 제1항을 위반하여 임차인에게 손해를 발생하게 한 때에는 그 손해를 배상할 책임이 있다. 이 경우 그 손해배상액은 신규임차인이 임차인에게 지급하기로 한 권리금과 임대차 종료 당시의 권리금 중 낮은 금액을 넘지 못한다.

제4항 제3항에 따라 임대인에게 손해배상을 청구할 권리는 임대차가 종료한 날부터 3년 이내에 행사하지 아니하면 시효의 완성으로 소멸한다.

제5항 임차인은 임대인에게 임차인이 주선한 신규임차인이 되려는 자의 보증금 및 차임을 지급할 자력 또는 그 밖에 임차인으로서의 의무를 이행할 의사 및 능력에 관하여 자신이 알고 있는 정보를 제공하여야 한다.

049. 계약갱신요구권 10년을 초과해도 권리금회수 기회를 보호받을 수 있다?

상임법 제10조(계약갱신 요구 등) 제1항 임대인은 임차인이 임대차기간이 만료되기 6개월 전부터 1개월 전까지 사이에 계약갱신을 요구할 경우 정당한 사유 없이 거절하지 못한다. 다만, 다음 각 호(134쪽 하단 1호~8호)의 어느 하나의 경우에는 그러하지 아니하다.

상임법 제10조 제2항 임차인의 계약갱신요구권은 최초의 임대차기간을 포함한 전체 임대차기간이 10년을 초과하지 아니하는 범위에서만 행사할 수 있다. 다만 대법원 판례(대법원 2019. 5. 16. 선고 2017다225312 판결)에서는 계약갱신요구권 10년을 초과해도 임차인의 권리금회수 기회를 보호해 주어야 한다고 판단하고 있다.

상임법 제10조 제3항 갱신되는 임대차는 전 임대차와 동일한 조건으로 다시 계약된 것으로 본다. 다만, 차임과 보증금은 제11조에 따른 범위에서 증감할 수 있다.

상임법 제10조 제4항 임대인이 제1항의 기간 이내에 임차인에게 갱신 거절의 통지 또는 조건 변경의 통지를 하지 아니한 경우에는 그 기간이 만료된 때에 전 임대차와 동일한 조건으로 다시 임대차한 것으로 본다. 이 경우에 임대차의 존속기간은 1년으로 본다.

상임법 제10조 제5항 제4항의 경우 임차인은 언제든지 임대인에게 계약해지의 통고를 할 수 있고, 임대인이 통고를 받은 날부터 3개월이 지나면 효력이 발생한다.

 알아두면 좋은 판례

계약갱신요구권 10년을 초과해도 권리금회수 기회를 보호해야 한다!

대법원(주심 대법관 권순일)은 상가건물 임차인이 임대인을 상대로 권리금 회수 방해로 인한 손해배상 등을 청구한 사건에서, 「구상가건물 임대차보호법 제10조의4의 문언과 내용, 입법취지에 비추어, 최초의 임대차기간을 포함한 전체 임대차기간이 5년을 초과하여 임차인이 같은 법 제10조에 따른 계약갱신요구권을 행사할 수 없는 경우에도 임대인은 같은 법 제10조의4 제1항에 따른 권리금 회수기회 보호 의무를 부담한다」라고 판시하면서, 전체 임대차기간이 5년을 초과했다는 이유로 피고가 권리금 회수기회 보호 의무를 부담하지 않는다고 판단한 원심판결을 파기하였다(대법원 2019. 5. 16. 선고 2017다225312(본소), 2017다225329(반소) 판결).

050 2018년 10월 16일 상가건물임대차보호법 개정 내용

(1) 계약갱신요구권 행사기간을 5년에서 10년으로 연장(상임법 제10조 제2항)
 - 앞에서 이미 기술한 내용으로 생략했다.

(2) 임차인의 권리금회수 기회 보호와 손해배상청구권(상임법 제10조의4)
 - 앞에서 이미 기술한 내용으로 생략했다.

> **상임법 제10조의5(권리금 적용 제외)**
> 제10조의4는 다음 각 호의 어느 하나에 해당하는 상가건물 임대차의 경우에는 적용하지 아니한다(개정 2018. 10. 16.).
> 1. 임대차 목적물인 상가건물이 「유통산업발전법」 제2조에 따른 대규모점포 또는 준대규모점포의 일부인 경우(다만, 「전통시장 및 상점가 육성을 위한 특별법」 제2조 제1호에 따른 전통시장은 제외한다)
> 2. ~이하 내용은 지면상 생략함.

(3) 권리금 보호 대상에 전통시장 내 상가 임차인도 새롭게 포함됐다(상임법 제10조의5 제1호 단서). - 법 시행당시에 존속적인 임대차에도 적용한다.

(4) 상가임대차분쟁조정위원회 신설 등을 포함한다(상임법 제20조). 임대

료 급등으로 소상공인들이 쫓겨나는 '젠트리피케이션' 현상을 막기 위한 조치다. 상가임대차분쟁조정위원회는 상가임대차 관련 분쟁을 쉽고 저렴하게 해결할 수 있도록 돕는다. - 분쟁조정위원회 신설 규정은 개정법 공포 6개월 이후부터 시행된다.

(5) 이와 함께 국회는 소유 건물을 5년 이상 장기 임차하는 임대사업자의 소득세·법인세를 5% 감면해주는 조세특례제한법 개정안도 처리했다. 부동산 임대수입이 연 7천500만원 이하인 임대인이 동일한 임차인에 5년 이상의 임차를 해줄 경우 6년째 계약 분부터 매년 임대사업에서 발생하는 소득세·법인세를 5% 감면해주는 내용을 담고 있다.

051 경매에서 환산보증금을 초과한 임차인은 어떻게 되나?

환산보증금(서울시 2019. 4. 2.부터 9억원 이하로 개정)을 초과하는 상가 임차인은 2015년 5월 13일 이후 계약한 임대차와 갱신한 임대차에 한해서 대항력과 계약갱신요구권 10년(2018년 10월 16일부터 새로 계약을 체결하거나 갱신된 임대차의 경우 10년, 이 개정법 시행 전 존속 중인 임대차는 5년)만 인정되고, 우선변제권(경매나 공매절차에서 배당요구해서 최우선변제금과 확정일자부 우선변제금으로 배당받을 수 있는 권리)은 없다. 일반매매로 소유자가 변경되면 임차인이라면 모두 대항력을 주장할 수 있고, 우선변제권(최우선변제금과 확정일자부 우선변제금)은 일반매매 과정에서는 필요치 않다. 그러나 경매로 매각되면 조금 다르게 판단해야 한다.

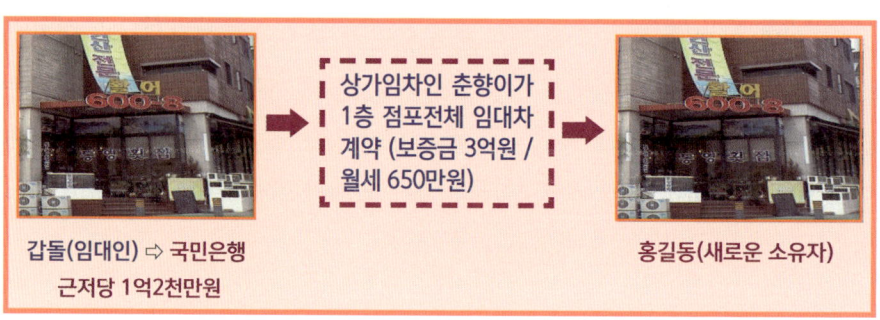

① 서울소재 상가건물에서 임대인 이갑돌과 임차인 춘향이가 임대차계약하고 대항요건(사업자등록과 건물인도)을 갖추고 있던 중, 그 상가건물이 일반매매로 홍길동에게 이전되면, 설령 환산보증금 9억5,000만원[3억원+6억5,000만원(월세 650만원×100)]으로 상임법의 보호대상 금액을 초과해도 새로운 소유자에게 대항력을 주장할 수 있다.

② 그러나 경매나 공매로 매각된다면 말소기준권리인 국민은행 근저당권보다 후순위로 대항요건을 갖추고 있어서 대항력이 없고, 환산보증금을 초과하므로 우선변제권(최우선변제금과 확정일자부 우선변제금)도 없어서 임차보증금을 손해 볼 수밖에 없다. 배당에 참여하려면 일반채권자로 채권가압류 후 배당요구종기 전에 배당요구해야만 일반채권자로 참여가 가능하니 임차보증금을 손해 볼 수밖에 없을 것이다.

052 특별법으로 보호받지 못하는 민법상의 일반임차인은?

 질문 일반 거래로 소유자가 변경되면 대항력이 없다

답변

특별법의 보호를 받지 못하는 건물 임차인 또는 토지 임차인 등은 임차부동산이 매매 등으로 인하여 소유자가 바뀌면 새로운 소유자에게 대항력이 없어서 전소유자와의 임대차를 주장할 수 없게 되어 전세금의 손실이 예상된다.

 질문 임차부동산이 경매로 매각되면 대항력과 우선변제권도 없다

답변

임차부동산이 경매당하면 일반임차인은 더 황당해진다. 대항력이 없으므로 당연히 우선변제권도 없어서 경매절차에서 배당요구해서 우선변제 받을 권리가 없기 때문에 임차보증금을 손해 볼 수밖에 없다. 일반임차인이 배당요구하기 위해서는 임차보증금 반환채권을 가지고 배당요구종기 전까지 채권가압류를 해서 배당요구하면 되지만, 순위가 늦어서 배당 받기란 어렵다고 봐야한다.

일반임차인이 대항력을 갖게 되는 경우는 없을까?

특별법의 보호대상은 아니지만, 약정지상권설정등기, 전세권설정등기, 임대차등기(민법 제621조) 등을 하면 대항력이 제3취득자에게 대항력이 발생하게 되지만, 특별법의 보호를 받는 주택이나 상가임차인처럼 등기하지 않고서도 민법 제622조와 농지법 제24조의2에 의해 일반임차인에게 대항력을 인정해 주고 있는 제도가 있다.

① 민법 제622조 제1항을 차지권의 대항력이라고 하는데 토지에 등기하지 않고서도 토지소유자와 토지상에 건물 신축을 위한 토지임대차계약을 하고 임차인이 건물을 신축 후 보존등기하면 토지소유자가 변경되어도 그 새로운 소유자에게 대항력이 있어서 임차권이 당연히 승계된다.

② 농지법 제24조의2 개정으로 농지임대차계약을 체결하고, 임차인이 농지소재지를 관할하는 시·구·읍·면의 장의 확인을 받고(관공서에서는 대장에 그 내용을 기록해 둔다), 해당 농지를 인도 받은 경우에는 그 다음 날부터 제3자에 대하여 효력이 생긴다(대항요건 : 관공서의 확인과 농지인도).

대항력이 발생하고 나서는 농지소유자가 변경되어도 임대차기간을 보호받을 수 있다. 그러나 경매로 매각될 때는 말소기준보다 선순위만 보호대상이고, 후순위는 소멸한다는 것은 앞에서와 같이 판단하면 될 것이다.

053 환산보증금 범위 내와 초과하는 임차인 상담사례 모음

질문 상임법 제3조에 의한 대항력은?

(1) 환산보증금 범위 내 임차인은 2002년 11월 1일부터 건물의 인도 + 사업자등록(대항요건)하면 그 다음 날부터 제3자에 대해 대항력 발생한다.

(2) 환산보증금을 초과하는 임차인은 대항력이 인정되지 못하다가 상임법 개정으로 2015년 5월 13일 이후 최초로 계약을 체결하거나 갱신된 임대차로, 건물의 인도+사업자등록(대항요건)하면 그 다음날부터 대항력이 발생하게 되었다.

질문 확정일자 부여 및 임대차 정보의 제공 등

(1) <u>환산보증금 범위 내 임차인은</u> 상임법 제4조 ① 상가임차인은 상가건물 소재지 관할 세무서장에게 확정일자 부여를 신청할 수 있다(환산보증금을 초과하는 임차인은 제외).

② 상가건물의 임대차에 이해관계가 있는 자는 관할 세무서장에게 해당 상가건물의 확정일자 부여일, 차임 및 보증금 등 정보의 제공을 요청할 수 있다(이해관계인은 •임대차계약당사자, •해당 건물소유자, •해당 건물 또는 그 대지에 등기한 권리자 등).

(2) 그러나 환산보증금을 초과하는 임차인은 ① 확정일자 부여를 신청할 수 없음. ② 2015. 11. 14.부터 임대차 정보 제공 신청은 가능해졌다.

질문 경매나 공매에서 임차인의 우선변제권은?

경매나 공매로 매각되면 상가임차인은 우선변제권이 있다. 이 우선변제권은 소액보증금 중 일정액에 해당하는 최우선변제권과 확정일자부 우선변제권이 있다. 유의할 점은 확정일자부 우선변제권만 환산보증금으로 계산하는 것이 아니라 최우선변제권도 환산보증금(보증금 + 월세×100)으로 계산해서 소액보증금에 해당되어야만 최우선변제금을 받을 수 있다는 사실이다.

(1) 환산보증금 범위 내 임차인은 대항요건을 갖추고 확정일자를 받은 임차인은 경매 또는 공매 시 임차건물(임대인 소유의 대지를 포함한다)의 환가대금에서 우선해서 보증금을 변제받을 권리가 있다. 이러한 우선변제권은 최우선변제금과 확정일자부 우선변제권이다.

(2) 환산보증금을 초과하는 임차인은 당연히 소액임차인도 아니고, 확정일자를 부여 받을 수가 없어서 상가건물이 경매가 진행돼도 최우선변제권과 확정일자부 우선변제권으로 매각대금에서 우선해서 배당받을 수 없다. 따라서 전세권 등기를 해야 보증금을 보호받을 수 있다.

임차권등기명령에 의한 임차권등기 신청 가능 여부

(1) <u>환산보증금 범위 내 임차인은</u> 상임법 제6조에 의한 임차권등기명령에 의한 임차권등기가 가능하다. 따라서 임차권등기를 마치면 대항력과 우선변제권을 취득한다. 이미 대항력과 우선변제권을 취득한 경우 그대로 유지되며 등기이후에는 대항요건을 상실해도 대항력과 우선변제권은 상실되지 않는다 (등기가 되기 전에 퇴거하면 유지되지 않음).

(2) <u>환산보증금을 초과하는 임차인은</u> 상임법 제6조에 의한 임차권등기명령에 의한 임차권등기를 할 수 없다.

 경매에 의한 임차권의 소멸에 대한 판단(상임법 제8조)

(1) <u>환산보증금 범위 내 임차인은</u> ① 미등기 임차권은 선순위임차인(말소기준 이전에 대항요건을 갖춘 임차인)은 대항력을 주장하면 소멸하지 않고, 배당요구해서 전액 배당 받으면 소멸한다. 하지만, 전액 배당 받지 못하면 매수인이 전액 변제할 때까지 소멸되지 않는다. 후순위임차인은 배당여부와 상관없이 소멸한다.

② 임차권등기는 선순위든 후순위든 원칙적으로 소멸한다. 다만 예외적으로 선순위임차권등기(임차권등기 시점이 아니라 최초 대항요건을 갖춘 시점을 기준으로)는 보증금을 전액 변제받지 않으면 소멸되지 않아서 경락자가 변제할 때까지 소멸하지 않는다.

(2) **환산보증금을 초과하는 임차인은** ① 미등기 임차권은 2015년 5월 13일 이후에 최초로 계약을 체결하거나 갱신된 선순위임차인은 대항력이 있어서 소멸하지 않고 경락자가 인수하게 되지만, 후순위임차인은 경매로 소멸한다.

② 임차권등기명령에 의한 임차권등기는 할 수 없으니, 논의의 대상에서 제외하기로 한다. 따라서 민법 제621조에 의한 임대차등기나 전세권등기가 필요하다.

질문 임대차 기간보호(상임법 제9조)

(1) 환산보증금 범위 내 임차인은 기간을 정하지 않거나 1년 미만으로 정한 경우 1년으로 본다. 임대인은 계약해지권이 없어서 1년을 보호해야 하지만, 임차인은 1년 미만으로 정한 기간이 유효함을 주장할 수 있다.

(2) 환산보증금을 초과하는 임차인은 인정되지 않는다. 따라서 약정한 기간만 보호받는다.

환산보증금 범위 내 임대차와 달리 환산보증금 초과 임대차에서는 계약기간을 1년 미만으로 정했다면 즉 계약기간이 6개월이면 ⇨ 6개월, 10개월이면 ⇨ 10개월로 계약서에서 정한대로 임대차기간이 결정되는 것이지, 상임법 제7조에 따라 최단기간을 적용받지 못한다.

그러나 유의할 점은 상임법 제16조에 따른 일시사용을 위한 임대차계약을 제외하고는 계약갱신요구권을 행사해서 10년 동안 임대차기간을 보장 받을 수 있다는 것이다.

질문 상가임차인의 계약갱신 요구(상임법 제10조)

답변

(1) 환산보증금 범위 내 임차인인 경우 ① 임대인은 임차인이 임대차기간이 만료되기 6개월 전부터 1개월 전 사이에 갱신요구하면 정당한 사유 없이 거절하지 못한다. 다만 갱신을 거절할 수 있는 사유로 제1호에서 8호에 해당하면 거절할 수 있다.

② 최초의 임대차기간을 포함해서 전체 10년을 초과하지 않는 범위에서만 행사할 수 있다(2018. 10. 16.부터 새로 계약 또는 갱신되는 임대차부터 적용).

(2) 환산보증금을 초과하는 임차인도 위와 같은 내용으로 보호받을 수 있다. 다만, 제10조 제3항 단서가 적용되지 않으므로, 갱신 시에 보증금과 차임 인상범위에 제한이 없다.

질문 묵시적 갱신(상임법 제10조 4항)

답변

(1) <u>환산보증금 범위 내 임차인은</u> 임대인이 임차인에게 임대차기간 만료 전 6개월 전부터 1개월 전 이내에 갱신 거절의 통지 또는 조건 변경의 통지를 하지 아니한 경우 그 기간이 만료된 때에 전 임대차와 동일한 조건으로 다시 임대차한 것으로 본다. 이 경우에 임대차의 존속 기간은 1년으로 본다. 임대인은 계약해지권이 없지만 임차인은 언제든지 임대인에게 계약해지의 통고를 할 수 있고, 임대인이 통고를 받은 날부터 3개월이 지나면 효력이 발생한다.

(2) **환산보증금을 초과하는 임차인은** 묵시적 갱신이 인정되지 않는다. 갱신요구를 할 수 있었음에도 하지 않아 묵시적 갱신이 된 경우에는 상임법에서는 별도 규정이 없어서 민법 제639조의 묵시의 갱신 규정이 적용 된다.

따라서 상임법 제10조 제4항으로 보호받지 못하고, 민법 제639조에 따른 묵시적갱신으로 갱신되면 임대인과 임차인 모두 계약해지 통고를 할 수 있고, 그 효력은 임대인은 계약해지 통고 후 6월 후에, 임차인은 계약해지 통고 후 1월 후에 발생한다.

〈 이 자세한 내용은 106 상가임차인의 묵시적 갱신과 계약갱신요구권 상담사례(258쪽), 107 상가임차인은 언제까지 계약갱신을 요구해야 되나?(263쪽)을 참고하기 바란다〉

질문 권리금회수 기회보호(상임법 제10조의4)

(1) 환산보증금 범위 내 임차인은 이 법은 시행(2015.5.13.) 당시 존속중인 임대차부터 적용된다. 임대차기간이 끝나기 3개월 전부터 임대차 종료 시까지 방해 행위 금지, 손해배상(3년의 소멸시효기간) 갱신거절의 사유 (제10조 제1항 제1호~8호)가 있는 때와 같이 정당한 거절사유가 있는 때에는 인정하지 않을 수도 있다.

(2) 환산보증금을 초과하는 임차인도 앞의 환산보증금 범위 내 임차인 (1)과 같이 보호를 받을 수 있다.

차임의 연체와 해지(상임법 제10조의8)

(1) 환산보증금 범위 내 임차인이 차임연체액이 3기에 달하는 때에는 임대인은 최고 없이 계약해지를 할 수 있다.

(2) 환산보증금을 초과하는 임차인도 차임연체액이 3기에 달하는 때에는 임대인은 최고 없이 계약해지를 할 수 있다.

차임 등의 증감청구권(상임법 제11조)

(1) 환산보증금 범위 내 임차인은 ① 차임 증액범위의 제한 100분의 5 금액을 초과하지 못한다. ② 행사기간의 제한도 임대차계약 또는 증액이 있은 후 1년 이내에는 증액하지 못한다.

(2) 환산보증금을 초과하는 임차인은 상임법 제10조의2(계약갱신의 특례)로 2013년 8월 13일부터 증감청구권을 행사할 수 있다. 다만, 환산보증금 범위 내에 있는 임차인과 같이 100분의 5의 증액범위의 제한과 임대차계약 또는 증액이 있은 후 1년 이내에 증액하지 못하는 기간의 제한은 받지 않는다.

월차임 전환 시 산정률의 제한(상임법 제12조)

(1) 환산보증금 범위 내 임차인은 전세보증금을 월세로 전환하는 금액에 대한 전환비율을 연 1할2푼, 또는 한국은행 기준금리(1.5%)×4.5배로 6.75% 중 낮은 비율임. 따라서 6.75%를 초과하지 못한다.

(2) 환산보증금을 초과하는 임차인은 월세전환은 가능하지만 제12조를 준용하지 않고 있기 때문에 전환 비율의 제한 없이 행사할 수 있다.

 전대차관계에 대한 적용 등(상임법 제13조)

(1) 환산보증금 범위 내 임차인은 ① 제10조와 제10조의2, 제10조의8, 제11조, 제12조는 전대인과 전차인의 전대차에도 적용한다.
② 임대인의 동의를 받은 전차인은 계약갱신요구권을 대위행사 할 수 있다.

(2) 환산보증금을 초과하는 임차인은 전대차에 관한 규정은 적용되지 않으므로, 전차인은 보호받지 못한다.

054 Q. 임대차 계약기간 연장 방법 3가지와 계약해지 3가지

🏠 합의로 종전계약대로 재계약, 또는 계약내용을 변경해서 갱신하는 경우

① 계약기간 종료 시점에 임대인과 임차인 간에 합의로 계약을 갱신하는 방법으로, 종전의 계약내용을 변경하지 않고 재계약하거나 또는 종전의 계약내용을 변경해서 즉 보증금, 월세, 임대차 기간 등을 변경하는 방법으로 계약을 갱신해서 연장할 수 있다.

② 합의 계약갱신의 경우 임차인이 계약갱신요구를 하는 경우가 아니므로 보증금 및 월세 5%를 초과해서 증액하는 것도 가능하다. 그리고 주택의 임차인은 계약기간 종료 후에 또다시 계약갱신요구권을 행사하여(1회에 한함) 계약기간을 2년 더 연장할 수 있다.

③ 이렇게 합의로 계약을 갱신하면 임대차 계약기간 중에는 임대인과 임차인 모두 계약을 해지할 수 없다.

🏠 묵시적으로 계약을 갱신해서 계약기간을 연장하는 경우

① 주택에서는 임대인이 임대차 기간이 끝나기 6개월 전부터 2개월 전까지의 기간에 임차인에게 갱신거절의 통지를 하지 아니한 경우에는 그 기간이 끝난 때에 전 임대차와 동일한 조건으로 다시 임대차한 것으로 본다. 임차인이 임대차 기간이 끝나기 2개월 전까지 통지하지 아니한 경우에도 또한 같다(주임법 제6조 제1항). 이 경우 임대차의 존속기간은 2년으로 본다(제2항).

<u>묵시적 갱신이 되면</u> 임차인은 언제든지 계약을 해지할 수 있고, 해지 통고 후 3월 이후에 그 효력이 발생하지만, 임대인은 계약해지권이 없어서 임차인의 의사표시에 따라 2년간의 임대차 기간을 보장해주거나 해지통보를 받은 후 3월이 지나면 보증금을 돌려줘야 한다.

② 상가건물에서는 상임법 제10조 제1항 임대인은 임차인이 임대차 기간이 만료되기 6개월 전부터 1개월 전까지 사이에 계약갱신을 요구할 경우 정당한 사유 없이 거절하지 못한다(임차인의 계약갱신요구권 10년). 상임법 제10조 제4항 임대인이 제1항의 기간 이내에 임차인에게 갱신 거절의 통지 또는 조건 변경의 통지를 하지 아니한 경우에는 그 기간이 만료된 때에 전 임대차와 동일한 조건으로 다시 임대차한 것으로 본다. 이 경우에 임대차의 존속기간은 1년으로 본다. 임차인은 주임법과 같이 상임법으로 별도 정한 규정이 없어서 계약만료 전까지 계약을 해지할 수 있고, 이 기간 내에 계약해지를 하지 않으면 묵시적 갱신이 된다.

<u>묵시적 갱신이 되면 임차인은</u> 언제든지 계약을 해지할 수 있는데 해지 통고 후 3월 이후에 그 효력이 발생하지만, 임대인은 계약해지권이 없어서 임차인의 의사표시에 따라 1년간의 임대차 기간을 보장해 주거나 해지통보를 받은후 3월이 지나면 보증금을 돌려줘야 한다. 그러나 <u>유의할 점은 2015년</u>

5월 13일 상임법 개정으로 환산보증금을 초과하는 상가임차인도 대항력과 5년간의 계약갱신요구권을 보호받게 되었다는 점이다. 그런데 5년간의 계약갱신요구권에서 유의할 점은 환산보증금 범위 내에 있는 임차인과 같이 상임법으로 보호받는 묵시적 갱신이 인정되지 않고, 다음 ④와 같이 민법 제639조에 따른 묵시적 갱신이 되므로, 반드시 계약갱신을 요구할 수 있는 기간 내에 계약갱신을 요구해야만 5년 동안 보호를 받을 수 있다. 그리고 이 경우도 3기의 차임 액에 해당하는 금액에 이르도록 차임을 연체한 사실 등이 있는 경우 임대인은 계약갱신을 거절할 수 있다. 이러한 계약갱신요구권은 2018년 10월 16일부터 상임법 개정으로 10년으로 변경되어, 상가임차인은 10년 동안 보호를 받을 수 있게 되었다.

③ 농지에서는 임대인이 임대차 기간이 끝나기 3개월 전까지 임차인에게 임대차 계약을 갱신하지 아니한다는 뜻이나 임대차 계약 조건을 변경한다는 뜻을 통지하지 아니하면 그 임대차 기간이 끝난 때에 이전의 임대차 계약과 같은 조건으로 다시 임대차 계약을 한 것으로 본다(농지법 제25조). 이 경우 임대인과 임차인은 언제든지 해지할 수 있다. 다만 그 효력은 민법 제635조에 따라 해지 통고 후 임대인은 6월 이후, 임차인은 1월 이후에 계약해지 효력이 발생한다.

④ 민법상 임대차에서는 임대차 기간이 만료한 후 임차인이 임차물의 사용, 수익을 계속하는 경우에 임대인이 상당한 기간 내에 이의를 제기하지 아니한 때에는 전임대차와 동일한 조건으로 다시 임대차한 것으로 본다(민법 제639조). 이 경우 임대인과 임차인은 언제든지 해지할 수 있다. 다만 그 효력은 민법 제635조에 따라 해지 통고 후 임대인은 6월 이후, 임차인은 1월 이후에 계약해지 효력이 발생한다.

알아두면 좋은 내용

계약갱신요구권은 2013년 8월 13일 이후 최초로 체결되거나 갱신되는 임대차부터 적용된다.
유의할 점은 이때 적용받는 임차인은 환산보증금 범위 내에 있는 임차인이고, 환산보증금을 초과하는 임차인은 2015년 5월 13일 이후 최초로 체결되거나 갱신되는 임대차부터 적용된다는 사실이다.

알아두면 좋은 내용

묵시적으로 계약갱신을 연장할 수 없는 경우

위 2)와 같이 묵시적 계약갱신이 인정되는 사례에서도 다음과 같은 경우에는 묵시적 갱신을 인정하지 않는다.

① 주임법 제6조 제3항 2기의 차임액에 달하도록 연체하거나 그 밖에 임차인으로서의 의무를 현저히 위반한 임차인에 대하여는 제1항(묵시적 갱신)을 적용하지 아니한다.

② 민법상 묵시적 갱신의 경우도 주임법 제6조와 같이 2기의 차임액에 달하도록 연체하거나 그 밖에 임차인으로서의 의무를 현저히 위반한 임차인에 대하여는 그러하지 않는다고 봐야 한다. 왜냐하면 2기 이상 연체하거나 임대인의 동의 없이 불법 전대한 경우 등에서는 임대인이 임대차 기간 중에도 계약을 해지할 수 있는 권리가 있기 때문이다.

🏠 주택임차인의 계약갱신요구권으로 계약기간이 연장되는 경우

주택임대차보호법 제6조의3(계약갱신 요구 등) 제1항 제6조에도 불구하고 임대인은 임차인이 제6조 제1항 전단의 기간(임대차기간이 끝나기 6개월 전부터 2개월 전까지의 기간) 이내에 계약갱신을 요구할 경우 정당한 사유 없이 거절하지 못한다.

임차인의 계약해지는 제6조 제4항 제1항에 따라 갱신되는 임대차의 해지에 관하여는 제6조의2(묵시적 갱신의 경우 계약의 해지)를 준용한다.

따라서 임차인은 묵시적으로 갱신된 경우와 같이 계약갱신요구권으로 갱신된 임대차기간 중에도 언제든지 임대인에게 계약해지 통지를 할 수 있고, 그 효력은 임대인이 그 통지를 받은 날로부터 3개월이 지나면 그 효력이 발생한다. 이 경우 임대인에게 계약해지권이 없다는 것도 마찬가지이다.

🏠 상가임차인이 계약갱신요구권으로 계약기간을 연장하는 방법

① 상임법 보호대상인 환산보증금 범위 내에 있는 상가임차인은 대항력과 계약갱신요구권이 있어서 최장 10년까지 계약기간을 연장할 수 있다. 이때 계약갱신요구권은 묵시적으로도 갱신이 가능하다. 그러나 임차인이 3기의 차임액에 해당하는 금액에 이르도록 차임을 연체한 사실이 있는 경우(차임을 3개월에 해당하는 금액을 연체하고 있는 경우도 물론이고)와 그 밖에 임차인으로서의 의무를 현저히 위반한 때에는 임대인은 계약갱신을 거절할 수 있다(상임법 제10조).

그리고 상임법에서는 주임법과 같이 별도로 정한 규정이 없어서 임대인이 임대차 기간이 만료되기 6개월 전부터 1개월 전까지 계약갱신을 거절하지 않으면 상임법으로 보호받는 묵시적 갱신이 된다.

② 환산보증금을 초과하는 상가임차인은 대항력과 최장 10년 간의 계약갱신권이 없었는데 2015. 05. 13. 상임법 개정으로 대항력과 10년(이 당시는 5년이었으나 2018. 10. 16. 개정되어 현재는 10년) 간의 계약갱신요구권을 보호받게 되었다. 그런데 10년 간의 계약갱신요구권에서 유의할 점은 환산보증금 범위 내에 있는 상가임차인은 묵시적으로 자동갱신되어 보호를 받을

수 있지만, 환산보증금을 초과하는 상가임차인은 묵시적 갱신이 인정되지 않아서 계약 종료 전까지 반드시 계약갱신을 요구해야 10년간 계약갱신요구권으로 보호받을 수 있다는 점이다. 따라서 환산보증금을 초과하는 임차인이 계약갱신을 요구하지 못한 경우 민법 제639조에 따른 묵시적 갱신이 된다는 사실을 알고 있어야 한다(임대인이 임대차 기간이 만료되기 6개월 전부터 1개월 전까지 계약갱신을 거절하지 않으면 민법 제639조에 따른 묵시적 갱신이 된다). 이 경우 임차인, 임대인 모두 언제든지 계약해지의 통고를 할 수 있다.

이 해지통고의 효력은 임대인은 통고 후 6개월이 지나면, 임차인은 통고 후 1개월이 지나면 발생한다.

그리고 이 경우도 3기의 차임액에 해당하는 금액에 이르도록 차임을 연체한 사실(차임을 3개월에 해당하는 금액을 연체하고 있는 경우도 물론이고) 등이 있는 경우 임대인은 계약갱신을 거절할 수 있다.

김선생 TIP

(1) 주택 임차인이 2기 이상 연체 중 또는 2기 이상 연체한 사실이 있는 경우 계약해지

① 주택임차인이 임대차기간 중 2기 이상 연체하고 있다면 임대인은 계약을 해지할 수 있다. 그런데 임대인이 계약해지권을 행사할 수 있는 기간은 임차인이 차임을 납부하기 전까지로, 임차인이 연체 차임을 납부하면 임대인의 계약해지권은 소멸된다. 그리고 2기 이상 연체 차임 기간 중이라도 임대인이 계약이 끝나기 6개월 전부터 2개월 전까지 계약해지 통지를 하지 않으면, 묵시적으로 계약이 갱신될 수 있고, 그 과정에서 연체 차임을 임차인이 납부하면 임대인의 계약해지권은 소멸되므로, 적법하게 묵시적으로 갱신된 2년 동안 보호를 받을 수 있다.

② 주택임차인도 상가임차인처럼 2기 이상 연체한 사실이 있다면 임대인이 임차인의 계약갱신요구권을 거절할 수 있는지, 주임법 제6조의3(계약갱신요구 등) 제1항 "단서 제1호 임차인이 2기의 차임액에 해당하는 금액에 이르도록 차임을 연체한 사실이 있는 경우"에 해당되므로 임차인의 계약갱신요구권을 임대인이 거절할 수 있다.

(2) 상가건물 임차인이 3기 이상 연체 중 또는 3기 이상 연체한 사실이 있는 경우 계약해지

① 상가임차인이 임대차기간 중 3기 이상 연체하고 있다면 임대인은 상임법 제10조의8의 규정으로 계약을 해지할 수 있다. 이와 같이 임대료를 3기 이상 연체 중에 있더라도 임대인이 계약해지 통보 또는 계약갱신 거절 통지를 하지 않고 있는 동안 임대인이 연체 차임을 임차인으로부터 수령한 경우에는 그 이후에는 이를 이유로 하여 임대차 계약의 해지나 임대차 계약의 갱신을 거절할 수 없다고 보는 것이 상당하다(대법원 91다22902 판결).
이 대법원 판례는 상임법이 시행되기 전의 판결로 차임 연체 중에 임대인이 계약해지권을 행사하지 않는 동안 임차인이 차임을 납부하면 임대인의 계약해지권이 소멸된다는 사실 정도만 이해하면 된다.
이렇게 연체 중에서도 묵시적으로 계약이 갱신될 수 있고, 그 과정에서 연체 차임을 임차인이 납부하면 임대인의 계약해지권은 소멸되므로, 적법하게 묵시적으로 갱신된 1년 동안 보호를 받을 수 있다.

② 상임법 제10조 제1항 단서 제1호 임차인이 3기의 차임액에 해당하는 금액에 이르도록 차임을 연체한 사실이 있는 경우 임대인은 계약 만료 6개월 전부터 1개월 전까지 3기 이상 연체한 사실만 가지고 임대인이 직접 계약을 해지 통지하거나 임차인의 계약갱신요구권을 거절할 수 있다. 그런데 임대인이 계약갱신 거절통지를 하지 않아서 묵시적으로 계약이 갱신될 수 있는지, 상임법의 보호대상인 환산보증금 범위 내에 있는 임차인만 가능하고, 초과하는 임차인은 상임법으로 보호받지 못하고 민법 제639조에 의한 묵시적 갱신이 된다. 이때 임대인과 임차인 모두 계약을 해제할 수 있다(임대인은 계약해지 통지 후 3개월 후, 임차인은 계약해지 통지 후 1개월).

055 상가임차인의 권리분석과 배당은 어떻게 하면 되나?

상가건물은 주택에서 임차인의 권리를 공부한 것과 차이가 있다.
　주택임차인은 월세와 상관없이 보증금만을 가지고 계산하고 임차보증금의 상한선도 없어서 모두가 주임법의 보호대상이 되지만, 상가임차인은 임차보증금의 상한선이 있는데 중요한 점은 주택임차인과 다르게 월세도 보증금으로 환산해서 적용하여, 4개의 권역별로 각기 다르게 환산보증금을 적용하고 있다.

> **질문** 환산보증금을 초과하는 임차인은 대항력만 있고, 우선변제권은 없다!

　종전에는 환산보증금을 초과하는 상가임차인은 상임법의 보호대상이 아니어서 대항력과 우선변제권(경매나 공매절차에서 배당요구해서 최우선변제금과 확정일자부 우선변제권으로 배당받을 수 있는 권리)이 없는 일반채권자에 불과했었다.
　그러나 2015년 5월 13일부터 개정된 법률에 따라 환산보증금을 초과하는 임차인도 대항력을 인정하게 되었다.
　이들 간의 차이점은 ① 상임법상 보호대상인 환산보증금 범위 내에 있는 임차인은 대항력과 우선변제권을 인정하고 있지만, ② 초과하는 임차인은 대항력(10년 계약갱신요구권까지 인정)만 있고, 우선변제권(최우선변제권과 확정일자부 우선변제권)이 없어서 경매나 공매절차에서 배당요구할 수 없다. 그래서 상가건물이 일반 매매로 소유자가 바뀌면 대항력으로 보호받을 수 있게 되었다(10년 동안 계약갱신요구권까지 포함). 그러나 경매나 공매로 소유자가 변경되는 경우에는 말소기준권리 이전에 대항요건을 갖춘 임차인은 대항력으로 보장받을 수 있지만, 이후에 갖춘 후순위임차인은 대항력도 없고, 배당요구할 수 있는 우선변제권도 없는 일반채권자에 불과하다. 이러한 임차인이 배당요구를 하기 위해서는 배당요구종기 전까지 임차보증금 반환 채권을 원인으로 경매대상 부동산에 채권가압류해서 배당요구를 하면 되나 우선변제권이 없는 일반채권자에 불과해서 임차보증금을 손해 볼 수밖에 없다.

질문 환산보증금의 범위 내의 임차인도 유의할 점이 많다!

첫째, 말소기준권리가 누가 되고, 말소기준권리가 되는 근저당권 등이 상임법 시행일 전인가, 이후인가를 계산해서, 담보물권(근저당권, 전세권, 담보가등기) 등이 시행일 이전에 설정되었다면 이 법의 적용대상이 아니어서 상가임차인보다 우선해서 변제받게 된다(환산보증금을 초과하는 임차인 역시 마찬가지다).

둘째, 담보물권 등이 시행일 이후에 등기된 경우, 상가임차인이 최우선 변제받을 수 있는 소액임차보증금의 범위 내에 있는 지와 있는 경우에도 개정 전(소액보증금 4,500만원)이냐, 1차 개정~2차 개정 전(소액보증금 5,000만원), 2차 개정 이후(소액보증금 6,500만원)냐로 구분해서 담보물권을 기준으로 소액임차인을 판단해 최우선변제금을 계산해야 한다.

이때도 유의해야 할 사항은 2013. 12. 31. 이전에 설정된 담보물권에 대해선 소액보증금 중 일정액(최우선변제금)의 합계가 상가건물가액의 3분의 1 범위 내에서만 우선변제 받고, 2014. 01. 01. 이후에 설정된 담보물권에 대해선 상가건물가액의 2분의 1(2014. 01. 01.부터 현재) 범위 내에서 담보물권보다 우선해서 배당받을 수 있다는 사실이다.

셋째. 상임법으로 보호받을 수 있는 환산보증금 적용대상 범위 내에 있는 임차인이 소액임차인이 아니면, 또는 소액임차인으로 최우선변제금을 제외한 나머지 금액은 확정일자부 우선변제권으로 배당받을 수 있는데 이때도 다음과 같은 내용에 유의해야 한다.

상임법의 적용기준도 개정 전이냐(서울기준 최초로 환산보증금 2억4천만원), 1차 개정 이후냐(2억6천만원), 2차 개정 이후냐(3억원), 3차 개정 이후냐(4억원), 4차 개정 이후냐(6억1천만원), 5차 개정 이후냐(9억원)에 따라 적용대상금액이 달라지고, 상임법적용기준 이하인 경우만 대항요건을 갖추고 계약서에 확정일자를 부여받고 있으면 확정일자에 의해 후순위 채권자보다 우선해서 변제받을 권리가 있다는 사실에 입각해서 권리분석과 배당표를 작성하면 된다.

환산보증금 범위 내의 임차인과 초과하는 임차인에 대한 권리분석

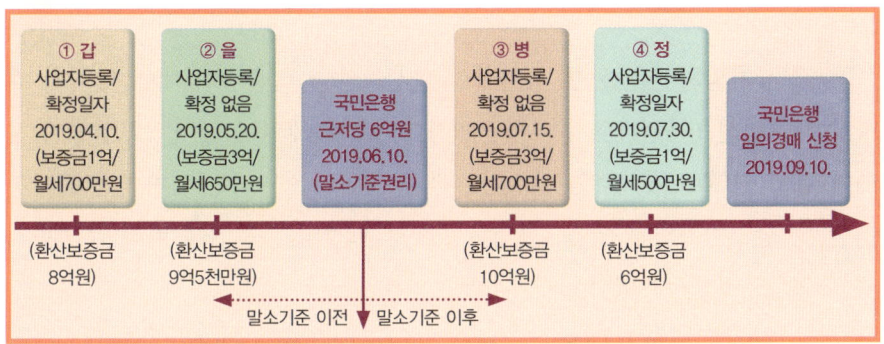

(1) 말소기준 권리 이전의 선순위 상가임차인 권리분석

① 갑 상가임차인은 현행 상임법상 환산보증금 적용범위 내에 있어서 대항력(계약갱신요구권 10년)과 확정일자부 우선변제권이 있다. 따라서 대항력을 주장할 수도 있고, 배당요구해서 확정일자에 따라 우선변제권으로 배당받을 수도 있다.

② 을 상가임차인은 현행 상임법상 환산보증금 적용범위를 초과하므로 대항력(계약갱신요구권 10년)만 있고, 배당요구해서 우선변제 받을 수 있는 우선변제권이 없어서 매수인이 인수해야 한다. 어쨌든 을 임차인은 보증금을 매수인으로부터 보호받을 수 있어서 손실은 없다.

(2) 말소기준 권리 이후의 후순위 상가임차인 권리분석

③ 병 상가임차인은 현행 상임법상 환산보증금 적용범위를 초과하므로 대항력(계약갱신요구권 10년)만 있고, 배당요구해서 우선변제 받을 수 있는 우선변제권이 없는 임차인이다. 따라서 일반 매매로 소유권이 변경되면 새로운

소유자에게 대항력을 주장할 수 있어서 보증금을 손해 보지 않는다. 그러나 이 사례와 같이 경매로 매각되면 말소기준권리 이후로 소멸되는 임차인에 불과하고, 우선변제권도 없어서 배당에 참여하지도 못하고 소멸되는 일반채권에 불과하다.

④ 정 상가임차인은 현행 상임법상 환산보증금 적용범위 내에 있어서 대항력(계약갱신요구권 10년)과 확정일자부 우선변제권이 있다. 그러나 이 사례와 같이 경매로 매각되면 말소기준권리 이후로 소멸되는 임차인에 불과하지만 병 상가임차인과 달리, 배당요구해서 확정일자 순위에 따라 우선변제권으로 배당 받을 수 있다.

056 서울시 상가건물의 임차인과 다른 채권자 간의 배당사례

질문 서울시 문래동 상가건물 임차인 조사 및 권리신고 내역

답변

이 건물은 상가건물이므로 상임법 시행 전, 시행 후의 근저당권이 있는 경우와 소액보증금 합계가 낙찰가의 2분의 1(2014.1.1.부터 현재)(개정 전

2013. 12. 31. 까지는 3분의 1)을 초과하는 경우에 어떻게 권리분석과 배당표를 작성하는 지를 분석해야 한다.

주 소	면 적	경매가 진행과정	법원임차조사내역	등기부상 권리관계
서울시 영등포구 문래동 480번지	대지 181㎡ (54.75평) 건물 1층 208㎡ 2층 208㎡ 3층 154㎡ 지층 154㎡	감정가 13억6,000만원 대지 8억1,600만원 건물 5억4,400만원 경매진행과정 최저가 1차 13억6,000만원 유찰 2차 10억8,800만원 유찰 3차 8억7,040만원 낙찰 (8억8,800만원)	① 김종권 4,500만원 사업자등록 01.10.10. 확정일자 02.12.10. 배당요구 19.05.30. ② 김수철 5,000만원/100만원 사업자등록 14.12.10. 확정일자 14.12.10. 배당요구 19.05.10. ③ 심동준 2,500만원/20만원 사업자등록 13.07.10. 배당요구 19.05.12. ④ 이기철 2억5,000만원/300만원 사업자등록 12.10.10. 확정일자 18.01.26. (종전에 환산보증금 초과로 확정일자를 못 받다가 18.01.26. 법 개정으로 환산보증금 범위에 해당되어 확정일자를 받음) 배당요구 19.05.05. ⑤ 최성식 4,000만원/10만원 사업자등록 12.03.10. 확정일자 12.08.15. 배당요구 19.05.21. ⑥ 이명구 1억원/850만원 사업자등록 01.03.10. 확정일자 〈없음〉 배당요구 19.05.10. (환산보증금 초과로 확정일자 받지 못함) ⑦ 정만희 1억원/700만원 사업자등록 15.01.10. 확정일자 19.04.02. 배당요구 19.05.16. (종전에 환산보증금 초과로 확정일자를 못 받다가 19.04.02. 법개정으로 환산보증금 범위에 해당되어 확정일자를 받음)	소유권자 김정숙 2001.10.01. 근저당권 국민은행 2001.12.10. (2억4,000만원) 근저당권 SK신협 2008.05.10. (1억2,000만원) 가압류 이순신 2015. 05.25 (5,000만원) 압류 영등포구청 2015.10.05. 재산세 150만원 (법정기일:18년6월 ~19년7월분) 취득세 1,360만원 (법정기일: 14.04.10) SK신협 임의경매 2019. 01. 20. (청구금액 1억2,000만원)

등기부상의 권리와 부동산상의 권리를 분석해 보자!

첫째, 말소기준권리인 국민은행 근저당권의 등기일이 2001. 12. 10. 이므로, 상임법 시행일 2002. 11. 1. 전에 설정되어 이 법의 적용대상이 아니다.

둘째, 최우선 변제받을 수 있는 임차보증금의 범위 내에 있는 경우 즉 보증금이 4,500만원(개정 전)이냐, 1차 개정 후~2차 개정 전(5,000만원), 2차 개정 후(6,500만원)냐로 구분해 소액임차인을 판단해서 최우선변제금을 계산해야 한다. 유의할 점은 주택과 다르게, 보증금+(월세×100)으로 하는 환산보증금이 소액임차보증금 범위 내에 있어야 한다.

셋째, 소액임차인이 아니면, 상임법의 적용대상에 해당되는 환산보증금이어야 상임법상 대항력과 우선변제권이 인정되지, 초과하면 선순위임차인만 대항력이 인정되고, 후순위는 대항력과 우선변제권이 없는 일반채권자에 불과하다.

상임법의 적용기준도 개정 전이냐(서울기준 최초로 환산보증금 2억4천만원 이하), 1차 개정 이후냐(2억6천만원 이하), 2차 개정 이후(3억원 이하), 3차 개정 이후냐(4억원 이하), 4차 개정 이후냐(6억1천만원 이하), 5차 개정 이후냐(9억원 이하)에 따라 적용대상금액이 달라지고, 상임법적용기준 이하인 경우만 상임법을 적용받을 수 있어서, 대항요건을 갖추고 확정일자를 받으면 확정일자에 의해 후순위채권자보다 우선해서 배당 받을 수 있다.

> **질문** 배당 순서와 금액은 다음과 같이 계산하면 된다

매각금액 8억8,800만원 - 경매비용 700만원으로 배당금액은 8억8,100만원이다.

- **1순위** : 영등포구청 재산세 150만원(당해세 우선변제금)
- **2순위** : 국민은행 2억4,000만원(근저당권 우선변제금)(상임법 시행이전).
- **3순위** : ① 김종권 1,350만원[보증금:4,500만원] + ② 심동준 1,350만원[환산보증금:2,000+(15×100)=3,500만원](최우선변제금) - 1차적 소액임차인 결정기준 : 김종권 확정일자, SK신협 근저당권(4,500만원 이하/1,350만원).
- **4순위** : 김종권 3,150만원(확정일자부 우선변제금)
- **5순위** : SK신협 1억2,000만원(근저당권 우선변제금)
- **6순위** : ① 심동준 150만원(법개정에 따른 소액보증금 증가분) + ② 최성식 1,500만원(최우선변제금 2) - 2차적 소액임차인 결정기준 : 최성식 확정일자(5,000만원 이하/1,500만원).
- **7순위** : 최성식 2,500만원(확정일자부 우선변제금)
- **8순위** : 심동준 700만원(법개정에 따른 소액보증금 증가분) - 3차적 현행 상가건물임대차보호법상 소액임차인(6,500만원 이하/2,200만원)을 계산하고 한도도 3분의 1이 아닌 2분의 1(2014년부터 개정됨)로 배당해야 한다.

김선생 도움말

8순위까지는 1순위 당해세가 3순위, 6순위, 8순위의 소액보증금보다는 우선하지 못하기 때문에, 이들 상호간에 순위가 서로 물고 물리는 순환관계에 있다. 따라서 순환흡수 배당절차를 진행해야 하나 배당금액이 모두 충족되어 표시하지 않았다.

- **9순위** : 영등포구청 1,360만원(조세채권 우선변제금)
- **10순위** : 김수철 5,000만원(확정일자부 우선변제금)
- **11순위**에서는 배당잔여금 3억4,890만원을 가지고 ① 이순신 가압류 5,000만원 ⇨ ② 이기철 2억5,000만원(확정일자) ⇨ ③ 정만희 1억원(확정일자)이므로 동순위로 1차 안분배당하고, 2차로 이기철(확정일자)이 후순위 정만희(확정일자) 1차 안분배당금을 흡수하면 된다.

1차 안분배당

① **이순신**(가압류) = 3억4,890만원(배당잔여금)×5,000만원/4억원 = 43,612,500(종결)

② **이기철**(확정일자) = 3억4,890만원(배당잔여금)×2억5천만원/4억원 = 218,062,500원

③ **정만희**(확정일자) = 3억4,890만원(배당잔여금)×1억원/4억원 = 87,225,000원

2차 흡수배당

② **이기철**(확정일자) = 218,062,500원(1차안분액)+31,937,500원(③을 흡수) = 2억5,000만원(종결)

③ **정만희**(확정일자) = 87,225,000원(1차안분액)−31,937,500원(②에 흡수당함)=55,287,500원(종결)으로 배당이 끝난다.

그리고 대항력 있는 임차인 등이 없어서 낙찰자 인수금액이 없다. 정만희 임차인과 환산보증금을 초과해서 확정일자가 없어서 배당요구하지 못한 이명구 임차인을 제외하고 모두 전액 배당받는다.

알아두면 좋은 내용

상가건물에서 배당 받지 못한 임차인 명도 분석

① **정만희 상가임차인은** 보증금 중 상당부분에 손실이 발생하지만, 배당금 55,287,500원을 받으려면 낙찰자의 명도확인서가 필요하기 때문에 명도에 어려움이 없다.

② **이명구 상가임차인은** 사업자등록이 2001. 03. 10. 이므로 말소기준권리보다 선순위이나 두 가지 측면에서 대항력이 없다.
하나는 말소기준권리인 국민은행 근저당(2001. 12. 10.)이 상임법 태동 전에 설정되어 상임법으로 대항력을 주장할 수 없다.
두 번째로 현행법상 환산보증금을 초과하여 대항력만 인정되고 우선변제권이 없는데, 대항력도 말소기준권리 이후 즉 2015년 5월 13일 이후에 계약하거나 갱신된 임대차에 대해서만 인정되므로, 그 이전에 설정된 기업은행 근저당(2001. 12. 10.)에 대해서는 대항할 수 없다. 따라서 이명구 임차인은 보증금 1억원 전액을 손실을 보게 되므로, 추가로 명도비용이 발생할 것으로 예상된다.

057  인천광역시 상가건물 임차인과 다른 채권자 간의 배당사례

질문 인천시 작전동 상가건물 임차인 조사 및 권리신고 내역

주 소	면 적	경매가 진행과정	1) 임차인조사내역 2) 기타청구	등기부상 권리관계
인천광역시 부평구 작전동 ○○○번지 상가건물 채무자겸 소유자 : 김유민 경매신청 채권자 : 외환은행	대지 132㎡ 건물 1층 75㎡ 2층 74㎡ 3층 74㎡	감정가 120,000,000원 최저가 1차 120,000,000원 유찰 2차(20% 저감) 96,000,000원 유찰 3차 76,800,000원 낙찰 2016.05.10. 86,700,000원	1) 임차인 ① 이경수 2,000만/10만원 　사업자등록 2002.12.10. 　확정일자 2002.12.10. 　배당요구 2015.07.20. ② 김인규 3,500만원 전세 　사업자등록 2003.11.20. 　확정일자 2015.07.15. 　배당요구 2015.07.15. ③ 이수민 2,000만/15만원 　사업자등록 2003.05.16. 　확정일자 　× 　배당요구 2015.07.20. ④ 이철중 1,000만/20만원 　사업자등록 2003.12.15. 　확정일자 　× 　배당요구 2015.07.30. ⑤ 박수경 3,000만/300만원 　사업자등록 2001.02.10. 　확정일자 　× 　배당요구 2015.06.25.	소유자 김유민 　근저당 기업은행 　2002.10.10. 　2,600만원 근저당 이수철 　2003.05.10. 　500만원 가압류 한순규 　2003.10.10. 　1,800만원 임의경매 기업은행 　청구 2,600만원 　〈20015.04.10〉

> **질문** 등기부상 권리와 부동산상의 권리를 분석해 보자!

답변

첫째, 말소기준권리가 누가 되고 시기는 언제인가!

말소기준권리인 기업은행 근저당권의 설정등기일이 2002. 10. 10. 인데, 상임법 시행일인 2002. 11. 1. 이전이므로 기업은행 근저당권은 이 법의 적용대상이 아니다. 임차인이 사업자등록을 이 근저당권보다 먼저 갖추어도 대항력이 없고, 소액임차인에 해당돼도 이 근저당권에 최우선변제금으로 우선해서 변제받지 못하는 후순위에 불과하다.

둘째, 최우선 변제받을 수 있는 임차보증금의 범위 내에 있는 경우에도 개정 전(소액보증금 3,900만원)이냐 1차 개정 후~2차 개정 전(소액보증금 4,500만원), 2차 개정 후(소액보증금 5,500만원)냐로 구분해서 소액임차인을 판단해서 최우선변제금을 계산해야 한다. 그런데 소액임차인은 환산보증금을 가지고 하기 때문에 ⑤ 박수경 3,000만/300만원은 소액임차인도 아니고 상임법 보호대상이 아니다. 왜냐하면 3차 개정 이후 인천광역시는 환산보증금이 3억원이므로 이 금액을 초과한 임차인은 일반채권자에 불과해 배당에 참여할 수 없는 임차인이다.

셋째, 환산보증금이 현행법상 상임법 적용기준에 해당되는 경우에도 개정 전이냐(인천광역시기준 환산보증금 1억9천만원 이하), 1차 개정 이후냐(2억1천만원 이하), 2차 개정 이후냐(2억5천만원 이하), 3차 개정 이후냐(3억원 이하), 4차 개정 이후냐(5억원 이하), 5차 개정 이후냐(6억9천만원 이하)에 따라 적용대상금액이 달라지고, 상임법적용기준 이하인 경우만 대항요건을 갖추고 확정일자를 받으면 확정일자에 의해 후순위채권자보다 우선변제권이 발생한다. 그러나 적용범위를 초과하면 선순위임차인만 대항력이 인정되고, 후순위는 대항력과 우선변제권이 없는 일반채권자에 불과하다.

질문 배당표를 작성해 보면 더 쉽게 이해할 수 있다

배당금액이 85,700,000원(86,700,000원 – 집행비용 100만원)이므로 배당순위는 다음과 같다.

- **1순위** : 기업은행 2,600만원(근저당권 우선변제금) | 상임법 시행일 2002.11.1. 이전

- **2순위** : ① **이경수** 1,170만원[환산보증금 : 2,000+(10×100)=3,000만](최우선변제 1) | 시행일 이후이나 인천광역시 지역이므로 3,900만원 이하 1,170만원이다.

② **김인규** 1,170만원[환산보증금 : 3,500+0=3,500만](최우선변제 1)
③ **이수민** 1,170만원[환산보증금 : 2,000+(15×100)=3,500만](최우선변제 1)
④ **이철중** 1,000만원[환산보증금 : 1,000+(20×100)=3,000만](최우선변제 1)

이와 같이 배당되어야 하나 상임법에서는 최우선변제금의 합계금액이 배당금액의 3분의 1(2014년부터 2분의 1로 변경)을 초과하면 안 되므로(1/3만 2003년 이수철 근저당권에 대항할 수 있는 소액임차인), 3분의 1의 범위 내에서 안분배당하게 된다.

따라서 28,566,666원(8,570만원×⅓) 이내여야 하는데 최우선변제금의 합계가 4,510만원(1,170+1,170+1,170+1,000)으로 초과하게 되므로 다음과 같이 28,566,666원 이내로 안분해서 배당하게 된다.

① **이경수** = 28,566,666원 × $\frac{1,170만원}{4,510만원}$ = 7,410,865원

② **김인규** = 28,566,666원 × $\frac{1,170만원}{4,510만원}$ = 7,410,865원

③ **이수민** = 28,566,666원 × $\frac{1,170만원}{4,510만원}$ = 7,410,864원

④ **이철중** = 28,566,666원 × $\frac{1,000만원}{4,510만원}$ = 6,334,072원

- **3순위** : 이경수 임차인 12,589,135원(우선변제권 2)
- **4순위** : 이수철 근저당권 500만원(우선변제권 3)

그리고 5순위부터는 더 이상 담보물권이 없어서 배당시점(2014. 01. 01.부터 현재까지)을 기준으로 현행법상 소액임차보증금을 계산하고 한도도 3분의 1이 아닌 2분의 1(42,850,000원-2순위 최우선변제금 28,566,666원=14,283,334원)로 배당해야 하나 배당금이 13,544,199원밖에 없어서 이 금액을 가지고 현행법상 5,500만원 이하인 임차인이 1,900만원을 최우선변제금을 동순위로 안분 배당한다.

- **5순위**는 ① 김인규 = 13,544,199원(배당잔여금)×11,589,135/26,844,198
  = 5,847,280원.

② **이수민** = 13,544,199원(배당잔여금)×11,589,135/26,844,198 = 5,847,280원

③ **이철중** = 13,544,199원(배당잔여금)×3,665,928/26,844,198 = 1,849,639원으로 배당이 종료된다.

058 상임법 개정 전·후, 환산보증금 범위 내와 초과 시 임차인의 권리 핵심정리

적용대상	환산보증금 이내	환산보증금 초과
환산보증금 범위	환산보증금은 보증금 + 월세×100 ① 서울시: 9억원 이하, ② 수도권과밀억제권역(서울시 제외) 및 부산시: 6억9천만원 이하, ③ 광역시(과밀억제권역과 군지역, 부산시 제외), 세종시, 파주시, 화성시, 안산시, 용인시, 김포시 및 광주시: 5억4천만원, ④ 그 밖의 지역: 3억7천만원 이하 (2019.4.2.부터 현재)	환산보증금이 좌측 4개 구역의 각 해당 금액을 초과한 경우를 말한다.
대항력 (제3조)	대항요건[건물의 인도+사업자등록]을 갖춘 다음날 오전 0시부터 제3자에 대해서 대항력이 발생한다.	2015.5.13. 이후 최초로 계약을 체결하거나 갱신되는 임대차로, 대항요건[건물의 인도+사업자등록]을 갖추면 다음날 오전 0시부터 대항력 발생.
확정일자 부여 및 임대차 정보의 제공 등 (제4조)	① 상가임차인은 상가건물 소재지 관할 세무서장에게 확정일자 부여를 신청할 수 있다(환산보증금을 초과하는 임차인은 제외). ② 상가건물의 임대차에 이해관계가 있는 자는 관할 세무서장에게 해당 상가건물의 확정일자 부여일, 차임 및 보증금 등 정보의 제공을 요청할 수 있다(이해관계인은 ■ 임대차계약당사자, ■ 해당 건물 소유자, ■ 해당 건물 또는 그 대지에 등기한 권리자 등)	① 확정일자 부여를 신청할 수 없음. ② 2015.11.14.부터 임대차 정보 제공신청 가능.

적용대상	환산보증금 이내	환산보증금 초과
보증금의 회수 (제5조)	대항요건을 갖추고 확정일자를 받은 임차인은 경매 또는 공매 시 임차건물(임대인 소유의 대지를 포함한다)의 환가대금에서 우선해서 보증금을 변제받을 권리가 있다.	환산보증금을 초과한 상가임차인은 상가건물이 경매가 진행돼도 확정일자부 우선변제권으로 매각대금에서 우선해서 배당받을 수 없다. 따라서 전세권 등기를 해야 보호 받을 수 있다
보증금 중 일정액 보호 (최우선 변제금) (제14조)	① 경매기입등기 전 또는 공매공고등기 전에 제3조 제1항(대항력)의 요건을 갖추고, 소액임차보증금에 해당되면 매각 건물가액의 2분의 1 범위 내에서 일정액을 최우선변제금으로 배당받게 된다(법 개정 전 2013. 12. 31.까지는 3분의 1범위). ② 소액임차보증금의 범위(환산보증금 기준임) ■ 서울시 6천5백만원 이하/2천2백만원, ■ 수도권 과밀억제권역 5천5백만원 이하/1천9백만원, ■ 광역시 3천8백만원 이하/1천3백만원, ■ 그밖의 지역 3천만원 이하/1천만원 (2014.1.1.부터 현재)	환산보증금을 초과하므로 당연히 소액임차인에 해당되지 많는다. (소액임차인을 결정할때 주택임차인과 같이 보증금만 가지고 판단하는 것이 아니라 월세가 포함된 환산보증금으로 판단하기 때문이다)
임차권 등기명령 (제6조)	임차권등기를 마치면 대항력과 우선변제권을 취득한다. 이미 대항력과 우선변제권을 취득한 경우 그대로 유지되며 등기이후에는 대항요건을 상실 해도 대항력과 우선변제권은 상실되지 않는다(등기가 되기 전에 퇴거하면 유지되지 않음).	환산보증금을 초과하면 상임법 제6조에 따른 임차권등기를 신청할 수 없다.

적용대상	환산보증금 이내	환산보증금 초과
경매에 의한 임차권의 소멸 (제8조)	① 미등기 임차권은 선순위임차인(말소기준 이전에 대항요건을 갖춘 임차인)의 경우 대항력을 주장하면 소멸하지 않고, 배당요구하면 소멸하게 되는 데 이때에도 전액 변제될 때까지 소멸하지 않는다. 후순위임차인은 배당여부와 상관없이 소멸한다. ② 임차권등기는 선순위든 후순위든 원칙적으로 소멸한다. 다만 예외적으로 선순위임차권등기는 보증금을 전액 변제받지 않으면 소멸되지 않아서 경락자가 나머지 금액을 변제해야 소멸된다.	① 미등기 임차권은 2015. 5. 13. 이후에 최초로 계약을 체결하거나 갱신되는 선순위임차인의 경우 대항력이 있어서 소멸하지 않고 경락자가 인수하게 되지만, 후순위임차인은 경매로 소멸한다. ② 임차권등기는 할 수 없으니 논의의 대상에서 제외하기로 한다. 따라서 민법 제621조에 의한 임대차등기나 전세권등기가 필요하다.
임대차 기간보호 (제9조)	기간을 정하지 않거나 1년 미만으로 정한 경우 1년으로 본다. 임대인은 계약해지권이 없어서 1년을 보호해야 하지만, 임차인은 1년 미만으로 정한 기간이 유효함을 주장할 수 있다.	인정되지 않는다. 따라서 약정한 기간만 보호된다. 그러나 유의할 점은 일시사용을 위한 임대차계약을 제외하고는 계약갱신요구권을 행사해서 10년 동안 임대차기간을 보장 받을 수 있다는 것이다.
계약갱신 요구 (제10조)	① 임대인은 임차인이 임대차기간이 만료되기 6개월 전부터 1개월 전 사이에 갱신요구하면 정당한 사유 없이 거절하지 못한다. 다만 갱신을 거절할 수 있는 사유로 제1호에서 8호에 해당하면 거절할 수 있다. ② 최초의 임대차기간 포함해서 전체 10년을 초과하지 않는 범위에서만 행사할 수 있다(2018. 10. 16.부터 새로 계약 또는 갱신된 임대차 적용) ▫ 계약갱신요구권은 2013년 8월 13일 이후 최초로 체결되거나 갱신되는 임대차부터 적용된다. 유의할 점은 환산보증금 범위 내에 있는 임차인만 이때부터 시행되고, 우측과 같이 환산보증금을 초과하는 임차인은 2015년 5월 13일 이후 최초로 체결되거나 갱신되는 임대차부터 적용된다는 사실이다.	좌측 내용과 같이 인정받을 수 있다. 다만, 제10조 제3항 단서가 적용되지 않으므로, 갱신 시에 보증금과 차임 인상범위에 제한이 없다.

적용대상	환산보증금 이내	환산보증금 초과
묵시적 갱신 (제10조 4항)	임대인이 임차인에게 임대차기간 만료 전 6개월 전부터 1개월 전 이내에 갱신 거절의 통지 또는 조건 변경의 통지를 하지 아니한 경우 그 기간이 만료된 때에 전 임대차와 동일한 조건으로 다시 임대차한 것으로 본다. 이 경우에 임대차의 존속 기간은 1년으로 본다. 임대인은 계약해지권이 없지만 임차인은 언제든지 임대인에게 계약해지의 통고를 할 수 있고, 임대인이 통고를 받은 날부터 3개월이 지나면 효력이 발생한다.	환산보증금을 초과하는 임차인은 묵시적갱신이 인정되지 않는다. 갱신요구를 할 수 있었음에도 하지 않아 묵시적갱신이 된 경우에는 상임법에서는 별도 규정이 없어서 민법 제639조의 묵시의 갱신 규정이 적용 된다. 따라서 상임법 제10조 제4항으로 보호받지 못하고, 민법 제639조에 따른 묵시적갱신으로 갱신되면 임대인과 임차인 모두 계약해지 통고를 할 수 있고, 그 효력은 임대인은 6월 이후에, 임차인은 1월 이후에 발생한다.
권리금 회수기회 보호 (제10조의4)	이 법은 시행(2015.5.13) 당시 존속중인 임대차부터 적용된다. 임대차기간이 끝나기 3개월 전부터 임대차 종료 시까지 방해 행위 금지, 손해배상(3년의 소멸시효기간) 갱신 거절의 사유(제10조 제1항 제1호~8호)가 있는 때와 같이 정당한 거절사유가 있는 때에는 인정되지 않을 수도 있다.	좌측 환산보금 범위 내 임차인과 같이 보호 받는다.
권리금 적용제외 (제10조의5)	상가건물이 유통산업발전법 제2조의 대규모점포 또는 준대규모점포의 일부인 경우 ((다만, 전통시장 및 상점가 육성을 위한 특별법 제2조 1호에 따른 전통시장은 제외), 국유산법에 따른 국유재산 또는 국유재산 및 물품관리법의 공유재산인 경우	좌측 환산보금 범위 내 임차인과 같이 보호 받는다.
차임의 연체와 해지 (제10조의8)	차임연체액이 3기에 달하는 때에는 임대인은 최고 없이 계약해지를 할 수 있다.	좌측 환산보금 범위 내 임차인과 같이 보호 받는다.

적용대상	환산보증금 이내	환산보증금 초과

차임 등의 증감청구권 (제11조)	① 차임 증액범위의 제한
	  100분의 5 금액을 초과하지 못한다.
	② 행사기간의 제한
	  임대차계약 또는 증액이 있은 후 1년 이내에는 증액하지 못한다.
		제10조의2(계약갱신의 특례)로 2013. 8. 13. 부터 증감청구권을 행사할 수 있다.
		따라서 사유에 의한 제한은 받는다.
		다만, 환산보증금 범위 내에 있는 임차인과 같이 100분의 5의 증액 범위의 제한과 임대차계약 또는 증액이 있은 후 1년 이내에 증액하지 못하는 기간의 제한은 받지 않는다.

월차임 전환시 산정률의 제한(제12조)	월세를 전세로 전환하는 금액에 대한 전환 비율을 연 1할2푼, 또는 한국은행 기준금리 3.5%(2023년 1월 13일 기준)×4.5로 15.75% 중 낮은 비율. 따라서 12%를 초과하지 못한다.	월세전환은 가능하지만 제12조를 준용하지 않고 있기 때문에 전환 비율의 제한 없이 행사할 수 있다.
전대차 관계에 대한 적용 등 (제13조)	① 제10조와 제10조의2, 제10조의8, 제11조, 제12조는 전대인과 전차인의 전대차에도 적용한다. ② 임대인의 동의를 받은 전차인은 계약갱신 요구권을 대위행사 할 수 있다.	전대차에 관한 규정은 적용되지 않으므로 전차인은 보호받지 못한다.
폐업으로 인한 임차인의 해지권 (제11조의2)	코로나 등의 감염병에 따른 집합제한 또는 금지조치 등으로 폐업한 경우 임차인의 계약해지권	좌측 환산보증금 범위 내 임차인과 같이 보호받는다.

PART 4

상가나 오피스텔 임대차 Q&A
실전상담 121사례

Q 임대인이 구두 합의를 부정하고, 임대료 증액을 요구한다면?

서울시 강남구 역삼동에서 보증금 1억원 월세 850만원(환산보증금 9억 5,000만원)에 커피전문점을 운영하고 있습니다. 지난달 2년의 임대차 만료일을 앞두고 임대인과 같은 조건으로 2년 더 연장하는 것으로 전화 통화했습니다. 그런데 임대인이 재계약하기로 한 적 없고, 계약서를 새로 작성한 적도 없다고 하면서, 점포를 비우든지 아니면 월세를 대폭 인상하겠다고 통보해 왔습니다. 월세를 인상해야 합니까?

임대차계약 내용에 관해 임대인과의 구두 합의는 원칙적으로 유효합니다. 그러므로 임차인은 전화 통화로 합의한 임대차 내용대로 이행할 것을 주장할 수 있습니다. 물론 양 당사자의 주장이 다르다면 임차인이 구두로 합의했다는 것을 입증해야 합니다.

그리고 2015년 5월 13일부터 상가임차인은 환산보증금이 일정 금액(서울시 상임법상 보호대상인 환산보증금은 2019년 4월 2일~현재는 9억원 이하)을 초과하더라도 계약갱신요구권을 행사함으로써 임대인의 의사와 무관하게 최초 임대차기간을 포함하여 전체 임대차기간 5년 동안 영업할 수 있었지만, 이 기간도 법 개정에 따라 2018년 10월 16일부터 새로 계약을 체결하거나 갱신된 임대차의 경우 10년으로 연장되었습니다. 그러니 현재는 상가 임차인은 최초임대차로부터 10년 동안 계약갱신요구를 통해서 영업을 할 수 있습니다.

따라서 임차인은 10년 동안 임대인의 일방적인 임대료 인상 요구를 거부할 수 있고, 오히려 임대료 감액을 요구할 수도 있습니다.

'상가건물 임대차보호법'은 환산보증금이 일정 금액을 초과할 때 임대료 인상에 대해 상한 요율을 환산보증금 범위 내의 임차인(5%)과 같이 제한규정을 정하고 있지는 않지만, 임대인이 요구한 조건대로 임대료가 합의되지 않음을 이유로 임차인을 일방적으로 내보낼 수도 없으므로, 양 당사자는 원만하게 협의해야 할 것입니다. 왜냐하면 협의가 안 되어 법원의 소송으로 결정한다고 해도, 임대인에게 유리하게 5%를 초과한 금액으로 법원에서 판단 받기도 쉽지 않기 때문입니다.

060

임대차 기간을 1년으로 약정할 때 임대차 만료일은?

질문

2016년 10월 19일 임대차 계약을 체결하고 11월 19일 잔금 일에 입주하면서, 임대차계약서에 임대차 종료일을 명기하지 않고 1년(12개월)으로 약정하였습니다. 그럼 임대차 만료일은 2017년 11월 19일인가요? 아니면 11월 18일인가요?

답변

임대차 기간의 기산일에 대하여는 일반적으로 민법 제157조에 따라 해석합니다. 임대차 기간을 일, 주, 월 또는 년으로 정한 때에는 초일을 포함하지 아니하지만, 그 기간이 오전 0시부터 시작하는 경우에는 초일을 포함합니다.

2016년 10월 19일에 임대차 계약을 체결하면서 11월 19일 잔금일에 입주하고, 기간을 1년으로 약정하였다면 잔금 지급 및 입주와 관계없이 임차기간은 초일인 11월 19일부터 시작됩니다. 당사자는 11월 19일에 잔금을 지급하기로 약정하였으므로, 임차인은 11월 19일 오전 0시부터 임차물을 사용, 수익할 수 있습니다. 즉 당사자 사이의 약정으로 잔금 지급과 임차물 인도일을 정하였다면, 당일 오전 0시부터 입주할 수 있는 것입니다.

따라서 임대차 기간(1년)은 2016년 11월 19일부터 민법 제160조 제2항에 따라 그 기산일의 전일인 2017년 11월 18일까지입니다. 정확한 임대차기간은 2016년 11월 19일 오전 0시부터 2017년 11월 18일 밤 12시(자정)까지입니다. - 이 사례는 2021년 서울시 상가임대차상담사례 50쪽에 수록되어 있는 내용입니다.

〈서울시 상담사례에 대한 필자의 해석 및 사견〉

01 서울시 상가상담 사례와 같이 임대차계약 기간의 종료일을 정하지 않고, 단지 임대차기간을 1년으로 한다고만 정한 경우에는 그 임대차기간은 오전 0시부터 시작되므로 민법 제157조 단서조항에 따라 초일이 산입된 기간으로 정하게 됩니다. 그리고 2016년 11월 18일 전에 종전 임차인이 퇴거 했으므로, 새로운 임차인은 잔금일 11월 19일 언제든지 건물을 인도 받아 영업을 할 수 있다고만 약정한 경우라면 앞에서와 같이 초일이 산입된 것으로 판단해야 할 것입니다.

그러나 이런 약정 하에서도 건물을 인도받는 시간을 정한 경우라면, 즉 임차인은 오전 09시에 잔금 지급과 건물인도를 동시이행으로 한다고 규정한 경우라면 민법 제157조 단서조항이 아닌 본조 규정에 따라 초일불산입으로, 잔금 지급과 건물인도 당일은 계약기간에서 배제해야 합니다. 그런데 앞의 서울시 상가상담에서는 이런 사정 등을 고려하지 않고, 법대로만 해석해서 당연히 오전 0시부터 입주 또는 건물을 인도 받을 수 있으므로, 초일을 산입하는 것으로 해석한 것으로 볼 수 있습니다.

〈01번 사례에 대한 필자의 보충 설명〉

서울시 상가상담 사례처럼 해석하는 것은 그야말로 법대로 해석한 것입니다.

그러나 이렇게 해석하게 된다면 임대차계약 중개실무에서는 다음과 같은 문제가 발생하게 됩니다.

첫째, 임차건물에 종전임차인 또는 소유자가 사용하고 있어서 그 임차인 등이 새벽 0시부터 이사 나가는 것이 형편상 어렵고, 둘째, 이들이 가능하다고 해도 새로운 임차인 역시 새벽 0시에 잔금과 건물인도를 받는 것이 중개실무상 어렵습니다.

그리고 **계약당사자들이 알고 있어야 할 내용은** "계약서에 잔금지급과 건물인도 날짜만 기재하고, 시간은 명시하지 않은 것으로 새벽 0시부터 계약이 시작한다고 해석하는 것은 계약 실무에 대해서 조금 더 고민이 필요하다고 생각합니다."

계약서를 작성할 때 계약당사자간 합의 내용을 모두 정리해서 빠짐없이 기재하지 못하고, 구두로 합의하고 계약을 진행하는 사례도 있습니다. 특히 이 사례와 같이 몇 시에 만나서 잔금과 건물인도 시기까지 계약서에 명시하지 않는 경우가 많습니다. 그렇더라도 잔금 지급 시간 등을 합의 없이 계약을 진행할 수 없기 때문에, 분명 구두로 계약당사자와 중개업자 간에는 합의를 했을 것이고, 이러한 구두계약도 계약의 효력이 발생하는 것이고, 그렇게 해석할 수 있다면 초일불산입에 따라 계약당일은 계약기간에서 배제 시켜야 한다는 것이 필자의 사견입니다.

이러한 문제점을 대비해서 임대차계약서를 작성할 때 임대차계약기간을 명시하거나 건물인도 시간을 명시할 필요가 있습니다.

왜냐하면 상가임차인이 월세를 지급하거나 금융기관에 대출이자 등을 지급할 때 초일을 산입하게 된다면 임차인이나 채무자 등은 본인이 실제로 사용한 시간보다 더 지급하게 되는 상황이 발생하고 이런 문제점을 예방하고자 민법 제157조(초일불산입) 규정을 두고 있기 때문입니다.

02 민법 제157조는 "기간을 일, 주, 월 또는 년으로 정한 때에는 기간의 초일은 산입하지 아니한다."고 규정하여 초일 불산입을 원칙으로 정하고 있으나, 민법 제155조에 의하면 법령이나 법률행위 등에 의하여 위 원칙과

달리 정하는 것도 가능하다. 즉 민법 제157조 초입불산입 규정은 임의 규정이므로 당사자간의 특약으로 달리 정한 경우 그 특약이 우선한다.

따라서 당사자 간에 임대차기간을 정한 경우에는 그 특약에 따르기 때문에 문제가 없을 것입니다.

(예제 1) 임대차기간을 1년으로 정하되 그 기간을 2023년 1월 10일부터 2024년 1월 10일까지로 한다고 명시했다면 이는 초일불산입에 따른 임대차계약입니다.

(예제 2) 임대차기간을 1년으로 정하되 그 기간을 2023년 1월 10일부터 2024년 1월 9일까지로 명시했거나 임대차기간을 2023년 1월 10일부터 1년으로 한다고 정했다면 이 임대차계약은 초일산입에 따른 임대차계약이 되는 것입니다.

061 Q 계약이 2022년 09월 30일에 만료되는 경우, 언제까지 계약갱신 요구권을 행사할 수 있나?

답변

계약만료일이 2022년 09월 30일인 경우, 주택의 경우에는 2개월 전인 2022년 07월 29일 24시 전까지 [이는 민법 제157조(기간의 기산점)의 초일불산입 규정에 따라 2022년 9월 30일 오전 0시 전까지] 임대인에게 계약갱신의 의사가 도달해야 합니다. 의사전달 방법은 핸드폰 문자메시지나 핸드폰 통화, 카톡, 내용증명서

등으로 전달할 수 있는데, 핸드폰 통화나 문자메시지, 카톡 등은 상대방이 확인했다는 증빙이 있어야 합니다.

상가건물이나 업무용오피스텔의 경우

에는 임대인과 임차인 모두 상임법 제10조(계약갱신요구) 제1항에 따라 임대차기간이 만료되기 6개월 전부터 1개월 전까지 계약갱신을 요구해야 합니다. 그래서 상가임차인은 계약만료일이 2022년 09월 30일의 1개월 전인 2022년 08월 29일 24시 전까지 임대인에게 계약갱신요구하면 됩니다.

> **알아두면 좋은 내용**
>
> 민법 제157조(기간의 기산점) 기간을 일, 주, 월 또는 연으로 정한 때에는 기간의 초일을 산입하지 아니한다. 그러나 그 기간이 오전 0시부터 시작하는 때에는 그러하지 아니하다. 이 규정은 임의규정으로 당사자의 특약으로 초일을 산입한 계약서를 작성할 수도 있다.

[예제] 주택 임대차계약서를 2022년 4월 10일 작성하고, 잔금 및 주택인도 시기가 2022년 5월 20일인 경우

① 초일산입으로 계약한 경우 ⇨ 잔금 및 주택인도일(초일=계약기간에 첫날을 인정)하여 2022년 5월 20일부터 2024년 5월 19일이다.

② 초일불산입으로 계약한 경우 ⇨ 계약기간에서 첫날을 불인정하여 ⇨ 2022년 5월 20일부터 2024년 5월 20일까지이다.

이 경우 임차인은 임대차기간이 끝나기 6개월 전(2023. 11. 20.)부터 2개월 전(2024. 3. 19. 오후 24:00 이전)까지 계약갱신을 요구할 수 있다.

그러나 초일불산입으로 계약하더라도 재계약은 다음날 0시부터 시작하므로 2024년 5월 21일부터 2026년 5월 20일까지이다.

062 계약 이행 전, 계약기간 중에 계약을 깰 수 있을까?

질문 계약 만기 전인데 계약을 해지하고 싶다면 어떻게?

종로에서 2층 상가를 임차하여 식당을 운영하고 있습니다. 임대인이 장기간 임차하면 임대료를 저렴하게 한다고 해서 5년으로 임대차계약을 체결했습니다. 1년 영업했는데 매출이 기대했던 것에 비교해 턱없이 모자라 매월 큰 적자를 보고 있습니다. 초기 시설비용은 포기할 각오하고, 임대인에게 계약 해지 요청 했으나 임대인은 새로운 임차인을 맞춰놓고 나가라고 합니다. 새 임차인을 구하지 못하면 임대차 만료일까지 월세를 내야 합니까?

임대인과 임차인이 임대차계약 기간을 5년으로 약정했을 때, 임차인이 임대차 도중에 계약을 해지할 수 있는 해지권을 유보하고 있거나 임차인이 임대차를 해지 요구할 수 있을 정도로 임대인 과실이 있는 등의 특별한 사유가 아닌 한 임차인은 일방적으로 계약을 해지할 수 없습니다.

특별한 경우를 제외하고는 임대인의 동의가 있어야만 임대차 도중에 해지할 수 있습니다. 임대인의 요구대로 신규임차인의 주선이 어렵다면 소정의 위약금을 지급하는 조건으로 계약을 해지하거나 현 임대료보다 저렴하게 전차인을 구하는 등의 방법을 모색해야 할 것입니다.

질문 계약을 깰 때 해약금은 보증금의 10%인가?

송파구 마천동에 조그만 상가를 소유하고 있는데, 편의점을 운영하려는 임차인을 소개 받았습니다. 공인중개사가 보증금 1천만원 월세 40만원으로 중개한 후, 임차인은 계약금 1백만원을 제 계좌로 송금했습니다. 며칠 후 본 계약을 체결하면서 준비한 자금이 넉넉지 않은 임차인 사정 때문에 보증금을 5백만원으로 조정하고 월세를 45만원으로 약정했고, 계약금은 이미 송금 받은 1백만원으로 명시했습니다. 그런데 임차인이 개인 사정으로 계약을 해지하면서 보증금 5백만원에 대한 10%만이 해약금이 되므로 50만원은 돌려 달라고 합니다.

답변

당사자 간에 다른 약정이 없는 한 임차인은 지급한 계약금을 포기하고 임대차계약을 해제할 수 있습니다. 일반적으로 보증금의 10%를 계약금으로 지급하는 것이 보통이지만, 해약금은 양 당사자가 계약 체결 시 약정한 계약금을 기준으로 합니다.

그러므로 임차인은 보증금의 20%로 약정한 1백만원의 계약금을 포기하고 임대차계약을 해제할 수 있습니다.

질문 가계약금을 돌려받을 수 있을까?

동생과 함께 커피숍을 운영하려고 점포를 알아보던 중 맘에 드는 상가가 있어, 며칠 뒤 정식 계약을 하기로 하고 우선 임대인 계좌로 가계약금 100만원을 송금했습니다. 그런데 커피숍을 운영할 수 없는 사정이 생겨 임대인에게 가계약금을 돌려달라고 했더니, 임대인이 돌려줄 수 없다고 거절합니다. 법적으로 돌려받을 수 있나요?

　임차인이 가계약금을 입금할 당시 임대인과의 합의가 본 계약 주요 급부의 중요 부분이 확정되지 않은 계약의 준비 단계인지, 또는 주요 급부의 중요 부분이 확정된 조건부 계약인지에 따라 법적 해석이 달라집니다. 임차인이 지급한 가계약금이 소액이고, 모든 계약 내용의 합의까지는 없더라도, 본 계약의 주된 내용인 매매목적물과 매매대금 등 매매 계약의 중요 요소들에 관한 합의가 이루어져 있는 경우라면 그 가계약은 양쪽 당사자를 구속하는 조건부 계약이 됩니다. 또한, 장래에 특정 가능한 기준, 방법 등에 관한 합의만으로도 매매 계약이 성립된 것으로 볼 수 있습니다. 그렇게 된다면 임차인은 지급한 가계약금을 포기함으로써 계약을 해지할 수 있기 때문에 지급한 가계약금을 돌려받지 못하게 됩니다.

　그렇지 않고 가계약금이 단순한 보관금, 매매예약증거금이라면 임차인은 지급한 가계약금을 돌려받을 수 있을까? 하는 문제입니다.
　이렇게 가계약이란 말 그대로 본 계약을 하기 전에 다른 사람과 먼저 계약하는 것을 막기 위해서 임시로 맺은 본 계약과 다른 또 하나의 계약으로 봐야 할 것입니다. 따라서 가계약금 100만원도 또 다른 계약의 증거금으로, 본 계약을 체결하지 않으면 가계약금은 상대방에게 귀속시키기로 합의하는 계약으로 볼 수 있으므로, 반환 받지 못하게 되는 사례가 대부분입니다. 그러나 특약으로 본 계약을 이행하지 않으면 가계약금을 반환하기로 약정했다면 돌려받을 수 있지만 이러한 조건을 달고 가계약하는 사례는 실무에서 찾아보기 어렵습니다.

질문 상가건물을 계약하고 24시간 내에는 해약할 수 있을까?

상가 임대차 계약 체결하고 집에 와서 생각해 보니 성급히 결정한 것 같아서 계약을 해제하고 싶습니다. 아직 24시간이 지나지 않았기 때문에 계약을 해약하고 계약금을 돌려받을 수 있다고 들었는데 맞나요?

양 당사자가 임대차계약을 체결하게 되면 일단 그 효력은 유효하고, 일방 당사자가 해약할 수 있는 권리를 유보하는 등 특별한 경우가 아니라면 일방적으로 해약할 수 없습니다.

매매, 임대차 계약 체결 후 24시간 안에 계약금을 돌려주면 합법적으로 계약을 취소할 수 있다는 일부 부동산 업계의 관행은 법적으로 전혀 근거가 없습니다.

상대방이 계약 해제에 동의하지 않는다면 특별한 사유가 없는 한 일방적으로 계약을 해제하고 지급한 계약금을 반환받기는 어렵습니다.

063 Q. 임차인의 전기승압 공사비용은 누가 부담해야 하나?

답변

　임대인은 임대차계약 존속 중 임차인의 사용, 수익에 필요한 상태를 유지하게 할 의무를 부담합니다. 그리고 임차인은 임차물의 객관적 가치를 증가시키기 위하여 투입하는 비용을 임대인에게 청구할 수 있습니다. 하지만 임차인은 임차인의 영업을 위한 시설에 필요한 투입 비용까지 청구할 수는 없습니다.

　전기승압공사 등의 비용은 임대차계약 체결 내용, 당사자의 합의, 추가 시설의 수익자가 누구인지 등에 따라 부담 주체가 결정됩니다.

　전기승압과 관련한 특별한 약정이 없고, 보편적으로 유익하게 사용할 수 있는 전기승압이라면, 임차인은 임대인에게 그 비용의 전부 또는 일부를 청구할 수 있으며 양 당사자는 관련 비용 부담을 합리적으로 협의해야 할 것입니다.

064 사업자등록만 하고, 건물을 인도받지 않아도 대항력 있다?

답변

　임대차는 그 등기가 없는 경우에도 임차인이 사업자등록과 건물인도를 마친 때에는 그 다음 날부터 제3자에 대하여 효력이 발생하게 됩니다. 이렇게 상임법상 대항요건인 2개의 공시요건을 갖추고 있어야만 대항력이 발생하게 되는 것으로 1개의 공시요건 즉 사업자등록만 5월 10일에 갖추고 있으면 대항요건을 완전하게 갖추고 있지 않아서 대항력이 없고, 이러한 경우 계약서에 확정일자를 부여 받았다고 하더라도 우선변제권도 발생하지 않습니다. 그래서 5월 10일 사업자등록과 확정일자를 받았더라도 건물을 인도 받은 시기가 5월 30일이라면 대항력과 확정일자부 우선변제권은 5월 31일 오전 0시에 발생하게 되는 것 입니다.

065 공부와 다른 현관에 표시된 501호로 사업자등록을 하면 대항력은?

질문

아파트, 연립주택, 단지내 상가, 상가점포 등의 집합건물에서 구분호수 표시가 건축물대장과 다른 현관에 표시된 501호로 사업자등록을 마쳤습니다. 이 경우에도 상가임차인에게 대항력이 있나요?

답변

건축물대장과 다르게 잘못 표시된 현관 호수로 사업자등록을 하는 사례가 종종 발생합니다. 이런 이유는 건축주가 좌우측을 착각해서 현황상 표시내용을 건축물대장상 내용과 다르게 표시한 사례로, 건물현황도(건축 설계도면상)에는 승강기 왼쪽이 101호, 201, 301호 라인, 오른쪽이 102호 202호, 302호 라인임에도 불구하고 반대로 왼쪽을 102호라인, 오른쪽을 101호라인이라고 현관문에 호실표시가 되어 있는 경우, 또는 현황상 1층 201호 2층 301호 등으로 표시되어 있는데 건축물대장에서는 1층 101호 2층 201호라 표시되어 있는 경우 등에서, 계약서를 작성할 때 공인중개사의 실수로 현관에 기재된 대로 계약서를 작성하게 되는 사례(공인중개사의 과실 책임이 상당히 높아진다), 계약서는 제대로 작성했는데도 임차인이 잘못해서 사업자등록(또는 전입신고)을 한 사례(공인중개사의 책임은 없고 임차인이 손해를 보게 된다)가 발생하면 그 임차건물이 경매되기 전에는 그런 사실을 모르고 살다가 경매절차에서 그러한 사실을 알게 되는 경우가 많은데 이 경우 임차인은 대항력과 우선변제권이 없어서 임차보증금을 손해 볼 수밖에 없게 됩니다. 그래서 건축물대장만 발급하지 말고, 건물 현황도를 함께 발급 받아 구분호수가 제대로 건물에 표시되어 있는가를 확인하고 계약해야 합니다

066  임대인이 신규 임차인의 특정 업종을 거부할 수 있을까?

답변

임대인은 임차인에게 신규 임차인에 대한 특정 업종 배제할 것을 요구할 수는 있습니다. 하지만 주위 상권이나 영업의 종류 등 제반 사정을 고려할 때, 임대인의 업종과 관련된 요구가 임대인이 신규 임차인과의 계약 체결을 회피하기 위한 수단으로 악용하는 등 합리적인 범위를 벗어났다고 볼만한 특별한 사정이 없다면, 임대인은 업종 변경을 이유로 신규 임차인과의 계약을 거절할 수 있을 것입니다.

이럴 때 임차인은 임대인이 요구하는 업종의 영업을 할 신규 임차인을 다시 주선할 수 있고, 그런데도 계약 체결을 거절한다면 임대인은 손해 배상책임을 질 수 있습니다.

067  1년 계약 후 묵시적 갱신이 되면 2년을 주장할 수 있다?

주택을 1년으로 임대차계약하고 거주하다가 1년이 지나서 묵시적 갱신이 된 상태이다. 그런데 임대인이 갑자기 최초 계약일로부터 최단 존속기간인 2년이 경과하면 계약갱신을 하지 않겠다는 통고서를 내용증명우편으로 보내왔다. 이 경우 최초 계약기간 1년이 경과된 후 묵시적으로 갱신되었으므로, 그 갱신된 계약기간을 최단존속기간인 2년으로 보아 2년을 더 거주할 수 있지 않을까?

답변

대법원 96다5551 판결도 "임차인이 주임법 제4조 제1항의 적용을 배제하고 2년 미만으로 정한 임대차기간의 만료를 주장할 수 있는 것은 임차인 스스로 그 약정임대차기간이 만료되어 임대차가 종료되었음을 이유로 그 종료에 터 잡은 임차보증금반환채권 등의 권리를 행사하는 경우에 한정되고, 임차인이 2년 미만의 약정임대차기간이 만료되고 다시 임대차가 묵시적으로 갱신되었다는 이유로 주택임대차보호법 제6조 제1항, 제4조 제1항에 따른 새로운 2년간의 임대차의 존속을 주장하는 경우까지, 주임법이 보장하고 있는 기간보다 짧은 약정임대차기간을 주장할 수는 없다." 라고 판결하여 최단존속기간 2년만을 인정하였다.

따라서 최초의 임차일로부터 2년이 경과되면 주임법 제4조 제1항에 의하여 기간이 만료되는 것이지, 임차인 주장처럼 3년(최초의 약정 임대차기간 1년 + 묵시적으로 갱신된 임대차기간 2년)으로 임대차기간이 만료된다고 주장할 수는 없다.

그러나 최초 약정 임대차기간이 2년에서 묵시적 갱신되었다면 2년을 더 살 수 있다.

이에 반해서 상가건물임대차에서 묵시적으로 갱신되면, 종전 계약기간(종전 계약기간이 3년, 2년, 1년이더라도)과 상관없이 계약기간이 1년으로 갱신된다.

주택은 주임법에서 묵시적 갱신 기간에 대해서 정함이 없고 최단기간만 2년으로 정하고 있는데 반해서, 상가는 상임법에서 묵시적 갱신 기간을 1년으로 정하고 있다. 이렇게 상가임차인은 묵시적 갱신 기간이 1년이지만, 계약갱신요구권으로 10년 동안 임대차계약을 유지할 수 있다.

068 환산보증금 범위 내, 또는 초과하는 경우에 묵시적 갱신이 되었다면?

질문 묵시적 갱신 중 계약 해지할 때, 신규 임차인을 주선해야 할까?

　서울시에 있는 상가 2층을 2015년 1월 보증금 5천만원, 월세 3백만원에 임차하였고, 지금은 묵시적 갱신 중입니다. 2017년 6월 말 임대인에게 임대차계약을 해지하겠다고 통보했는데, 임대인은 새로운 임차인을 데리고 오지 않으면 보증금을 돌려줄 수 없다고 합니다. 새로운 임차인을 구해야 합니까?

　상임법으로 보호대상인 환산보증금 범위 내에 있는 상가임차인은 대항력과 계약갱신요구권이 있어서 최장 10년까지 계약기간을 연장할 수 있습니다. 계약갱신요구권은 묵시적으로도 갱신이 가능합니다(환산보증금 범위 내의 임차인만 가능). 그래서 이 기간 동안 임대인은 임차인에게 계약해지 사유가 없는 한 계약을 해지할 수 없지만, 임차인은 언제든지 임대인에게 계약 해지 통고를 할 수 있고, 임대인이 통고를 받은 날부터 3개월이 지나면 효력이 발생합니다. 그러므로 임차인이 계약 해지 통고한 6월 말부터 3개월 후인 9월 말에 임대차계약은 해지되며, 임차인은 새로운 임차인을 구하지 않고 임대인에게 보증금 반환을 청구할 수 있습니다.

질문 묵시적 갱신 중에 임대인이 일방적으로 해지할 수 있다?

2017년 5월 30일 서초동에서 상가건물을 보증금 2억원, 월세 800만원(부가세별도)에 2년 계약을 하고 사업자등록을 했습니다. 현재 묵시적 갱신 중인데, 임대인이 일방적으로 해지할 수 있습니까?

환산보증금이 일정 금액(서울 9억원 2019. 4. 2.~현재)을 초과하는 경우, 임대차기간이 만료한 후 임차인이 임차물의 사용·수익을 계속하는 경우에 임대인이 상당한 기간 내에 이의를 하지 않을 때는 전(前) 임대차와 동일한 조건으로 다시 임대차한 것으로 봅니다. 유의할 점은 환산보증금 범위 내에 있는 임차인과 같이 상임법으로 보호받는 묵시적 갱신이 인정되지 않고, 민법 제639조에 따른 묵시적 갱신이 됩니다.

이렇게 민법 제639조에 따른 묵시적 갱신이 되면 민법 제635조 의한 기한의 정함이 없는 임대차가 되어 각 당사자는 언제든지 계약해지의 통고를 할 수 있습니다. 이 경우 임대인이 계약해지 통고 시에는 6월이 경과 후, 임차인이 계약해지 통고 시에는 1월이 경과 후에 해지 효력이 발생합니다.

069 소유자가 바뀌면 대항력을 주장하지 않고 계약을 해지할 수 있다?

답변

최근 부동산경기 침체로 부동산시세가 전세보증금에도 미치지 못하는 경우가 속출하고 있습니다. 그래서 임차건물소유자가 임차인도 모르게 바뀌게 되는 변경되는 경우(임차인 동의 없이 소유자가 변경되는 경우), 임차인은 임대인의 배신적 이유로 계약을 해지하고, 현 소유자가 아닌 당초 임대차 계약을 한 전소유자를 상대로 임대차보증금을 청구할 수 있습니다.

특히 경매로 매각될 때 임차인이 대항력이 없는 경우에는 더욱 그러합니다. 임대차계약에 있어 임대인의 지위의 양도는 임대인의 의무의 이전을 수반하는 것이지만 임대인의 의무는 임대인이 누구인가에 의하여 이행방법이 특별히 달라지는 것은 아니고, 목적물의 소유자의 지위에서 거의 완전히 이행할 수 있으며, 임차인의 입장에서 보아도 새로운 소유자에게 그 의무의 승계를 인정하는 것이 오히려 임차인에게 훨씬 유리할 수도 있으므로 임대인과 새로운 소유자와의 계약만으로써 그 지위의 양도를 할 수 있다할 것이지만, 이 경우에도 <u>임차인이 원하지 아니하면 임대차의 승계를 임차인에게 강요할 수는 없는 것이어서 스스로 임대차를 종료시킬 수 있어야 한다는 공평의 원칙 및 신의성실의 원칙에 따라 임차인이 곧 이의를 제기함으로써 승계되는 임대차관계의 구속을 면할 수 있고, 임대인과의 임대차관계도 해지할 수 있</u>

다고 봐야 한다(대법원 98마100 결정)고 하여, 임차인에게 임대차계약의 자동승계를 거부할 수 있는 선택권을 대법원 판례도 부여하고 있습니다.

070

Q 상가건물이 매매될 때 임차인은 계약을 해지할 수 있을까?

질문

임대인이 건물을 매매했다고 하면서 새로운 임대인을 소개했습니다. 오늘 매매계약을 체결했고 다음 달에 잔금을 치른다고 합니다. 새 임대인이 잔금을 치르지도 않았으면서 이런 저런 조건을 제시하고 있는데, 제가 계약을 해지할 수도 있습니까?

답변

임차건물의 양수인은 임대인의 지위를 승계하게 됩니다(상가건물임대차보호법 제3조제2항). 따라서 특별한 사유가 없는 한 임대인이 임의로 임차목적물을 매도하면, 매수자는 임대인의 권리와 의무를 포괄적으로 이전받아 임차인과 임대차 관계를 가지게 됩니다.

따라서 임차인은 임대인이 바뀌었다는 이유만으로 임대차계약을 해지할 수 없습니다.

다만 임차인의 의사와 무관하게 임대인이 변경되었을 때 임차인의 입장에서 새 임대인에게 그 의무의 승계를 인정하는 것이 불리하고, 임대인 변경이 임대차 관계를 계속시키기 어려운 배신적 행위가 될 수 있다면, 그때 임차인은 임대차계약의 종료를 주장할 수 있습니다(2023년 서울시 상가상담사례 45쪽 발췌).

071

 **공동소유건물에서 과반수 이상과 계약하면 전세금 안전하다?**

질문 공유물에서 과반이란 어떠한 경우를 말하는 것일까?

예1)

건물과 대지를
갑 3/5, 을 1/5,
병 1/5 지분씩
― 공동소유

예2)

건물과 대지를
갑 1/3, 을 1/3,
병 1/3 지분씩
― 공동소유

과반은 50%를 초과하는 경우(51%)로 예제1)의 사례에서는 갑과 임대차계약서를 작성하면 되지만, 예2)의 사례에서는 갑과 을, 을과 병, 갑과 병의 동의가 없으면 과반이 될 수 없다. 그리고 유의할 점은 임차인의 대항력은 건물을 가지고 판단하게 되므로 건물과 토지지분비율이 다른 상황에서는 건물만을 가지고 과반 여부를 판단해야 한다.

[질문] 과반수 이상과 계약하면 임차보증금은 안전하게 보호받나?

　과반수 이상의 지분권자 또는 과반수 이상의 동의를 얻어 임대차계약을 체결하면 임대인(=채무자)과 동의한 지분(=물상보증인)에 대해서 대항력과 우선변제권(경매절차에서 배당요구해서 최우선변제권과 확정일자부 우선변제권으로 배당받을 수 있는 권리), 그리고 직접 전세보증금을 지급명령신청 또는 반환청구소송 등을 통해서 그 결정문 등으로 강제경매를 신청하는 것도 가능하다.

　그러나 동의하지 않은 지분에 대해서는 대항력은 가능하나 채무자가 아닌 다른 지분에 대해서 우선변제권과 경매신청권은 없다. 왜냐하면 공유물에서 민법 제265조의 관리행위는 사용·수익에 관한 규정에 불과해서, 동의하지 않은 지분을 처분할 수 있는 권리까지 용인하는 것은 아니기 때문이다. 이러한 이유로 과반수 이상의 지분권자와 계약을 체결하더라도 적법한 관리행위를 할 수 있지만, 전세금을 안전하게 지키지 못하게 될 수도 있다는 사실을 알고 있어야 한다.

알아두면 좋은 판례

대법원 2004다26133 전원합의체 판결

중간~ 생략, 다만, 소액임차인의 우선변제권에 관한 같은 법 제8조 제1항이 그 후문에서 '이 경우 임차인은 주택에 대한 경매신청의 등기 전에' 대항요건을 갖추어야 한다고 규정하고 있으나, 이는 소액보증금을 배당받을 목적으로 배당절차에 임박하여 가장 임차인을 급조하는 등의 폐단을 방지하기 위하여 소액임차인의 대항요건의 구비시기를 제한하는 취지이지, 반드시 임차주택과 대지를 함께 경매하여 임차주택 자체에 경매신청의 등기가 되어야 한다거나 임차주택에 경매신청의 등기가 가능한 경우로 제한하는 취지는 아니라 할 것이다.

072 Q 임대차가 종료되었는데 보증금을 돌려주지 않고 있다!

2016년 6월 계약기간 1년으로 상가 임대차계약을 체결했는데, 매출이 기대에 훨씬 못 미쳐 재계약하지 않기로 했습니다. 2017년 2월부터 임대인에게 임대차 끝나는 날(2017년 6월)에 보증금을 돌려달라고 요청했는데, 임대차 만료일이 지났음에도 임대인은 보증금을 주지 않고 있는데 어떻게 해야 합니까?

답변

임대인이 임대차 만료일이 지났음에도 보증금을 반환하지 않을 경우, 임차인은 관할 법원에 임대차보증금 지급명령신청(또는 임대차보증금반환 청구소송) 등의 법적 구제 절차를 거쳐야 할 것입니다.
임대인이 임대차계약 만료일 이후 보증금을 반환하지 않을 때, 임차인은 임차물을 점유하더라도 사용·수익하지 않는다면 원칙적으로 임대료 부담의무는 없습니다.

한편, 지역에 따라 환산보증금이 일정 금액(현재 서울 9억원) 이하일 때 임차인은 법원에 임차권등기명령을 신청함으로써, 해당 점포를 비우더라도 대항력과 우선변제권을 상실하지 않습니다. 그러나 환산보증금을 초과하는 경우에는 임차권등기를 할 수 없다는 사실도 알고 있어야 합니다.

073 임차인이 만기가 되어도 안 나가는데, 짐을 들어내도 되나?

질문

동대문시장 내 1층 상가에 단기임대 3개월(4월 3일부터 7월 3일까지) 및 임대료 450만원 선납으로 약정했습니다. 계약서에 '만기일에 명도하지 않으면 임대인이 임의로 상품과 집기 비품을 들어내도 임차인은 민·형사상 이의를 제기하지 않는다.'라는 조항을 삽입했습니다. 이 특약이 효력이 있습니까?

답변

임대인과 임차인이 약정한 내용은 특별한 사유가 없는 한 사적자치의 원칙에 따라 양 당사자를 구속하는 것이 일반적입니다.

하지만, 강제집행은 국가가 독점하고 있는 사법권의 한 작용을 이루고, 일방 당사자는 국가에 대하여 강제집행권의 발동을 신청할 수 있는 지위에 있을 뿐이므로, 법률이 정한 집행기관에 강제집행을 신청하지 않고 일방 당사자가 임의로 강제집행을 하기로 하는 계약은 사회질서에 반하는 것으로 민법 제103조에 의하여 원칙적으로 무효라고 할 것이다.

074

 전세금을 법원에 공탁하지 않고 명도소송을 진행해야 한다?

질문

세입자에게 계약만료 6월에서 1월 전에 내용증명으로 계약해지 통지를 했고, 그에 따라 계약이 해지되었으니 건물을 비우라고 했더니 건물을 비워주지 못하니 법대로 하랍니다. 그래서 명도소송 준비 중에 있습니다. 제가 궁금한 점은 명도소송을 할 때 먼저 건물인도와 전세보증금 반환채권의 동시이행으로 상대방을 이행지체에 빠뜨리기 위해 전세보증금을 법원에 공탁하고 나서 명도소송을 진행하는 것인지, 아니면 판결을 받고 나서 공탁해도 되는지가 궁금합니다.

답변

임차인이 명도를 거부할 때 전세금을 공탁하지 않고 명도소송을 진행하면 됩니다. 판결을 얻어서 강제집행을 할 때에도 전세금을 공탁하지 않고 강제집행을 할 수도 있습니다. 이러한 판단은 건물인도와 전세보증금 반환채권은 동시이행관계에 있기 때문입니다. 그러나 명도 소송과정에서 법원은 "임차인 OOO는 임대인 OOO로부터 금 OOO원을 지급받음과 동시에 별지목록 기재 부동산을 인도하라"는 동시이행 판결을 내리는 경우가 대부분이므로 이 경우에는 임대인은 전세보증금을 법원에 공탁하고, 그 공탁서를 첨부해서 강제집행을 신청해야 가능하다.

075 Q 임차인도 건물에서 거주하면서 경매를 신청할 수 있다?

질문

임차인도 임대인과 마찬가지로 전세금반환채권과 건물인도가 동시이행 관계에 있기 때문에, 임차건물에 거주하면서 임대인을 상대로 주소지 관할 법원에 전세보증금 지급명령신청 또는 전세보증금 반환청구 소송을 진행할 수 있습니까?

답변

지급명령신청 또는 전세보증금 반환청구 소송으로 얻은 집행권원으로 강제경매 신청해서, 그 배당금으로 전세보증금을 회수할 때까지 건물인도를 거부할 수 있습니다. 따라서 명도소장의 청구취지에 "원고가 보증금을 반환하는 것과 동시에 피고는 이 사건 건물을 명도하라는 판결을 구합니다." 라고 기재해서 법원에 신청하면 됩니다.

076 건물소유자가 바뀌면 계약서를 다시 써야 한다?

임대차기간 중에 임차건물이 매매가 되어 주인이 바뀌더라도 대항력이 있어서, 새로운 소유자에게 자동적으로 임차권이 승계되므로 계약서를 다시 쓸 필요가 없다는데 그것이 사실인가요?

건물주가 바뀌면, 새로운 소유자에게 자동적으로 임차권이 승계되므로 계약서를 다시 쓸 필요가 없습니다.

그리고 계약기간 만료 후 계약내용이 바뀌지 않는 같은 조건으로 계약을 갱신하거나 묵시적 갱신이 되었다면 계약서를 다시 쓸 필요도 없고, 확정일자도 다시 받을 필요가 없습니다. 전세보증금이 아닌 다른 계약조건만 변경한 경우에도 기존 계약서에 변경된 내용을 특약사항란에 별도로 기재하고 임대인(종전 임대차를 승계한 새로운 임대인)과 임차인이 서명 날인하면 되는데, 이러한 경우 종전계약에 의한 대항력과 우선변제권이 그대로 유지됩니다.

077 상가건물을 팔면 임차보증금 반환채권은 매수인에게 이전되고 소멸된다?

상가건물의 임차인이 제3자에 대한 대항력을 갖춘 후 임차건물의 소유권이 양도되어 그 양수인이 임대인의 지위를 승계하는 경우에는, 임대차보증금의 반환채무도 부동산의 소유권과 결합하여 일체로서 이전하는 것이므로 양도인의 임대인으로서의 지위나 보증금반환 채무는 소멸한다는데 사실입니까?(대법 95다35616 판결)

대항력을 갖춘 임차권의 목적인 건물이 양도되어 양수인이 임대인의 지위를 승계한 경우, 양도인의 임대보증금반환채무가 소멸하는지 여부(적극)(대법 2009다15794 판결). 이렇게 임차인의 동의 여부와 상관없이 소유권변동에 따라 임대인의 지위가 자동 승계되고 전소유자는 임대인의 지위에서 벗어나게 되는 것이 원칙입니다.

임차건물이 경매로 매각되면 조금 다르게 판단해야 합니다!

임차건물의 말소기준권리보다 먼저 대항요건을 갖추고 있었다면 낙찰자에게 대항력을 주장할 수도 있고, 배당요구해서 전액 변제받을 수도 있다. 설령 미배당금이 발생해도 낙찰자가 인수하게 되므로 임차인은 보증금을 손해 보지 않게 됩니다.

그러나 임차인이 말소기준권리보다 후순위로 대항요건을 갖추었다면 임차권은 전액 배당 여부와 상관없이 경매로 소멸하게 되므로 낙찰자가 인수하지 않는다.

이 과정에서 임차인은 보증금을 손해 보게 된다면, 계약당사자였던 전소유자에게 청구할 수 있을까?

이에 대법원 2002다36051 판결에서는 계약인수의 경우에도 종전 임대인(양도인)을 면책시키지 아니한 채, 계약인수에 동의를 할 수 있는 것이고, 이 경우 당사자의 의사표시가 명백하거나 기타 특별한 사정이 있는 경우를 제외하고는 원칙적으로 면책에 대한 동의는 없었던 것으로 봐야 한다고 판시하고 있습니다. 따라서 면책적 채무인수의 다툼을 줄이기 위해서도 채무자의 승낙이 관건이 될 수 있으므로, 건물 양도 시 임차인의 승낙표시 즉 계약서의 특약란에 종전 임대인은 임대인의 지위에서 탈퇴시키고, 새로운 임대인이 기존 임대차계약을 승계하기로 한다는 내용으로 종전 임대인, 임차인, 새로운 임대인이 서명 날인하면 될 것이다.

그러나 임차인 입장에서는 이러한 특약을 하지 않아도 당연히 신소유자가 승계하게 되는 것이므로, 위와 같은 특약은 하지 않는 것이 또 하나의 보험을 들어 둔 것이 된다는 사실을 잊지 말아야 합니다.

078 전차인도 "상가건물임대차보호법"을 적용받을 수 있을까?

임차인과 전대차 계약을 체결한 전차인입니다. 임대인의 동의를 받아 사업자등록도 신청했습니다. 전차인은 10년 동안 영업할 수 있는 권리가 없다고 하는데 맞나요? 또 권리금도 보호받지 못한다고 들었는데 맞나요?

전차인은 전대차 계약의 상대방인 임차인을 상대로 최초의 임대차기간을 포함한 전체 임대차기간 10년 이내에서 계약갱신요구권을 행사할 수 있을 뿐만 아니라, 임대인의 동의를 받고 전대차 계약을 체결한 전차인은 임차인의 계약갱신요구권 행사기간 이내에서 임차인을 대위하여 임대인에게 계약갱신요구권을 행사할 수 있습니다.

그러나 상가건물 임대차보호법 제10조의 4(권리금회수 기회 보호 등)는 전대인과 전차인의 전대차 관계에는 적용되지 않아, 전차인은 상가건물 임대차보호법으로 권리금회수 기회를 보호받을 수 없습니다.

079 외국인도 상가건물에 전세권 설정할 수 있을까?

상가건물을 임대차하여 무역업을 준비 중인 중국인입니다. 외국인도 상가건물에 전세권을 설정할 수 있나요?

외국인은 출입국관리법에 의한 외국인등록을 하고, 출입국관리사무소에서 부동산 등기용 등록번호를 부여받음으로써 전세권자가 될 수 있으며, 전세권 설정 등기 절차는 내국인과 동일합니다. 다만, 외국인은 주민등록초본 발급이 안 되기 때문에 이를 증명할 수 있는 서류로 외국인등록사실증명서를 출입국관리사무소 또는 관할관청 민원여권과에서 발급받아 첨부하시면 됩니다.

<u>부동산등기법 제49조(등록번호의 부여절차) 제1항 제4호</u> 외국인의 부동산 등기용 등록번호는 체류지(국내에 체류지가 없는 경우에는 대법원 소재지에 체류지가 있는 것으로 본다)를 관할하는 지방출입국·외국인관서의 장이 부여한다.

080 부인으로 임차인 명의변경 시 주의할 점은?

질문

2017년 7월 최초 계약일로부터 5년이 되는 상가의 임대인 입니다. 얼마 전 임차인에게서 전화가 와서 부부가 이혼할 예정인데, 실질적으로 운영 예정인 부인 이름으로 임대차 계약서를 다시 써 달라고 합니다. 특별히 주의해야 할 부분이 있나요?

답변

현 임대차계약의 당사자인 남편과 임대차계약이 종료하고, 임차인의 부인과 새로운 임대차계약을 체결하게 됩니다. 임대인은 현 임차인인 남편과의 임대차계약 해지에 관한 합의 및 임대차보증금 반환청구권자가 부인으로 변경한 내용 등에 관해 확실히 할 필요가 있을 것입니다. 또한, 새로운 임차인과 임대차계약을 체결함으로써 새 임차인은 최초 임대차기간을 포함하여 10년간 계약갱신요구권을 행사할 수 있음을 주지해야 할 것입니다.

081 어린이집도 "상가건물 임대차보호법"을 적용받을 수 있다?

아파트 단지 내에서 어린이집을 위탁받아 운영하고 있습니다.

2015년 최초 입점하여 현재 보증금 6천만원과 월세 230만원이며 임대차 만료일은 2018년 2월 15일입니다. 임대인이 재계약 시에는 월세를 450만원으로 증액해 달라고 요구하고 있습니다. 어린이집은 상가건물 임대차보호법에서 규정한 임대료 증액 상한선(5%)을 적용받을 수 없나요?

'상가건물 임대차보호법'의 상가건물은 사업자등록의 대상인지 아닌지를 기준으로 판단하므로, 사업자등록을 갖추지 않고 고유번호를 발급받는 어린이집 등 비영리법인의 경우에는 '상가건물 임대차보호법'의 적용을 받을 수 없습니다.

임대인은 '상가건물 임대차보호법'에서 규정하고 있는 임대료 증액 상한요율과 무관하게 임대료 증액을 요구할 수 있습니다. 하지만 임차인도 경제 사정의 변동으로 인하여 약정한 차임이 상당하지 아니하게 될 때에는 차임의 감액을 요구할 수 있으므로, 양 당사자는 경제사정, 주변 시세 등을 고려하여 합리적으로 협의해야 할 것입니다(2023년 서울시 상가상담사례 발췌).

082 계약을 승계한 임대인은 계약기간 전세금과 월세를 올리지 못한다?

질문 대항력은 어떤 권리인가?

　대항력이란 계약당사자간에 주장하는 것이 아니라, 주택과 상가건물, 토지 등이 소유자가 변경되면 새로운 소유자에게 종전 소유자와의 임대차계약으로 대항할 수 있는 힘을 말한다. 그래서 대항력이 있는 임차인은 매매나 상속, 경매 등으로 새로운 소유자에게 변경되면 그 새로운 소유자가 종전임차권을 자동적으로 승계하게 된다.

　그렇다면 이러한 대항력은 어디까지 인정할 것인가?

　기본적으로 임대차기간과 보증금 및 차임을 그대로 승계하는 것으로 이해하면 된다.

질문 주택이나 상가, 토지에서 대항력 있는 임차인은?

　① 주임법상 대항요건(주민등록과 주택인도)을 갖춘 임차인은 그 다음날 오전 0시에 대항력이 발생한다.

② 상임법상 대항요건(사업자등록과 건물인도)을 갖춘 임차인은 그 다음날 오전 0시에 대항력이 발생한다.

③ 토지임대차계약에서도 민법 제621조에 따라 임대차등기를 하면 등기 즉시 대항력이 발생한다.

④ 건물신축을 목적으로 하는 토지임대차계약에서 토지에 등기하지 않고서도 건물신축 후 보존등기하면 등기 즉시 민법 제622조에 따라 차지권의 대항력이 발생한다. 건물보존등기 이후에 토지소유자가 변경되면 자동적으로 종전토지 임차인과의 임대차를 승계하게 된다.

⑤ 농지법 제24조의2 농지임대차계약을 체결하고, 임차인이 농지소재지를 관할하는 시·구·읍·면의 장의 확인을 받고(관공서에서는 대장에 그 내용을 기록해 둔다), 해당 농지를 인도 받은 경우에는 그 다음 날부터 오전 0시에 제3자에 대하여 효력이 생긴다(대항요건: 관공서의 확인과 농지인도). 대항력이 발생하고 나서 농지의 소유자가 변경이 되어도 임대차기간과 보증금을 보호받을 수 있다.

그러나 위 ①~⑤항 모두 경매로 매각되어 소유자가 변경되는 경우에서는 말소기준권리보다 먼저 대항요건을 갖추고 있어야만 대항력을 주장할 수 있다.

질문 계약을 승계한 임대인은 전세금과 월세를 올릴 수 있을까?

① 주임법 시행령 제8조 1항은 차임 또는 보증금의 증액청구는 약정한 차임의 20분의 1(5%)의 금액을 초과할 수 없다. 2항은 차임 등의 증액이 있은 후 1년 이내에는 이를 하지 못한다. 그러나 여기서 임차인의 감액청구는 기

간과 상관없이 청구가 가능하다. 그래서 주택의 경우 임대차기간 중이라도 1년이 지나면 5%의 범위 내에서 증액이 가능하다.

② 상가건물에서는 첫 번째, 환산보증금 범위 내에 있는 임차인은 상임법 시행령 제4조에 따라 차임 또는 보증금의 증액청구는 약정한 차임의 100분의 5(5%)의 금액을 초과할 수 없다. 다만, 상임법 제11조 2항에서는 증액청구는 임대차계약 또는 약정한 차임 등의 증액이 있은 후 1년 이내에는 하지 못한다. 규정하고 있다.

둘째, 환산보증금액을 초과하는 임대차의 계약갱신의 경우에는 상임법 10조의2(계약갱신의 특례)에서 당사자는 상가건물에 관한 조세, 공과금, 주변 상가건물의 차임 및 보증금, 그 밖의 부담이나 경제사정의 변동 등을 고려하여 차임과 보증금의 증감을 청구할 수 있다. 라고 규정하고 있다. 그래서 1년 이내더라도 5%를 초과해서 증액청구가 가능하다.

③ 주임법과 상임법으로 보호받을 수 없는 임차인이지만 대항력이 인정되는 토지임차인 등은 임대차기간 중에도 1년 이내에 증액이 가능하고 그 한도도 제한이 없다.

④ 따라서 새로운 소유자는 대항력 있는 임차인에 대해서 종전임대차기간과 보증금 등을 승계하는 것이 원칙이지만, 승계한 종전임대차에서 보증금과 월세가 시세보다 월등하게 저감되어 있다면 증액을 요구할 수 있다. ㉠ 주택과 환산보증금 범위 내에 있는 상가임차인 등은 1년이 지나서 5%의 범위 내에서만 증액청구가 가능하다. 그렇지만 ㉡ 주택과 환산보증금 범위 내에 있는 상가임차인을 제외하고는 1년 이내에도 제한금액 없이 현 시세에 합당한 보증금과 월세로 증액을 요구할 수 있다. 이러한 법리는 임차인 역시 감액을 청구할 수 있는 것이다. 약정지상권과 법정지상권, 그리고 장기전세권 등에도 위와 같이 적용된다고 이해하면 된다.

083  바뀐 임대인이 임대료를 터무니없이 올려달라고 할 때?

　사업자등록을 마친 대항력 있는 임차인과 임대인의 지위를 승계한 새 임대인과 사이에서 기존 임대차계약 내용은 그대로 유효합니다.

　그래서 임대차 기간에 계약 내용을 벗어난 임대인의 일방적인 요구를 임차인은 거부할 수 있습니다. 또한, 임차인은 전체 임대차기간 10년 이내에서 계약갱신요구권을 행사함으로써 임대인의 임대차만료 시 명도요구를 거부할 수 있습니다. 그러므로 바뀐 임대인의 임대료 증액요구는 당장은 임대인의 일방적인 주장으로 볼 수 있으며, 양 당사자가 원만하게 협의해야 할 것으로 보입니다.

084 계약기간 중에는 계약을 해지할 수 없다?

계약이 완료 되고 나서 계약기간 중에도 다음과 같은 사유가 발생하면 계약을 해지할 수 있습니다. 계약의 해지는 계속적 채권관계에서 계약의 효력을 장래에 대하여 소멸케 하는 일방적 행위를 말하는 것입니다(민법 제550조).

질문 차임을 2기 이상 연체 시 최고 없이 계약을 해지할 수 있다

민법 제640조, 641조의 의하면 건물 기타 공작물의 임대차에는 임차인의 차임연체액이 2기의 차임액에 달하는 때에는 임대인은 계약을 해지할 수 있다. 주택은 주임법에서 차임연체를 이유로 계약을 해지할 수 있는 규정이 없어서 민법의 규정을 따르게 된다.

그러나 <u>상가건물은 상임법 제10조의8에서 3기의 차임액에 달할 때에는 계약을 해지</u>할 수 있도록 2015년 5월 13일 개정되어 시행중이다. 따라서 주택과 일반임대차는 2기이고, 상가건물은 3기라고 이해하면 된다.

여기서 2기의 차임연체에 달한다는 의미는 차임을 연체한 금액이 합해서 2개월분이 누적되었다는 것으로 이해하면 된다. 따라서 월차임 100만원인데 두 달 연속 50만원씩 지급했다면 2개월 이상 연체했다고 볼 수 있지만, 연체

차임의 합계가 2개월분에 해당되지 못해서 임대인은 계약을 해지할 수 없다. 연체기간에 상관없이 2개월 누적 월세 분을 연체한 경우만 임대인이 최고 없이 계약을 해지할 수 있는데 계약해지 통지하기 전에 연체차임을 임차인이 통장으로 입금하면 계약해지할 수 있는 권리가 소멸된다(차임연체로 인한 임대인의 계약해지권이 소멸됨).

질문 임차인이 차임을 2기 또는 3기 이상 연체할 때 기준시점은?

계약서에 선불 또는 후불로 정한 시점이 기준이 된다. 그래서 선불로 정했다면 선불시점에서 주택은 2기에 달하는 월세 금액을 연체하면, 상가는 3기에 달하는 월세 금액을 연체하면 계약해지 사유가 된다.

질문 임대인의 동의 없이 임차권을 양도나 전대, 용도를 변경한 경우

임차인은 임대인의 동의 없이 그 권리를 전부 또는 일부를 양도하거나 임차물을 전대하지 못한다. 이 경우 임대인은 계약을 해지할 수 있다(민법제629조). 임차인이 임차인으로서의 의무를 현저히 위반(임대인의 동의 없이 용도변경 등)하거나 임대차를 계속하기 어려운 중대한 사유가 있는 경우(임차물이 멸실 등)에 그 상대방은 계약을 해지할 수 있다.

상가임차인이 월세 2개월만 연체하면 계약은 자동 해지된다?

　임대료가 주변보다 고액인 데다 최근 영업도 부진하여 2개월분의 월세를 연체하였습니다. 그리고 며칠 전 임대인으로부터 계약을 해지한다는 내용증명을 받았습니다. 계약 체결 당시에 임차인이 월세를 2개월 연체하면 임대인이 계약을 해지할 수 있다고 특약했습니다만, 정말 계약이 해지되는 건가요?

　'상가건물 임대차보호법'은 임차인의 차임연체액이 3기의 차임액에 달하는 때에 임대인이 계약을 해지할 수 있다고 규정하고 있습니다.
　양 당사자의 2기 차임연체 계약해지 약정은 '상가건물 임대차보호법' 규정에 위반된 약정으로서 임차인에게 불리한 것이라면 특별한 사유가 없는 한 효력이 없습니다.

 연속하지 않은 차임 연체에도 임대인이 계약을 해지할 수 있는지?

　식당을 운영 중에 영업이 부진하여 2017년 1월, 3월, 5월에 월세를 임대인에게 지급하지 못했습니다. 며칠 전 임대인으로부터 해지 통보를 받았습니다. 저는 월세를 연체하지 않으려고 부단히 노력했고, 3회 연체하긴 했지만 연달아 밀리지도 않았는데 점포를 내주어야 하나요?

임차인의 차임 연체액이 3기의 차임액에 달하는 때에는 임대인은 계약을 해지할 수 있습니다. 임차인이 연속해서 연체하는 것과 무관하게 차임 연체액이 통틀어서 3개월분에 이르면, 임대인은 임대차계약을 일방적으로 해지할 수 있습니다.

　임차인이 월차임 1월분, 3월분, 5월분을 지급하지 못해 연체한 월차임의 합계가 3개월분 이상이라면 임대인은 임대차계약을 해지할 수 있습니다. 그리고 임대차계약 해지일에 임차인은 임대차보증금을 반환받고 점포를 임대인에게 반환해야 합니다.

질문 보증금반환채권을 양도한 경우 밀린 월세를 공제할 수 있는지?

　부동산 임대차에 있어서 수수된 보증금은 임대료 채무, 목적물의 멸실·훼손 등으로 인한 손해배상채무 등 임대차 관계에 따른 임차인의 모든 채무를 담보합니다.

　임차인이 다른 사람에게 임대차보증금 반환채권을 양도하고, 임대인에게 양도통지를 하였어도 임차인이 임대차 목적물을 인도하기 전까지는 임대인이 연체차임 등을 임대차보증금에서 당연히 공제할 수 있습니다.

085  3기 이상 차임 연체 중에도 묵시적 갱신이 인정될까?

 주택임차인이 차임 연체 중에 묵시적 갱신이 가능할까?

주택임대차보호법 제6조 제1항 임대인이 임대차기간이 끝나기 6개월 전부터 1개월 전까지의 기간에 임차인에게 갱신거절의 통지를 하지 아니하거나 계약조건을 변경하지 아니하면 갱신하지 아니한다는 뜻의 통지를 하지 아니한 경우에는 그 기간이 끝난 때에 전 임대차와 동일한 조건으로 다시 임대차한 것으로 본다. 임차인이 임대차기간이 끝나기 1개월 전까지 통지하지 아니한 경우에도 또한 같다.

제2항 제1항의 경우 임대차의 존속기간은 2년으로 본다.

제3항 2기의 차임액에 달하도록 연체하거나 그 밖에 임차인으로서의 의무를 현저히 위반한 임차인에 대하여는 제1항을 적용하지 아니한다(제3항의 경우에는 묵시적 갱신이 인정되지 않는다).

질문 상가임차인이 차임 연체 중에 묵시적 갱신이 가능할까?

(1) **상임법 제10조 제1항** 임대인은 임차인이 임대차기간이 만료되기 6개월 전부터 1개월 전까지 사이에 계약갱신을 요구할 경우 정당한 사유 없이 거절하지 못한다. 다만, 다음 각 호의 어느 하나의 경우에는 그러하지 아니하다. 1. 임차인이 3기의 차임액에 해당하는 금액에 이르도록 차임을 연체한 사실이 있는 경우, 2. 임차인이 거짓이나 그 밖의 부정한 방법으로 임차한 경우, 3. 서로 합의하여 임대인이 임차인에게 상당한 보상을 제공한 경우, 4. 임차인이 임대인의 동의 없이 목적 건물의 전부 또는 일부를 전대한 경우, 5. 임차인이 임차한 건물의 전부 또는 일부를 고의나 중대한 과실로 파손한 경우, 이하 6호~8호는 생략함.

상임법 제10조 제4항 임대인이 제1항의 기간 이내에 임차인에게 갱신 거절의 통지 또는 조건 변경의 통지를 하지 아니한 경우에는 그 기간이 만료된 때에 전 임대차와 동일한 조건으로 다시 임대차한 것으로 본다. 이 경우에 임대차의 존속기간은 1년으로 본다.

(2) **상임법 제10조의7(차임연체와 해지)** 임차인의 차임연체액이 3기의 차임액에 달하는 때에는 임대인은 계약을 해지할 수 있다.

3기 이상 차임 연체한 사실, 3기 이상 차임 중에 있는 경우

① 주택임차인은 주임법 제4조 제3항에서 2기의 차임액에 달하도록 연체하거나 그 밖에 임차인으로서의 의무를 현저히 위반한 임차인에게는 묵시적 갱신을 인정하지 않고 있다.

② 상가임차인의 상임법 제10조에 따른 묵시적 갱신의 경우 **상임법 제10조 제1항 단서조항 각호에서 규정하고 있는** 1. 임차인이 3기의 차임액에 해당하는 금액에 이르도록 차임을 연체한 사실이 있는 경우(이하 2호~8호는 생략함)에 임대인이 계약기간 만료되기 6개월 전부터 1개월 전까지 계약갱신을 거절할 수 있다. 이 기간까지 계약해지를 하지 않았다면 묵시적 갱신되는 것에 대해서 상임법으로 정한 규정이 없어서 인정된다고 볼 수 있다.

이밖에 임대인은 임차인이 3기 이상 연체하고 있을 때 계약을 해지할 수 있는데(상임법 제10조의7), 임대인이 계약기간 만료 전까지 계약해지를 하지 않고 있었다면 묵시적 갱신이 되는 것과 다를 바 없다. 물론 묵시적 갱신 이후에도 3기 이상 연체 중에 있다면 계약을 해지할 수 있다는 사실은 별개이다. 묵시적 갱신되고 나서 연체금액을 지급했다면, 상임법으로 보호 받을 수 있는 10년 동안 임대차계약을 유지할 수 있다. 그런데 다음과 같은 사실에도 유의해야 한다.

(1) 환산보증금 범위 내 임차인이 묵시적 갱신된 경우

임대인에게 계약해지권이 없어서 임차인은 계약갱신요구권을 청구할 수 있는 10년 동안 임대차계약을 유지할 수 있다.

(2) 환산보증금 초과 임차인이 묵시적 갱신된 경우

환산보증금을 초과하는 임차인이 상임법 제10조 제1항에 따라 갱신을 요구하지 않은 경우에는 상임법 제10조 제4항에 따른 묵시적 갱신으로 보호받지 못하고(환산보증금 범위 내의 임차인만 보호 받음), 민법 제639조에 따른 묵시적 갱신이 된다.

이 경우 임대인과 임차인 모두 계약해지권을 가지고 있는데, 임대인이 계약해지 통지 시에는 6월이 경과 후, 임차인이 계약해지 통지 시에는 1월이 경과 후에 해지 효력이 발생한다.

따라서 임차인이 계약갱신요구권으로 10년 동안 보호를 받으려면 임대인의 계약해지권이 소멸되는 시점까지(민법상 묵시적 갱신기간이 끝나기 전까지) 계약해지를 하지 않아야 하고, 임차인은 묵시적 갱신된 임대차가 끝나기 6월~1월 전까지 계약갱신을 요구하여 보호받을 수 있다. 따라서 임차인은 민법상 묵시적 갱신 기간이 끝나기 전까지 계약해지 통지를 않도록 유의할 필요가 있다.

 **학원 양도할 때, 임대인 동의가 없으면 대항력이 없을까?**

임대차 기간을 5년으로 계약 체결하고, 현재는 4년째 학원을 운영하고 있습니다. 학원을 좋은 조건에 인수할 분이 생겼는데, 학원 양수도 하는데 임대인이 꼭 동의해야 합니까? 그렇지 않다면 제가 5년을 채워야 되나요?

임대인과 임차인이 약정한 임대차 기간동안 일방 당사자는 상대방의 동의 없이 일방적으로 임대차계약을 해지할 수 없습니다. 그리고 임차인은 특별한 사유가 없는 한 임대인의 동의 없이 임차권을 양도할 수 없고, 임차인이 그 규정을 위반한 때에는 임대인은 계약을 해지할 수 있습니다.

임차권 양도는 신규 임대차계약 체결을 전제로 하는 것이 일반적이므로, 신규 임차인도 임대인의 동의 없이는 임차권을 쉽게 양수받으려 하지 않을 것입니다.

한편, 임대차기간이 끝나기 6개월 전부터 임대차 종료 시까지 임차인은 신규 임차인을 주선할 수 있고, 임대인은 정당한 사유 없이 이를 거절할 수 없습니다.

그러므로 임대차기간 중에 임대인은 임차인이 주선한 신규 임차인과의 신규 임대차계약 체결을 거부할 수 있습니다. 다만, 임대인이 상가임대차법의 권리금회수 기회 보호 규정을 위반했다면, 임대인은 임차인의 손해에 대한 책임을 져야 할 것입니다(2023년 서울시 상가상담사례 발췌).

087
 안전진단 D등급일 때, 임차인을 내보낼 수 있을까?

　임대차계약 체결 당시 공사 시기 및 소요기간 등을 포함한 철거 또는 재건축 계획을 임차인에게 구체적으로 고지하고 그 계획에 따르는 경우에는, 임대차 기간 만료할 때 임대인은 임차인의 계약갱신요구를 거부하고 명도를 요구할 수 있습니다.

　한편, 임대인은 안전사고의 우려가 있는 E등급의 경우에 임차인에게 계약 갱신을 거부할 수 있으나, 안전진단 D등급 사유만으로 임차인의 계약갱신요 구를 거부할 수는 없습니다. 다만, E등급의 경우에 간단한 구조보강 후 안정 성 확보 여부에 따라 다툼의 소지가 있습니다. 임대인은 사용·수익에 필요 한 수선의무를 부담해야 하고, 임차인에게 과실이 있는 경우 등의 특별한 경 우가 아니라면 임대인은 수선의무 불이행에 따른 사고의 책임을 져야 합니 다(2023년 서울시 상가상담사례 발췌).

088 원인불명의 화재로 임차물이 소실되어도 임차인은 손해배상 책임이 있다?

 임차인에게 손해배상책임이 있는 경우와 없는 경우

① 임차건물이 원인불명의 화재 등으로 소실되어 임차물 반환채무가 이행불능이 된 경우, 임차인이 그 이행불능으로 인한 손해배상 책임을 면하려면 그 이행불능이 임차인의 귀책사유로 말미암은 것이 아님을 입증할 책임이 있으며, 임차건물이 화재로 소실된 경우에 있어서 그 화재의 발생 원인이 불명인 때에도 임차인이 그 책임을 면하려면 그 임차건물의 보존에 관하여 선량한 관리자의 주의의무를 다하였음을 입증하여야 한다(대법 2000다57351 판결).

② 임차건물이 건물구조의 일부인 전기배선의 이상으로 인한 화재로 소훼되어 임차인의 임차목적물 반환 채무가 이행불능이 되었다고 하더라도, 당해 임대차가 장기간 계속되었고 화재의 원인이 된 전기배선을 임차인이 직접 하였으며 임차인이 전기배선의 이상을 미리 알았거나 알 수 있었던 경우에는, 당해 전기배선에 대한 관리는 임차인의 지배관리 영역 내에 있었다 할 것이

므로, 위와 같은 전기배선의 하자로 인한 화재는 특별한 사정이 없는 한 임차인이 임차목적물의 보존에 관한 선량한 관리자의 주의의무를 다하지 아니한 결과 발생한 것으로 보아야 한다는 이유로 임차인의 손해배상책임을 인정한 사례(대법원 2006. 1. 13. 선고 2005다51013, 51020 판결).

③ **건물 중 일부 임차부분에서 발생한 화재로 건물의 다른 부분도 소실된 경우에도 그 책임은** 임차인은 임차 부분에 한하지 않고 그 건물의 유지·존립과 불가분의 일체관계가 있는 다른 부분이 소실되어 임대인이 입게 된 손해도 배상할 의무가 있다(대법 2002다39456 판결).

이 같이 귀책사유의 유무에 관하여 임차인이 입증하지 못하는 한 손해배상은 임차인에게 있다.

질문 건물소유자인 임대인에게 손해배상책임이 있는 경우

화재가 건물소유자측이 설치하여 건물구조의 일부를 이루는 전기배선과 같이 임대인이 지배, 관리하는 영역에 존재하는 하자로 인하여 발생한 것으로 추단된다면, 손해배상책임을 임차인에게 물을 수 없고(대법원 2009.5.28. 2009다13170 판결), 임대인에게 그 책임이 있다.

보통 이러한 판단은 소방관 보고서를 가지고 판단하고, 그에 따른 다툼은 법원에 손해배상청구 소송으로 결정하게 된다.

089 집중호우로 인한 침수, 임대인에게 배상요구 가능한지?

2020년 10월에 보증금 3천만 원 월세 250만 원으로 2년간 계약하였습니다. 지난 8월 집중호우로 인해 침수 피해를 입어 3주간 영업을 못하였습니다. 집기와 시설물 및 영업 손실에 대해 임대인에게 청구가 가능한지요?

천재지변의 경우 임대인에게 청구는 어렵습니다. 천재지변으로 인해 피해를 입은 경우 전기 등 기본 시설물은 임대인이 수선해 주어야 하나, 임차인이 설치한 시설물은 임차인의 부담으로 할 수밖에 없습니다.

다만, 해당 임대차계약의 목적대로 임차목적물을 사용, 수익 할 수 없는 기간 동안에는 임대료 일부를 감액 요구해 볼 수 있습니다. 천재지변에 대한 위험부담은 임대인의 몫이라 볼 수 있기 때문입니다(2023년 서울시 상가상담 사례 24쪽 발췌).

090 건물주는 권리금을 받지 못하는 것으로 오해하고 있다

질문 건물주가 임차인에게 직접 권리금을 받을 수 없을까?

　권리금이란 기본적으로 기존의 임차인이 새로운 임차인으로부터 받는 것이 일반적이다. 그러나 건물주도 바닥 권리금이라는 명목으로 임대차보증금과 별도로 임차인으로부터 받고 있는 경우도 많다. 이렇게 임대차계약기간이 종료되었을 때 반환하지 않는 것을 전제로 바닥 권리금을 받는 것은 법적으로 아무런 문제가 없다.

질문 건물주는 임차인에게 받은 권리금을 반환하지 않아도 된다?

　영업용 건물의 임대차에 수반되어 행하여지는 권리금의 지급은 임대차계약의 내용을 이루는 것은 아니고 권리금 자체는 거기의 영업시설·비품 등 유형물이나 거래처, 신용, 영업상의 노하우(know-how) 혹은 점포 위치에 따른 영업상의 이점 등 무형의 재산적 가치의 양도 또는 일정 기간 동안의 이용대가라고 볼 것인바, **권리금이 그 수수 후 일정한 기간 이상으로 그 임대**

차를 존속시키기로 하는 임차권 보장의 약정 하에 임차인으로부터 임대인에게 지급된 경우에는, 보장기간 동안의 이용이 유효하게 이루어진 이상 임대인은 그 권리금의 반환의무를 지지 않는다(대법원 2002다25013, 대법원 2000다26326 판결).

 건물주가 임차인에게 권리금을 반환해야 하는 사례는?

(1) 임차인은 당초의 임대차에서 반대되는 약정이 없는 경우

임차권의 양도 또는 전대차 기회에 부수하여 자신도 일정 기간 이용할 수 있는 권리를 다른 사람에게 양도하거나 또는 다른 사람으로 하여금 일정기간 이용케 함으로써 권리금 상당액을 회수할 수 있다(권리금 회수를 거부하면 그에 따른 손해배상 책임이 있다).

(2) 임대인의 사정으로 임대차계약이 중도 해지되는 경우

당초 보장된 임대차기간동안 이용이 불가능하였다는 등의 특별한 사정이 있을 때에는 임대인은 임차인에 대하여 그 권리금의 반환의무를 지게 된다. 이때 임대인이 반환의무를 부담하는 권리금의 범위는 지급된 권리금을 경과기간과 잔존기간에 대응하는 것으로 나누어, 임대인은 임차인으로부터 수령한 권리금 중 임대차계약이 종료될 때까지의 기간에 대응하는 부분을 공제한 잔존기간에 대응하는 부분만을 반환할 의무를 부담한다고 봄이 공평의 원칙에 합치된다(대법원 2002다25013 판결).

091 임차인은 권리금회수 기회로 보호받을 수 있을까?

질문 건물주가 만기 해지하는 임차인의 시설물을 인수하겠다면?

고시원을 운영하고 있는 임차인입니다. 임대료는 보증금 1억원, 월세 5백만원이며, 5년 전에 권리금 1억5천만원을 지급하고 입점했습니다. 임대인에게 재계약을 요청했으나, 임대인은 거절하면서 임대인의 딸이 이 시설물을 인수하여 고시원을 운영하려고 합니다. 재계약을 하지 못한다면 부속물매수청구권을 행사할 수 있는지요? 한다면 그 금액은 어떻게 산정 하나요?

건물 기타 공작물의 임차인이 그 사용의 편익을 위하여 임대인의 동의를 얻어 이에 부속한 물건이 있는 때에는 임대차의 종료 시에 임대인에 대하여 그 부속물의 매수를 청구할 수 있습니다.

매수 청구액은 투입한 시설비에서 경과 연수에 대해 감가상각한 후의 금액을 산출하거나, 매수청구 당시의 시가 등을 비교해서 계산하게 되는데, 법원에서는 보통 감정평가액을 기준으로 합니다.

질문 권리금 계약서에 해제 조항이 없으면 계약금을 돌려받지 못할까?

치킨 점을 인수하기로 하고 권리양수도 계약을 체결했습니다. 그런데 임대인이 월세를 현재 150만원에서 200만원으로 올려달라고 해서 제가 그렇게는 못 한다고 했습니다. 그래서 현재 임차인에게 권리 계약금을 돌려달라고 했더니 못 돌려주겠답니다. 권리계약서에는 해약하는 쪽에서 계약금을 포기해야 한다는 조항만 있습니다.

 답변

권리양수도 계약 체결 시 임대차계약 성립 여부와의 관계에 대해 약정한 바가 없더라도, 권리양수도계약과 신규 임대차계약을 분리하지 않고 상관관계를 인정하는 것이 일반적인 거래 통념입니다.

임대인의 무리한 임대조건 변경 등 신규임차인의 책임 없는 사유로 신규 임대차계약이 체결되지 못하는 경우, 특별한 사유가 없는 한 신규임차인은 기체결한 권리양수도 계약을 무효로 하고 임차인에게 지급했던 계약금을 청구할 수 있습니다.

 질문 임대인이 고액의 임대료를 제시해서 권리금을 받지 못했다면 권리금은?

답변

임대인은 정당한 사유 없이 임차인의 권리금 회수 기회를 방해했을 때는 임대인이 임차인의 손해를 책임져야 합니다. 임차인이 주선한 신규 임차인이 되려는 자에게 상가건물에 관한 조세, 공과금, 주변 상가건물의 차임 및 보증금, 그 밖의 부담에 따른 금액에 비추어 현저히 고액의 차임과 보증금을 요구하는 임대인의 행위는 특별한 사유가 없는 한 임차인의 권리금회수 기회를 방해하는 것으로 볼 수 있습니다.

상기 사유로 인해 임차인이 권리금을 회수하지 못해 손해가 발생했다면, 임차인은 임대인에게 그 손해배상을 청구할 수 있습니다.

질문 임대인이 직접 사용한다고 하면서 권리금 회수를 방해할 때?

임차인은 임대차기간이 끝나기 6개월 전부터 임대차 종료 시까지 신규 임차인을 주선하여 임대인에게 신규 임대차계약 체결할 것을 요구할 수 있습니다. 그리고 임대인은 본인 등이 직접 사용한다는 등 정당한 사유 없이 임차인의 신규 임대차계약 체결 요구를 거절할 수 없습니다. 만약 임대인의 정당하지 못한 사유로 인해 임차인이 권리금 회수에 손해가 발생한다면, 임대인은 임차인의 손해를 책임져야 합니다.

그러므로 임차인은 신규 임차인을 주선하여 권리금을 회수할 수 있고, 임대인이 정당한 사유 없이 그것을 방해한다면 임차인은 임대인에게 손해배상을 청구할 수 있습니다.

전차인도 권리금 회수 기회를 보호받을 수 있을까?

'상가건물 임대차보호법'은 전대차 관계에 대하여 제10조(계약갱신 요구 등), 제10조의2(계약갱신의 특례) 등에 제한적으로 적용하고 있으며, 제10조의4(권리금 회수기회 보호 등)는 적용하지 않습니다.

그래서 전차인은 권리금 회수 기회에 대해서는 관련법으로 보호를 받을 수 없으며, 다만 최초의 전대차 기간을 포함한 전체 전대차 기간이 10년을 초과하지 아니하는 범위에서 계약갱신요구권을 행사할 수 있습니다.

 계약서 작성할 때 "권리금 포기" 약정이 유효할까?

'상가건물 임대차보호법'의 규정에 위반된 약정으로서 임차인에게 불리한 것은 효력이 없습니다. 그래서 특별한 경우가 아니라면 임차인의 권리금 포기 약정은 유효하지 않습니다.

<u>그런데 임차인의 권리금 포기 약정이 임대료를 주변 시세보다 저렴하게 책정하는 등 임차인에게 불리하지 않다면 유효할 수도 있습니다. 한편, 임차인은 임대인을 상대로 직접 권리금을 청구할 수는 없습니다.</u> 임차인이 신규 임차인을 주선하여 권리금을 회수하려 할 때 임대인이 정당한 사유 없이 방해한다면, 임차인은 임대인을 상대로 손해배상을 청구할 수 있습니다.

092 연체 차임을 모두 상환했다면 권리금을 보호받을 수 있을까?

질문 밀린 월세를 다 갚았는데도 왜 권리금 보호를 못 받을까?

답변

임차인이 월차임을 3개월분 이상 연체한 적이 있었다면 특별한 사유가 없는 한 상가건물임대차보호법의 권리금회수 기회 보호를 받을 수 없습니다.

그러나 위 사례의 경우, 세입자의 입원과 부인의 간호로 가게를 운영하기 어려운 사정을 임대인에게 알렸고, 임대인이 후임자를 임차인에게 알아서 구하라고 한 것은 임차인이 권리금을 받고 나가는 것을 건물주가 인정했다는 것으로 볼 수도 있는 여지가 있습니다. 또한, 위와 같이 임차인의 특별한 사정을 임대인이 인지하고 양 당사자가 협의하는 과정에서 임차인이 월세를 연체한 것은, 임차인이 임대인에게 신뢰를 저버리는 행위였다고 단정하기 어려울 것입니다.

밀린 월세를 다 지급해도 임대인은 권리금 배상 책임이 없다?

　임차인이 월차임을 3개월 이상 연체한 사실이 있었을 경우, 특별한 사정이 없다면 임차인은 '상가건물 임대차보호법'의 권리금회수 기회 보호를 받을 수 없습니다. 즉 임대차가 종료될 때 임차인이 신규임차인을 주선해도 임대인은 신규임차인과 임대차계약 체결을 거부할 수 있습니다.

　만약 임차인의 차임연체에 관하여 임차인의 과실이 면책될 정도의 특별한 사정이 있었다면 임차인은 상가건물임대차보호법의 권리금 보호를 적용받을 수도 있습니다.

　임차인이 연체한 월세를 임대인에게 지급했다면, 임대인은 계약만료 시에 임차인의 계약갱신요구를 거절할 수는 있지만, 임대차만료 전 계약을 일방적으로 해지할 수는 없습니다.

093 상가가 경매로 넘어가도 권리금 회수 기회로 보호받을 수 있을까?

경매 진행 과정에서 선순위임차인(말소기준 전에 대항요건을 갖춘 임차인)과 후순위임차인은 권리금회수 기회가 어떻게 다를까요?

임차인이 대항력을 갖출 당시에 저당권, 가압류, 가등기 등의 설정이 없어서 임차인의 권리가 말소기준권리보다 선순위라면 낙찰자에게 대항력이 있습니다.

이러한 선순위임차인은 대항력을 주장할 수 있고, 이때 경매로 소멸되지 않고 매수인이 인수하게 되므로, 임대차 계약기간이 끝나기 6월 전부터 만료일까지 새로운 임차인을 구하는 방법으로 **권리금회수 기회를 보장받을 수 있을 것입니다**. 그러나 선순위임차인이 대항력을 스스로 포기하고 배당요구했다면, 경매절차에서 임대차보증금은 전액 반환을 받을 수 있지만, 경매 중인 상가에서 신규 임차인을 구할 수 없어서 '상가건물 임대차보호법'상 권리금회수 기회는 보호받을 수가 없습니다.

그리고 후순위임차인의 경우(말소기준권리보다 후순위로 임차인이 대항력을 갖춘 경우) 대항력이 없어서 경매로 소멸되는 임차인에 불과해서 전세보증금을 전액 배당받지 못하더라도 선순위임차인과 같이 매수인이 인수하는 것이 아니라서 임차보증금을 손해를 볼 수밖에 없고, '상가건물 임대차보호법'상 권리금회수 기회도 보호받을 수가 없을 것입니다.

094 Q. 상가에서 10년이 지나면 권리금의 회수기회가 상실된다?

현재는 다음과 같은 법무부 유권해석과 법원 판례로 10년이 지나도 권리금 회수기회를 인정하고 있다.

질문 주무부서인 법무부의 유권해석

주관부서인 법무부는 2015년 유권해석을 통해 "임차인이 계약 갱신을 요구할 수 있는 10년의 기간이 지난 이후라도 임대차가 종료됐다면 권리금을 보호받을 수 있고, 임차인에게 계약갱신요구권이 있는지 여부와 관련이 없다"고 밝혔다.

질문 5년을 초과해도 권리금회수 기회를 보호해야 한다는 판결

건물이 다른 사람에게 팔리자, 새로운 건물주인 B씨 등 2명이 임대차 계약을 갱신하지 않겠다고 계약해지를 통보했다.

A씨는 권리금이라도 받기 위해 새로운 계약자를 찾아 나섰고, 권리금 1억원을 내고 A씨의 점포를 받겠다는 사람을 찾아 B씨에게 소개했다. 하지만 B씨가 임대차 계약을 거절하면서 다툼이 생겼다. 이후 건물주는 A씨를 상대로 "가게를 비워달라"며 건물명도 청구 소송을 냈다. A씨도 "건물주가 계약을 거절해 권리금을 못 받았다"며 맞소송을 냈다.

1심인 대전지방법원 2015가단220228 판결은 "A씨가 20년 넘게 떡집을 운영해 왔으므로 그동안 들인 자본을 회수할 기회가 충분했고, 계약갱신요구권은 전체 임대차기간이 5년을 초과하지 않은 범위에서만 행사할 수 있다"며 B씨의 손을 들어줬다.

그러나 2심의 판단은 달랐다. 대전지법 민사1부(재판장 이영화 부장판사)는 A씨가 B씨 등 2명을 상대로 낸 손해배상청구소송(2016나108968)에서 최근 "B씨 등 건물주는 A씨에게 2,239만원을 지급하라"며 권리금 지급에 대한 책임을 일부 인정했다.

상가건물임대차보호법상의 계약갱신요구 기간을 유추적용하여 권리금회수기간을 5년으로 축소한다면 권리금회수 기회 보호 취지에 반한다고 보아, A의 권리금회수 기회를 방해한 B는 그 손해에 대한 배상책임이 있다고 판결했다.

계약갱신요구권 10년을 초과해도 권리금회수 기회로 보호받는다!

대법원(주심 대법관 권순일)은 상가건물 임차인이 임대인을 상대로 권리금회수 방해로 인한 손해배상 등을 청구한 사건에서, 「구상가건물 임대차보호법 제10조의4의 문언과 내용, 입법취지에 비추어, 최초의 임대차기간을 포함한 전체 임대차기간이 5년을 초과하여 임차인이 같은 법 제10조에 따른 계약갱신요구권을 행사할 수 없는 경우에도 임대인은 같은 법 제10조의4 제1항에 따른 권리금회수 기회 보호 의무를 부담한다」라고 판시하면서, 전체 임대차기간이 5년을 초과했다는 이유로 피고가 권리금회수 기회 보호 의무를 부담하지 않는다고 판단한 원심판결을 파기하였다(대법원 2019. 5. 16. 선고 2017다225312(본소), 2017다225329(반소) 판결).

이 계약갱신요구권은 2018년 10월 16일부터 10년으로 연장되었다. 따라서 현재는 5년이 아닌 10년 동안 계약갱신요구권이 있고, 이 기간이 경과된 경우에도 권리금회수 기회가 보장될 수 있다고 이해하면 될 것이다.

095. 임대인은 임차인이 주선한 신규임차인과 계약을 해야 하나?

질문 임대차기간이 많이 남아서, 신규임차인을 주선했다면 계약해야 하나?

답변

　임대차기간이 1년 남아 있는 경우라면 임차인이 계약 해지를 요청하더라도 임대인은 거부할 수 있습니다. 따라서 임차인은 임대인의 동의를 얻어서 계약을 해지하고, 새로운 임차인과 임대차계약을 체결하는 순서로 진행해야 합니다

　이렇게 임대차기간이 1년 남은 경우 임차인이 신규임차인을 주선하더라도 특별한 사유가 없는 한 임대인은 신규임차인과 임대차계약 체결을 거절할 수 있습니다.

임차인이 주선한 신규임차인과 계약을 해야 하나?

　임차인이 임대차기간이 끝나기 6개월 전부터 임대차 종료 시까지 신규 임차인을 주선했을 때, 임대인은 정당한 사유 없이 임차인의 권리금 회수기회를 방해할 수 없습니다. 즉, 임대인은 특별한 사유가 없는 한 임차인의 권리금회수에 협조해야 할 것입니다.

　한편, 임차인이 3기의 차임액에 해당하는 금액에 이르도록 차임을 연체한 사실이 있었거나 임차인의 의무를 현저히 위반한 경우 등이 있었다면, 임대인은 신규임차인과의 신규 임대차계약 체결을 거부할 수 있습니다. 또한, 임대인은 신규임차인에게 주변 시세 등을 고려한 새로운 임대료 조건을 제시할 수 있습니다.

096 10년 만기 후 주인이 들어온다면 권리금 보호를 못 받을까?

질문

임차인의 전체 임대차기간이 10년을 초과하게 되면, 임대인은 임차인의 계약갱신요구를 거절할 수 있고, 임대인 본인이 해당 점포를 직접 사용할 수도 있습니다. 그러나 그로인하여 임차인이 권리금회수 기회를 방해 받는다면 임대인은 임차인의 손해를 책임져야 합니다.

답변

임대인이 해당 점포를 직접 사용한다는 의사를 확실히 밝힘으로써 임차인이 신규임차인을 구할 수 없으면, 임차인은 그와 관련한 내용을 녹취나 기록으로 저장하여 추후 손해배상 청구의 입증자료로 활용할 수 있을 것입니다. 또한, 주변의 비슷한 점포들의 권리금 사례를 수집하거나 해당 점포에 대한 권리금 감정평가를 의뢰할 수도 있을 것입니다.

097 Q 임차인이 임대인에게 권리금을 돌려달라고 요구할 수 있을까?

답변

　임대인은 임차인에 대해 권리금 손해배상 책임을 진다고 보기 어려울 것으로 보입니다. '상가건물 임대차보호법'의 권리금 관련 내용을 보면, 임차인은 새 임차인으로부터 권리금 받는 것을 임대인이 방해한 경우에, 임대인에게 손해배상을 요구할 수 있습니다. 그런데 임대인은 임차인이 새로운 임차인으로부터 권리금을 받도록 협조하였으나, 새로운 임차인이 임차를 포기함으로써 결국 권리금을 받지 못했습니다. 따라서 이 경우는 임차인이 임대인에게 손해배상을 청구할 수 있는 경우가 아닌 것으로 보입니다. 한편 임차인이 확인서를 근거로 권리금 반환을 요구한다고 해도, 이 확인서는 새 임차인이 권리금을 지급하는 조건을 전제로 작성한 것입니다. 따라서 이 전제조건이 이루어지지 않으면 당연히 반환 의무가 없다고 대응할 수 있을 것입니다.

098 묵시적 갱신 중 계약을 해지하면 권리금을 보호받을 수 있을까?

답변

　임차인은 임대차기간이 끝나기 6개월 전부터 임대차종료 시까지 신규 임차인을 주선할 수 있고, 임대인이 정당한 사유 없이 신규 임대차계약 체결을 거부하여 임차인이 손해를 본다면 임대인은 임차인의 손해를 책임져야 합니다.

　묵시적 갱신 중 임차인이 계약 해지의 통고를 하고 3개월이 지나면 해지의 효력이 발생합니다. 그러므로 임차인이 계약 해지의 통고를 함으로써 3개월 후에 임대차가 종료하고, 그 사이에 임차인은 신규임차인을 주선함으로써 권리금회수 기회를 보호받을 수 있습니다. 이 경우에도 임대인이 정당한 사유 없이 신규 임대차계약을 체결을 거절한다면, 임차인은 임대인을 상대로 손해배상을 청구할 수 있습니다.

임차인에게 미리 알렸는데, 임차인 권리금을 보상해야 하나?

　상가건물임대차보호법은 임차인의 권리금회수 기회를 보호하고 있으며, 이 법의 규정에 위반된 약정으로서 임차인에게 불리한 것은 효력이 없습니다. 비록 임대인 본인이 사용할 것이라고 고지했다고 하더라도 그것만으로 임차인의 권리금회수 기회를 방해할 수 없습니다. 임차인의 권리금회수를 제한하는 대신 임대인이 다른 혜택을 주는 등의 특별한 경우가 아니라면, 임대인은 임차인의 권리금 회수에 대해 협조해야 합니다.

　임차인이 권리금을 회수할 수 있음에도 임대인이 사용해야 한다면, 임차인에게 소정의 보상을 통한 협의가 필요할 것입니다.

100. 상가권리금은 세금 신고를 하지 않아도 되나?

답변

권리금은 소득세법에 따라 기타소득으로 분류되므로, 당사자는 해당 소득세의 납부 대상이 됩니다. 그뿐만 아니라 권리양도인은 권리금에 대한 부가가치세를 국세청에 신고 및 납부해야 합니다.

권리 양수·양도할 때 당사자가 현금으로 거래하고 신고하지 않아 탈세하는 경우도 있습니다. 하지만 권리금을 지급한 권리양수인이 비용으로 회계 처리한 경우에는, 국세청에서 권리양도인에게 신고 불성실에 따른 가산세 등을 추가하여 추징할 수 있습니다.

101 Q. 재계약하면 다시 10년을 보장받을 수 있을까?

질문

현 점포에 2016년 1월 처음 입점하여 문방구를 운영하는 임차인입니다. 2018년 12월까지 임대료 증감 없이 묵시적으로 임대차계약이 갱신되었습니다. 그리고 바뀐 건물주와 2019년 1월에 월세를 인상하면서 계약서를 새로 작성하였습니다. 이때 임대차 계약을 다시 채결하면 체결한 날부터 10년간 다시 보장받을 수 있는지요?

답변

임대인은 임차인이 임대차기간 만료되기 6개월 전부터 1개월 전까지 사이에 계약갱신을 요구할 경우, 임대인은 최초의 임대차기간을 포함하여 10년 이내에서 정당한 사유 없이 거절하지 못합니다.

임차인이 10년간 행사할 수 있는 계약갱신요구권은 상가건물이 매매, 상속, 증여 등의 사유로 건물주가 바뀌더라도 최초 입점할 당시부터를 기준으로 합니다.

임대료를 인상하면서 재계약을 했어도 계약갱신과 관련한 별도의 약정이 없다면, 임차인은 새롭게 10년의 계약갱신요구권을 행사할 수는 없습니다.

그러나, 기존임차인이 계약해지와 사업자등록까지 폐업하고, 또다시 배우자 명의로 새로 계약함과 동시에 사업자등록과 건물인도까지 마쳤다면 새로운 임차인으로 대항력(계약갱신요구권 10년 포함)이 발생할 수 있을 것입니다.

102. 임차건물이 경매될 때 계약서를 분실했다면 배당요구를 할 수 없다?

답변

　임차인이 대항요건과 계약서에 확정일자를 부여 받아 우선변제권을 취득하였다면, 그 임대차계약서를 분실한 경우나 멸실되었다고 하여 우선변제권이 소멸되었다고 볼 수 없고(대법 96다12474), 다만 확정일자를 부여 받은 사실을 입증하게 된다면 경매 또는 공매절차에서 우선변제 받는 데에는 지장이 없다. 입증을 위한 서류로는 확정일자를 부여받은 기관(등기소, 주민센터, 구청, 공증인사무소, 관할세무서장 등) 등에서 확정일자부 또는 확정일자발급대장 사본을 교부받고 부동산중개업소에서 보관 중인 임대차계약서부본을 교부받아 법원 경매계에 제출하는 방법 등으로 소명해서 배당요구하면 된다. 계약서 사본마저 없어서 보증금의 액수를 특정할 수 없는 경우 계약서 원본의 분실신고 접수증(경찰서 등)이나 보증인의 인우보증서를 제출하고, 계약서 작성당시 계약금의 지불방법과 지불내역 등을 증빙자료로 제출하면서 배당요구하면 된다.

 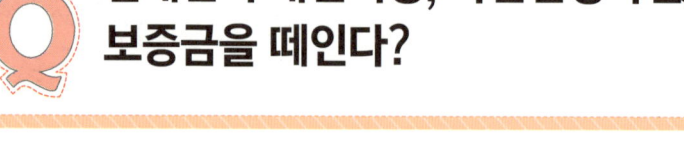

103 임대인이 개인회생, 파산신청하면 보증금을 떼인다?

질문 임대인이 개인회생 신청하면 보증금을 떼이게 되나?

개인회생 신청을 집주인으로부터 의뢰받은 변호사한테 전화가 왔어요. 전세보증금 2억4,000만원은 100% 보장 받을 수 있으니, 회생담보권 변경 신청을 하랍니다. 이러한 상황에서 임차인은 보증금을 손해 보지 않나요?

개인회생은 재산보다 채무가 과다한 사람이 법원의 개인회생결정에 따라 채무를 감면 받아 상환해 나가는 방법입니다.

집주인이 법원에 개인회생신청을 신청할 때 자신의 재산내역과 채무내역을 신청서에 기재하고, 그 채무내역을 어떻게 상환하겠다는 개인회생신청을 법원에 신청하는 것입니다. 이러한 일을 대리하는 변호사 등이 신청단계에서 채권자 등에게 채권신고를 하라고 연락하는 것입니다.

법원이 개인이 신청한 회생 안에 따라 개인회생하도록 회생결정을 하면, 채무자의 재산에 매매, 임대차, 근저당권설정 등의 처분행위를 금지하는 포괄금지 처분을 하고, 회생위원을 선임해서 채무자의 재산과 채무를 상환하는 과정 모두를 관리하게 합니다.

그렇다고 하더라도 근저당권 등의 담보권자 등은 별제권이 있어서 별도로 경매를 신청할 수 있고, 회생 안에 참여해서 우선변제권을 행사할 수도 있습니다. 대항력과 우선변제권이 있는 임차인도 회생담보채권으로 변경신청해서 우선변제권을 행사할 수도 있으니, 주택에서 순위만 빠르다면 전세보증금은 떼이지 않을 것이지만, 선순위채권이 과다한 주택에 후순위로 입주한 임차인이나 일반채권자 등은 감액대상이므로 손해가 예상됩니다. 개인회생을 신청하더라도 채무가 과다해서 회생할 수 없다고 판단되면 법원이 직권으로 파산 결정을 내리기도 합니다. 어쨌든 개인회생결정이 나면 그 개인회생안대로 회생위원이 관리하니 그 기간 동안 임대차계약을 갱신하거나 이사를 나가는 것 역시 회생위원의 관리에 따라야 합니다.

그런데 최근 대법원 2017. 3. 15. 선고 2015다252501 판결에서 **임대차보증금반환채권은 채무자회생법 제145조 제4호 단서, 제2호 단서 (나)목에 정한 상계금지의 예외사유인 '회생절차개시의 신청이 있는 것을 알기 전에 생긴 원인'에 의하여 취득한 회생채권에 해당한다고 한 사례**로 "임대인으로서는 임대차보증금 없이도 부동산 임대차계약을 유지할 수 있으므로, 임대차계약이 존속 중이라도 임대차보증금반환채무에 관한 기한의 이익을 포기하고 임차인의 임대차보증금반환채권을 수동채권으로 하여 상계할 수 있고, 임대차 존속 중에 그와 같은 상계의 의사표시를 한 경우에는 임대차보증금반환채무에 관한 기한의 이익을 포기한 것으로 볼 수 있다고 판결한 바 있습니다. 그러니 임차인은 임대인에게 임대차보증금반환을 요청하면 임대인은 그러한 사실을 회생위원과 상의해서 법원에 허가를 얻어 임대차보증금을 반환할 수 있다는 것이 대법원의 판단입니다.

질문 임대인이 파산을 신청하면 보증금을 떼이게 되나?

파산신청은 재산이 채무를 감당할 수 없는 사람이 자신의 전 재산을 가지고 파산 신청하는 것입니다. 그렇다고 하더라도 근저당권자나 대항력과 우선변제권이 있는 임차인 등은 파산절차에 따라 재산을 처분할 때 그 주택에서 우선해서 변제받을 수 있습니다. 그러나 후순위채권자 등은 파산관재인이 채무자의 재산을 처분해서 정리할 때 매각대금이 부족해서 손해를 볼 수밖에 없습니다. 개인회생을 신청하더라도 채무가 과다해서 회생할 수 없다고 판단되면 법원이 직권으로 파산 결정을 내리기도 합니다.

집주인이 법원에 파산신청을 신청할 때 자신의 재산내역과 채무내역을 신청서에 기재하고, 법원에 파산 신청하는 것입니다. 이러한 일들을 변호사 등이 대리하고 있습니다.

법원이 파산신청을 받아 들여서 파산결정을 내리면, 채무자의 재산에 매매, 임대차, 근저당권설정 등의 처분행위를 금지하는 처분을 하고, 그 재산을 관리해서 처분하는 일을 담당할 파산관재인을 선임하게 됩니다. 그러니 그 주택에 권리를 가지고 있는 근저당권자나 임차인 등은 자신의 권리를 그 파산관재인에게 신고해야 합니다. 물론 그 전에 신청단계에서도 파산 신청 절차를 대리하는 변호사 등이 조사하는 절차로 신고해달라고 의뢰를 하게 됩니다. 어쨌든 파산결정이 나면 파산관재인이 관리하거나 처분하게 되니 그 기간 동안 임대차계약을 갱신하거나 이사를 나가는 것 역시 파산관재인의 통제에 따라야 합니다.

그렇다고 하더라도 임차인은 대항력과 우선변제권이 있으니 그 순서에 따라 보호받을 수가 있어서 전세금을 손해를 보는 사례는 발생하지 않지만, 이사를 나가려면 파산관재인이 처분해서 나누는 과정 동안 어려움을 겪게 될 것입니다. 그러므로 후순위채권자 등은 손해를 볼 수밖에 없는 것입니다.

자세한 내용은 파산관재인이 선임되면 이러한 내용을 상의해서 그 파산관재인 통제 하에 따르면 될 것입니다.

104 계약기간이 만료되면 언제든지 계약을 해지할 수 있다?

답변

① 주택에서 임대인은 임대차기간 만료 전 6월부터 1월까지 임차인에 대하여 계약갱신 거절의 통지를 해야 하고, 임차인은 임대차기간 종료 전 1월까지 임대인에게 계약종료에 따른 계약해지와 임차보증금을 반환하여 달라고 통지(우편내용증명)해야 한다. 상가건물에서는 임대인과 임차인 모두 임대차기간 만료 전 6월부터 1월까지 계약갱신 거절의 통지를 해야만 계약이 해지된다.

예제

주택에서 임대차기간이 2015년 10월 31일부터 2017년 10월 30일까지라면, 임대인은 계약기간 만료일 6개월 이전(4월 30일)부터 만료일 1개월 이전(9월 30일)까지의 기간 동안 계약을 해지할 수 있고, 임차인은 만료일 6월 이전에는 제한이 없고 단지 만료 1개월 전(9월 30일)까지만 계약을 해지하면 된다. 이 기간을 지나거나 계약기간이 만료되고 나서 계약을 해지하면 묵시적 갱신이 된다.

그러나 상가건물에서는 임차인과 임대인 모두 계약기간 만료일 6개월 이전(4월 30일)부터 만료일 1개월 이전(9월 30일)까지의 기간 동안 계약을 해지할 수 있고, 이 기간을 지나거나 계약기간이 만료되고 나서 계약을 해지하면 묵시적 갱신이 된다.

 김선생 TIP

묵시적 갱신의 경우, 상임법과 주임법상 다른 점은?

(1) 상임법 제10조 제4항 임대인이 제1항의 기간(임대차기간이 만료되기 6개월 전부터 1개월 전까지) 이내에 임차인에게 갱신 거절의 통지 또는 조건 변경의 통지를 하지 아니한 경우에는 그 기간이 만료된 때에 전 임대차와 동일한 조건으로 다시 임대차한 것으로 본다.

(2) 주임법 제6조 제1항 임대인이 임대차기간이 끝나기 6개월 전부터 2개월 전까지의 기간에 임차인에게 갱신거절의 통지를 하지 아니하거나 계약조건을 변경하지 아니하면 갱신하지 아니한다는 뜻의 통지를 하지 아니한 경우에는 그 기간이 끝난 때에 전 임대차와 동일한 조건으로 다시 임대차한 것으로 본다. 임차인이 임대차기간이 끝나기 2개월 전까지 통지하지 아니한 경우에도 또한 같다.

다시 말하면, 상가의 임차인은 기간 제한에 상관없이 임대차 종료 전까지 계약의 종료를 통보할 수 있고, 주택은 최소 2개월 전에는 사전에 통지를 해야 합니다.

105  임차인이 임대차 만료일 직전에 계약 해지할 수 있나?

질문

상가 임대차계약(보증금 1,500만원 월세150만원) 만기일이 2016년 10월 31일입니다. 저는 2016년 10월 10일 임대인에게 계약 종료일인 31일에 보증금을 반환해 달라는 해지 통고를 하였습니다. 그러나 임대인은 묵시적 갱신 상태이므로 3개월분 차임을 요구합니다. 10월 31일 계약 해지할 수 없나요?

주택임대차와 달리 상가임대차 묵시적 갱신의 경우는, 임대인이 임대차기간 만료 6개월 전부터 1개월 전까지의 기간에 갱신거절이나 조건 변경의 통지를 하지 않았다 하더라도, 임차인은 갱신거절 통지시기에 대한 제한(규정)이 없으므로, 기간 만료 전 1개월 이내의 기간에도 갱신 거절 통지를 하여 묵시적 갱신이 되는 것을 막고 기간 만료로 계약을 종료시킬 수 있습니다.

다만, 임대인의 입장에서도 보증금 반환을 위한 자금 마련의 시간적 여유가 필요할 수 있으므로, 보증금 반환 시기에 대해 당사자끼리 협의해서 약정하는 것이 바람직하다고 할 것입니다.

106 상가임차인의 묵시적 갱신과 계약갱신요구권 상담사례

질문 환산보증금 초과 임대차에서 묵시적 갱신되면 10년 갱신요구권 없을까?

저는 홍대 입구에서 보증금 1억원, 월세 850만원(부가세별도)에 음식점을 운영하고 있습니다. 최초 계약 체결 시에 2년으로 약정하고, 임대차 만기일에 아무 말 없이 자동 연장된 상태에 있습니다. 그런데 최근에 임대인이 바뀌면서 6개월 후에 점포를 비워 달라고 합니다. 상가 임차인은 주인이 바뀌더라도 10년 동안 계약갱신을 요구할 수 있지 않나요?

환산보증금이 일정 금액(서울 2018년 10월 16일부터 9억원 이하)을 초과하는 임대차에서 묵시적 갱신이 되면 민법 제639조에 따른 묵시적 갱신이 됩니다(환산보증금 범위 내의 임차인만 상임법으로 보호 받는 묵시적 갱신됨). 귀하는 보증금 1억원, 월세 850만원으로 환산보증금이 9억5천만원입니다. 따라서 환산보증금 9억원을 초과하게 되므로 민법상 묵시적 갱신이 됩니다. 이렇게 민법상 묵시적 갱신의 경우 임대인과 임차인 모두 계약 해지권을 가지고 있는데, 임대인은 임대차계약 해지 통고 후 6개월 후에 계약해지 효력이 발생하고, 임차인은 계약해지 통고 후 1월 경과 후에 해지 효력이 발생합니다.

<u>환산보증금 일정 금액 초과 임대차에서 임차인이 계약갱신요구권으로 10년을 보장받기 위해서는</u> 반드시 임대차 계약기간 만료 전 6개월~1개월 전까지 계약갱신을 요구해야 합니다(2023년 서울시 상가상담사례 발췌).

질문 환산보증금 9억원 이하 임대차에서 10년 이후에도 묵시적 갱신이 적용될까?

서울에서 환산보증금 9억원 이하 임차인입니다. 이 가게에 들어 온 지 12년이 지났는데, 임대인이 건물을 팔았다고 하면서 3개월 이내에 비워달라고 합니다. 자동 연장되면 1년씩 연장된다고 하던데요, 그러면 지난 계약서의 만기일 기준으로 보면 지금부터 10개월 정도 남았습니다. 저는 앞으로 10개월은 더 있을 수 있죠? 그런데 주인은 10년이 지났으니까 1년이 자동 연장되는 것은 아니라고 합니다.

묵시적 갱신은 갱신거절의 통지 또는 조건변경의 통지를 하지 않으면 임대차기간이 만료된 때에 임대차의 갱신을 간주하는 것이며, 임차인의 계약갱신요구권은 임차인이 임대차기간이 만료되기 6개월 전부터 1개월 전까지 사이에 계약의 갱신을 요구하면 그 단서에서 정하는 사유가 없는 한 임대인이 그 갱신을 거절할 수 없는 것을 내용으로 하는 것입니다.

최초의 임대차기간을 포함한 전체 임대차기간이 10년을 초과했더라도, 상가임대차의 묵시적 갱신은 1년 단위로 연장됩니다.

그러므로 위 사안에서 묵시적으로 갱신된 계약기간은 임대차만료일 기준으로 산정하므로 약 10개월 후에 임대차가 만료될 것으로 볼 수 있습니다.

그리고 **계약갱신요구권 행사기간이 5년에서 10년으로 연장**(상임법 제10조 제2항)되어 2018년 10월 16일부터 시행되고 있습니다(2023년 서울시 상가상담사례 발췌).

질문 임대차 보호 기간 10년은 기산일이 언제부터 일까?

임대인과 임차인은 임대차계약 기간을 1년, 2년, 5년 등 협의해서 자율적으로 결정할 수 있습니다. 그리고 특별한 사정이 없으면 양 당사자의 합의는 원칙적으로 유효합니다.

하지만, 양 당사자가 1년의 임대차계약 후 갱신을 할 수 없다고 약정을 했어도 그 내용이 임차인에게 불리한 내용이라면 '상가건물 임대차보호법'에 따라 효력이 없습니다. 그러므로 특별한 경우가 아니라면 1년만 영업한다는 약정에도 불구하고 임차인은 상가건물임대차보호법의 계약갱신요구권을 행사함으로써 최초 임대차기간을 포함하여 10년간 영업할 수 있습니다.

질문: 임대료가 많으면 임차인이 계약갱신요구권을 주장할 수 없나?

보증금 3억원 월세 7백만원에 상가를 임차하고 있습니다. 영업을 시작한 지 2년 만에 상가건물이 팔려 임대인이 변경되었습니다.

본인의 환산보증금은 10억원(보증금 3억원+7억원(월세700만원×100)으로 서울시 환산보증금 9억원을 초과합니다. 이렇게 초과하면 상임법 보호 적용 제외라고 하는데, 임대인이 나가라고 하면 나가야 하나요?

답변

'상가건물 임대차보호법'은 환산보증금의 다과에 따라 적용 범위가 다릅니다. 환산보증금이 일정 금액(서울시 9억원)을 초과하는 임대차의 임차인도 대항력, 계약갱신요구권 행사 기간, 권리금회수 기회보호 등에 관해서는 상가건물임대차보호법 적용을 받을 수 있습니다.

따라서 환산보증금이 9억원을 초과하고 상가건물의 임대인이 변경 되더라도, 2년을 영업한 임차인은 계약갱신요구권을 행사함으로써 임대인의 의사와 무관하게 8년 더 영업할 수 있습니다.

왜냐하면 **계약갱신요구권 행사기간이 5년에서 10년으로 연장(상임법 제10조 제2항)되어,** 2018년 10월 16일부터 새로 계약을 체결한 임차인과 시행 전 존속 중인 임대차로 계약을 갱신한 경우(묵시적 갱신포함)에 모두 10년 동안 영업을 유지할 수 있습니다.

환산보증금 9억원 초과해도 선순위 저당권이 없으면, 보증금 보호받을 수 있다?

　임차인이 사업자등록을 마치고 확정일자를 받더라도 환산보증금이 일정 금액(서울 9억원 이하)을 초과할 경우, 해당 상가건물의 경매 진행 시 말소기준권리보다 후순위임차인은 대항력도 없고 배당요구해서 우선변제 받을 수 있는 우선변제권도 없습니다.

　하지만 임차인이 대항요건(사업자등록과 건물인도)을 근저당, 가압류 등 경매의 말소기준권리보다 선순위로 갖추고 있는 경우, 대항력이 있어서 경매 매수인은 임대인의 지위를 승계하게 됩니다.

　이때 임차인은 종전 임대차계약 내용에 따라 임차물을 사용, 수익할 수 있으며 임대차 종료 시 경매 매수인에게 임대차보증금의 반환을 청구함으로써 보증금을 보호받을 수 있습니다.

107 상가임차인은 언제까지 계약갱신을 요구해야 되나?

질문

임대차기간이 2021년 10월 11일~2022년 10월 10일인데, 임차인 본인이 언제까지 계약갱신요구권을 행사할 수 있나요?

답변

주택임차인과 임대인 모두 계약만료일 2022년 10월 10일의 2개월 전인 2022년 08월 09일 24시 전까지[이는 민법 제157조(기간의 기산점)의 초일 불산입 규정에 따라 2022년 08월 10일 오전 0시 전까지] 그 상대방에게 계약갱신의 의사가 도달해야 합니다. 의사전달 방법은 핸드폰 문자메시지나 핸드폰 통화, 카톡, 내용증명서 등으로 전달할 수 있는데, 핸드폰 통화나 문자메시지, 카톡 등은 상대방이 확인했다는 증빙이 있어야 합니다.

<u>상가건물이나 업무용오피스텔의 경우에는</u> 임대인과 임차인 모두 상임법 제10조(계약갱신요구) 제1항에 따라 임대차기간이 만료되기 6개월 전부터 1개월 전까지 계약갱신을 요구해야 합니다. 그래서 상가임차인은 계약만료일인 2022년 10월 10일의 1개월 전인 2022년 09월 09일 24시 전까지 임대인에게 계약갱신요구하면 됩니다.

108 건물 매수인이 재건축한다면서 나갈 것을 요구하고 있다?

2016년 5월 마포에서 계약 기간 2년으로 상가를 임차해서 영업하던 중, 2017년 5월경 상가건물이 팔렸습니다. 바뀐 건물주는 건물을 재건축한다면서 2018년 5월 임대차 만료일 이후 점포를 비울 것을 요구합니다. 임대인이 재건축한다면 나가야 하나요?

상임법 제10조 제1항 임대인은 임차인이 임대차기간이 만료되기 6개월 전부터 1개월 전까지 사이에 계약갱신을 요구할 경우 정당한 사유 없이 거절하지 못한다. 다만, 다음 각 호의 어느 하나의 경우에는 그러하지 아니하다(제1호~제6호 생략함).

제7호 임대인이 다음 각 목의 어느 하나에 해당하는 사유로 목적 건물의 전부 또는 대부분을 철거하거나 재건축하기 위하여 목적 건물의 점유를 회복할 필요가 있는 경우

  가. 임대차계약 체결 당시 공사시기 및 소요기간 등을 포함한 철거 또는 재건축 계획을 임차인에게 구체적으로 고지하고 그 계획에 따르는 경우.

  나. 건물이 노후·훼손 또는 일부 멸실되는 등 안전사고의 우려가 있는 경우

다. 다른 법령에 따라 철거 또는 재건축이 이루어지는 경우(다른 법령은 도시 및 주거환경정비법 제44조와 제79조 참조).

위 상임법 제10조 단서조항에 따라 임대인이 임대차계약 체결 당시 공사시기 및 소요기간 등을 포함한 철거 또는 재건축 계획을 임차인에게 구체적으로 고지하고, 그 계획에 따르는 경우 등의 특별한 사유가 없는 한, 임차인은 계약갱신요구권을 행사할 수 있습니다.

사업자등록을 갖춘 대항력 있는 임차인은 임대차기간이 만료되기 6개월 전부터 1개월 전까지 사이에 새 임대인을 상대로 계약갱신을 요구할 수 있으며, 임대인은 정당한 사유 없이 이를 거절하지 못합니다. 단 임차인의 계약갱신요구권은 최초의 임대차기간을 포함한 전체 임대차기간이 10년을 초과하지 아니하는 범위에서만 행사할 수 있습니다.

109 재계약할 때 약정한 차임 등의 증액청구가 가능할까?

질문 재계약을 할 때도 증액한도의 제한규정을 적용받는다?

답변

약정한 차임 또는 보증금의 증액청구는 주임법은 약정한 차임과 보증금의 20분의 1(5%)의 금액을, 상임법은 약정한 차임과 보증금의 100분의 5(5%)의 금액을 초과하지 못하며, 증액청구는 약정한 차임 등의 증액이 있은 후 1년 이내에는 이를 하지 못한다.

재계약 시에도 주택임대차보증금의 증액제한규정이 적용되는지에 대하여 대법원 판례에서는 "주임법 제7조는 임대차계약의 존속 중 당사자 일방이 약정한 차임 등의 증감을 청구한 때에 한하여 적용되고, 임대차계약이 종료된 후 재계약을 하거나 또는 임대차계약 종료 전이라도 당사자의 합의로 차임 등이 증액된 경우에는 적용되지 않다(대법 93다30532)고 판결했다.

따라서 이 법 시행 후부터는 임차인의 계약갱신요구권 1회 행사로 재계약하는 경우에는 5% 제한규정을 적용 받고, 계약갱신요구권으로 재계약되는 것이 아니라 합의로 약정 갱신하는 경우에는 제한을 받지 않는다고 이해하면 된다.

상가의 경우에는 이렇게 해석해야 한다!

환산보증금 범위 내의 임차인은 상임법 제11조(차임 등 증액청구의 기준 등)에 따른 100분의 5(5%)의 금액을 초과할 수 없다(시행령 제4조). 그러나 초과하는 임차인은 상임법 제11조를 적용받지 않기 때문에 임대차 계약기간이든 갱신되는 과정에서 얼마든지 증액을 요구할 수 있고, 5%를 초과해서 청구하는 것도 가능하다. 그런데 문제는 계약갱신요구권을 행사할 수 있는 기간 중에 임대인이 올려 받으려 해도 임차인이 협의를 해주지 못하면, 법원의 임료감정을 통해서 결정해야 한다는 문제가 남게 된다는 것이다.

질문 재계약 체결할 때도 임대료 증액 청구 5%를 초과할 수 없을까?

상가임대차에서 임대료의 증액은 상한요율 5%를 초과할 수 없습니다. 또한 임대인은 임대차계약 또는 약정한 차임 등의 증액이 있은 후 1년이 지난 후 증액 청구할 수 있습니다.

그러므로 임대인은 임대차 계약 도중뿐만 아니라, 계약갱신요구권을 행사하여 재계약을 하는 경우에도 상한요율 이내에서만 증액을 청구할 수 있습니다.

유의할 점은 상가임차인이 환산보증금 범위 내에 있는 임차인만 그렇고, 환산보증금을 초과하는 임차인은 1년 이내에 증액을 청구할 수 없다거나 5%의 제한규정을 적용받지 못한다는 것입니다.

그런데 환산보증금을 초과하는 임차인도 10년 계약갱신요구권이 있고, 이 권리를 행사하는 과정 속에서 임대인이 터무니없는 임대료 증액을 요구할 때 당연히 당사자 간의 협의가 이루어지지 않을 것입니다. 이 경우 법원의 임료

감정을 통해서 결정하게 되는 것이지, 임대인의 터무니없는 주장을 그대로 받아들이는 것이 아닙니다.

 5% 초과 증액해서 지급한 임대료를 돌려받을 수 있을까?

임대인과 임차인의 임대료 증액에 대한 약정은 사적자치의 원칙에 따라 유효하고 그 내용은 양 당사자를 구속할 수 있습니다. 하지만 그 내용이 '상가건물임대차보호법'의 규정에 위반된 약정으로서 임차인에게 불리한 것이라면 효력이 없습니다.

차임 또는 보증금이 임차건물에 관한 조세, 공과금, 그 밖의 부담의 증감이나 경제 사정의 변동으로 인하여 상당하지 아니하게 된 경우에는 당사자는 장래의 차임 또는 보증금에 대하여 증감을 청구할 수 있습니다. 그러나 증액의 경우에는 대통령령으로 정하는 기준에 따른 비율(100분의 5)을 초과하지 못합니다.

하지만, 임대차계약이 종료된 후 재계약을 하거나 임대차계약 종료 전이라도 당사자의 합의로 차임 등이 증액된 경우에는 임대료 증액의 5% 초과 지급에 대한 부당이득 반환 법리가 적용되지 않을 수도 있습니다.

그러므로 임대료를 5% 초과해서 약정하게 된 동기 및 경위, 거래의 관행 등을 고찰하고, 임차인에게 불리한 가 등을 종합적으로 검토한 후, 그 약정의 효력 유무를 판단해야 할 것입니다.

그리고 5%의 제한규정은 환산보증금 범위 내에 있는 임차인만 해당된다는 것도 알고 있어야 합니다.

보증금과 월세를 각각 5% 증액 청구할 수 있나?

답변

　상가의 환산보증금이 일정 금액(서울 9억원) 이하일 때 차임 또는 보증금의 증액청구는 청구 당시의 차임 또는 보증금의 5%를 초과하지 못합니다.

　임대인은 차임과 보증금에 대해 동시에 상한요율 이내에서 증액 청구할 수 있습니다. 하지만 임차인의 동의가 있어야만 임대료 인상의 효력이 발생하므로, 임차인은 상한 요율 범위 내에서 임대인과 적절히 협의해야 할 것입니다.

110 상가에서 장기수선충당금은 누가 부담해야 할까?

답변

　장기수선충당금은 건물의 주요 시설 교체 및 보수 등에 필요한 비용으로 지출합니다. 공동주택은 소유자가 장기수선충당금을 부담하도록 공동주택관리법으로 규정하고 있지만, 공동주택 이외의 집합건물에 적용하는 '집합건물의 소유 및 관리에 관한 법률'에서는 장기수선충당금의 부담 주체를 명시하고 있지 않습니다.
　건물의 주요 구성 부분에 대한 대수선, 기본적 설비 부분의 교체 등과 같은 대규모의 수선은 임대인이 그 수선의무를 부담합니다.

　그러므로 임대인과 임차인이 장기수선충당금에 대한 부담 주체를 별도로 약정하는 등의 별다른 사유가 없고, 장기수선충당금의 사용 용도가 건물의 기본적 설비 부분 등이라면 임대인이 부담해야 할 것입니다. 계약실무에서는 임차인이 관리비에 포함된 장기수선충당금을 미리 내고 있다가, 이사 나갈 때 임대인에게 반환 받는 방법으로 임대인이 지급합니다.

111. 자동문 설치비용을 임대인에게 청구할 수 있나?

답변

　상가 임대차계약이 종료되면 임차인은 점포의 내부를 원래 상태로 회복하고 임대인에게 반환해야 합니다.

　임차인이 자기의 영업에 필요한 시설에 지출한 비용은 특별한 사정이 없으면 임대인에게 청구할 수 없습니다. 하지만, 임차인은 임차물을 개량함으로써 임차물의 객관적 가치를 증가시키는데 투입한 비용을 임대차 종료 시에 그 가액의 증가액을 유익비로 임대인에게 청구할 수 있습니다.

　임차인이 설치한 자동문의 설치비용이 유익비로 인정되고 당사자 간 별도의 약정이 없다면, 임차인은 그 비용의 전부 또는 일부를 임대인에게 청구할 수 있습니다.

112 Q 경매가 들어간 사실을 모르고 입주하면 전세금을 전액 손해 본다?

답변

　경매나 공매가 등기부에 기입등기 되었는데도, 그러한 사실을 모르고 입주하면 임차인의 사업자등록(주택의 경우 전입신고)과 확정일자가 무효가 되는 것일까? 대항요건과 계약서에 확정일자를 갖춘 임차인이 배당을 받기 위해서는 첫 경매개시결정기입등기 전(공매 공고등기 전)에 대항요건을 갖춰야 하는가에 대하여는 최우선변제권의 경우와는 달리 첫 경매개시등기 이후에 대항력을 갖추고 확정일자를 받아도 된다는 것이 다수설이다. 경매개시등기 이후에 대항요건과 확정일자를 갖춘 경우에는 그 갖춘 때를 기준으로 한 확정일자에 의한 우선변제권과 저당권 등의 담보물권 등과의 우선순위를 따지게 된다.

　경매개시 기입등기 전 가압류권자가 있는 경우 동순위로서 안분배당하게 되는데, 진정한 임차인이라면 모르겠지만, 허위임차인이라면 가압류권자 및 기타 후순위 채권자등이 배당에 대한 이의를 제기할 것이 예상되고 그에 따라 진정한 임차인 또는 가장 임차인으로 판결나게 될 것이다.

 **알아두면 좋은 판례**

대법원 2004다26133 전원합의체 판결

중간~ 생략, 다만, 소액임차인의 우선변제권에 관한 같은 법 제8조 제1항이 그 후문에서 '이 경우 임차인은 주택에 대한 경매신청의 등기 전에' 대항요건을 갖추어야 한다고 규정하고 있으나, 이는 소액보증금을 배당받을 목적으로 배당절차에 임박하여 가장 임차인을 급조하는 등의 폐단을 방지하기 위하여 소액임차인의 대항요건의 구비시기를 제한하는 취지이지, 반드시 임차주택과 대지를 함께 경매하여 임차주택 자체에 경매신청의 등기가 가능한 경우로 제한하는 취지는 아니라 할 것이다.

 **113**
Q 임차건물의 하자는 임대인과 임차인 중 누가 수선하나?

질문 임차건물을 임대인이 수선해야 하는 경우

 답변

　임대차계약에 있어서 임대인은 임대차 목적물을 계약 존속 중 그 사용·수익에 필요한 상태를 유지하게 할 의무(이하 '임대인의 수선의무'라고 한다)를 부담한다(민법 제623조). 그리하여 그 목적물에 파손 또는 장해가 생긴 경우에 그것을 수선하지 아니하면 임차인이 계약에 의하여 정하여진 목적에 따라 사용·수익하는 것을 방해받을 정도의 것이라면 임대인은 그 수선의무를 부담한다 할 것이다. 이와 같은 임대인의 수선의무는 특별한 사정이 없는 한 임대차의 목적에 따른 용도대로 임차인으로 하여금 그 목적물을 사용·수익시키는 데 필요한 범위에서 인정되는 것으로서, 임대인의 수선의무를 발생시키는 사용·수익의 방해에 해당하는지 여부는 구체적인 사안에 따라 목적물의 종류 및 용도, 파손 또는 장해의 규모와 부위, 이로 인하여 목적물의 사용·수익에 미치는 영향의 정도, 그 수선이 용이한 지 여부와 이에 소요되는 비용, 임대차계약 당시 목적물의 상태와 차임의 액수 등 제반 사정을 참작하여 사회통념에 의하여 판단하여야 할 것이다(대법원 2011다107405 판결). 그리고 **임대인의 수선의무는 특약에 의하여 이를 면제하거나 임차인의 부담으로 돌릴 수 있으나**, 그러한 특약에서 수선의무의 범위를 명시하고 있는 등의 특별한 사정이 없는 한 그러한 특약에 의하여 임대인이 수선의무를 면하거나 임차인이 그 수선의무를 부담하게 되는 것은 통상 생길 수 있는 파손의 수선 등 소규모의 수선에 한한다 할 것이고, 대파손의 수리, 건물의 주요 구성부분에 대한 대수선, 기본적 설비부분의 교체 등과 같은 대규모의 수선은 이에 포함되지 아니하고 여전히 임대인이 그 수선의무를 부담한다고 해석함이 상당하다'고 판단하고 있다(대법원 94다34692 판결).

예를 들면 "천정에서 비가 샌다던지, 보일러 배관이 터진 경우, 보일러가 고장으로 교체하거나 수선하는 경우, 수도관의 누수현상이나 계량기고장 등으로 교체한 경우, 욕실 등의 하자, 전기시설과 전기계량기 등이 노후로 교체한 경우, 창문 등의 파손 등은 임대인이 부담할 수선비용에 해당 된다.

만일 이러한 비용을 임차인이 부담했다면 필요비로 임대인에게 청구할 수 있다.

임차인의 통상수선의무에 해당하는 것은?

답변

목적물에 파손 또는 장해가 생긴 경우 그것이 임차인이 별 비용을 들이지 아니하고도 손쉽게 고칠 수 있을 정도의 사소한 것이어서 임차인의 사용·수익을 방해할 정도의 것이 아니라면 임대인은 수선의무를 부담하지 않고 임차인의 통상수선의무에 해당되어 임차인이 비용을 들여 수선할 의무를 갖게 된다.

결론적으로 임차인의 통상수선의무에 해당하는 것은 도배를 하거나 전등과 전구를 교체, 문 잠금장치 교체, 수도꼭지 교환 등이 해당된다.

 하자를 모르고 입주한 경우도 임대인에게 수선의무를 물을 수 있나?

답변

2014년 06월 20일 선고한 서울중앙지법 2014나13609 판결에서 임대인의 수선의무의 대상이 되는 목적물의 파손 또는 장해는 임대차기간 중에 드러난 하자를 의미하는 것이지만 임대차기간 중에 비로소 발생한 하자에 한정되지 않고, 이미 임대인이 임차인에게 목적물을 인도할 당시에 존재하고 있었던 하자도 포함된다고 판단하고 있다. 입주할 당시에 몰랐던 하자라도 입주하고 나서 알게 되었고 그 하자로 인해서 임차인이 계약에 의하여 정하여진 목적에 따라 사용·수익할 수 없는 상태라면 임대인에게 수선의무가 있다.

114 계약 종료 후 임차물에 대한 임차인의 원상복구 의무는?

 임대인이 일방적으로 원상복구 비용을 공제하려고 한다?

　부동산 임대차에 있어서 임차인이 임대인에게 지급하는 임대차보증금은 임대차 관계가 종료되어 목적물을 반환하는 때까지 그 임대차 관계에서 발생하는 임차인의 모든 채무를 담보합니다. 그래서 임대인은 임차인이 원상복구 의무를 다하지 않았을 때 임차인이 부담할 원상복구비용 상당의 손해배상액을 반환할 임대차보증금에서 당연히 공제할 수 있습니다.

　하지만, 임차인이 원상복구 의무를 다했음에도 불구하고 임대인이 일방적으로 보증금에서 원상복구 비용을 공제했다면, 임차인은 임대인에게 받지 못한 보증금 반환을 요구해야 할 것입니다

　만약 임대인과 임차인의 주장하는 바가 다르다면, 임차인은 법원의 소송 등을 청구하는 방법으로 구제 절차를 진행해야 할 것입니다.

> **알아두면 좋은 대법원 판례**
>
> **대법원 2019. 8. 30. 선고 2017다268142 판결**
> 임차인이 임대인에게 임차목적물을 반환하는 때에는 원상회복의무가 있다(민법 제654조, 제615조). 임차인이 임차목적물을 수리하거나 변경한 때에는 원칙적으로 수리·변경 부분을 철거하여 임대 당시의 상태로 사용할 수 있도록 해야 한다.
> **다만 원상회복의무의 내용과 범위는** 임대차계약의 체결 경위와 내용, 임대 당시 목적물의 상태, 임차인이 수리하거나 변경한 내용 등을 고려하여 구체적·개별적으로 정해야 한다.

질문 전 임차인의 시설까지 철거하고 원상복구를 해야 할까?

 답변

　임차인은 임대차 종료 시 목적물을 원상회복하여 반환할 의무가 있습니다. 그리고 원상회복에 관한 별도의 특약이 없는 한 임차인은 원칙적으로 임차인이 개조한 범위 내에서 임차인이 임차 받았을 때의 상태로 반환하면 됩니다.
　임대차계약 체결 당시 계약의 성립 동기 및 경위, 거래의 관행 등을 종합적으로 고찰하여, 임차인이 전 임차인의 시설까지 철거한다는 등의 명시적, 묵시적 약정이 있는 특별한 경우가 아니라면 임차인은 본인이 입점할 당시의 상태가 원상복구의 기준이 될 것입니다.

> **알아두면 좋은 대법원 판례**
>
> **대법원 1990. 10. 30. 선고 90다카12035 판결**
> 전 임차인이 무도유흥음식점으로 경영하던 점포를 임차인이 소유자로부터 임차하여 내부시설을 개조 단장하였다면 임차인에게 임대차 종료로 인하여 목적물을 원상회복하여 반환할 의무가 있다고 하여도 별도의 약정이 없는 한 그것은 임차인이 개조한 범위 내의 것으로서 임차인이 그가 임차 받았을 때의 상태로 반환하면 되는 것이지 그 이전의 사람이 시설한 것까지 원상회복할 의무가 있다고 할 수는 없다.

'원상복귀'의 약정이 '원상복구'를 의미하는지?

'원상'이란 본래의 상태를 의미합니다. '복구'나 '복귀' 모두 되돌리고 되돌아가는 것은 비슷하지만, '원상복구'는 개조되거나 손상된 시설물 등을 이전의 원래 상태로 되돌리는 것이고, '복귀'는 시설물 등과 상관없이 이전의 상태로 돌아가는 것이라고 할 수 있습니다.

예를 들어 '복구'는 홍수 등 자연재해에 의해 피해가 발생하였을 때 피해 이전의 상태로 회복할 때 '복구'라고 합니다. 반면에 '복귀'는 정계 복귀 등 제자리로 돌아가는 것을 복귀라고 합니다.

두 단어를 직접 비교했을 때는 그 의미가 다르지만, 임대차계약 체결 당시 양 당사자의 진정한 의사, 거래의 관행, 달성하려고 했던 목적, 사회 일반의 상식과 거래의 통념 등을 종합적으로 고찰한다면 특별한 사유가 없는 한 '원상복귀'는 '원상복구'의 의미로 합의한 것으로 보입니다. 한편 임대차만료 시의 원상복구와 원상회복은 일반적으로 같은 의미로 사용됩니다.

 권리금 지급하고 가게 인수 후 원상복구 범위는?

원상회복에 관한 별도의 약정이 없다면, 임대차가 종료할 때 임차인은 본인이 개조한 범위 내에서 임차인이 임차 받았을 때의 상태로 반환하는 것이 일반적입니다.

임대인은 임차인이 전 임차인에게 권리금을 지급하고 시설 등을 인수하였다는 이유로, 전 임차인의 시설까지 철거하고 원상 복구할 것을 주장할 수는 있습니다. 하지만 다른 사유 없이 임차인의 권리금 지급 후 시설 인수만을 이유로 임차인이 이전 임차인의 시설까지 원상복구 책임을 질 것으로 단정하기는 어렵습니다.

그러므로 임차인은 당장은 추가 시설한 범위 내에서 원상복구 후 임대인에게 보증금반환을 청구할 수 있으며, 계약체결 시의 전후 사정, 권리금 거래에 대한 임대인의 인지 및 원상복구에 대한 특약 여부 등을 종합적으로 검토해서 판단해야 합니다.

알아두면 좋은 대법원 판례

대법원 2019. 8. 30. 선고 2017다268142 판결

갑 주식회사가 점포를 임차하여 커피전문점 영업에 필요한 시설 설치공사를 하고 프랜차이즈 커피전문점을 운영하였고, 을이 이전 임차인으로부터 위 커피전문점 영업을 양수하고 병 주식회사로부터 점포를 임차하여 커피전문점을 운영하였는데, 임대차 종료 시 을이 인테리어시설 등을 철거하지 않자 병 회사가 비용을 들여 철거하고 반환할 보증금에서 시설물 철거비용을 공제한 사안에서, 임대차계약서에 임대차 종료 시 을의 원상회복의무를 정하고 있으므로 병 회사가 철거한 시설물이 점포에 부합되었다고 할지라도 임대차계약의 해석상 을이 원상회복의무를 부담하지 않는다고 보기 어렵고, 병 회사가 철거한 시설은 프랜차이즈 커피전문점의 운영을 위해 설치된 것으로서 점포를 그 밖의 용도로 사용할 경우에는 불필요한 시설이고, 을이 비용상환 청구권을 포기하였다고 해서 병 회사가 위와 같이 한정된 목적으로만 사용할 수 있는 시설의 원상회복의무를 면제해 주었다고 보기 어려우므로, 병 회사가 비용을 들여 철거한 시설물이 을의 전 임차인이 설치한 것이라고 해도 을이 철거하여 원상회복할 의무가 있다고 보아 병 회사가 을에게 반환할 보증금에서 병 회사가 지출한 시설물 철거비용이 공제되어야 한다고 판단한 원심판결을 수긍한 사례.

115  상가임대차에서 계약을 해지할 수 있는 경우는?

주택임차인이 차임을 2기 이상 연체 시 계약해지

　민법 제640조, 제641조에 의하면 건물 기타 공작물의 임대차에는 임차인의 **차임연체액이 2기의 차임액에 달하는 때에는 임대차기간 중에도 임대인은 계약을 해지**할 수 있다. 주택은 차임연체를 이유로 계약을 해지할 수 있는 규정이 주임법에 없어서 민법의 규정을 따른다. 이와 같이 주택임차인과 일반임차인 등이 차임을 2기 이상 연체하면 임대인은 최고 없이 계약을 해지할 수 있다. 여기서 2기의 차임연체에 달한다는 의미는 차임을 연체한 금액이 합해서 2개월분이 누적되었다는 것으로 이해하면 된다. 따라서 월차임 100만원인데 두 달 연속 50만원씩 지급했다면 2개월 이상 연체했다고 볼 수 있지만, 연체차임의 합계가 2개월분에 해당되지 못해서 임대인은 계약을 해지할 수 없다. 연체기간에 상관없이 2개월 누적 월세 분을 연체한 경우만 임대인이 최고 없이 계약을 해지할 수 있는데 임대인이 계약해지 통지를 하기 전에 연체차임을 임차인이 통장으로 입금하면 계약해지할 수 있는 권리가 소멸된다.

질문 상가임차인이 차임을 3기 이상 연체 시 계약해지

 답변

상가건물은 상임법 제10조 1항 단서에 따라 **3기 이상 연체할 때에 임대차 기간 중에도 임대인은 최고 없이 계약을 해지할 수 있다**는 규정을 두고 있다. 따라서 상가임차인이 차임을 3기 이상 연체하면 임대인은 최고 없이 계약을 해지할 수 있다.

 쉽게 이해하기

임차인이 차임을 2기 또는 3기 이상 연체할 때 계약을 해지할 수 있는 시점은?

임대차에서 임차인이 차임을 주택은 2기 또는 상가는 3기 이상 연체해서 최고 없이 계약을 해지할 수 있다. 이때 판단 시점은 계약서에 선불 또는 후불로 정한 시점이다. 그래서 선불로 정했다면 선불시점에서 2기 또는 3기 이상 연체하면 계약해지 사유가 된다.

 질문 임대인의 동의 없이 임차권을 양도나 전대, 용도를 변경한 경우

 답변

임차인은 임대인의 동의 없이 그 권리를 전부 또는 일부를 양도하거나 임차물을 전대하지 못한다. 이 경우 임대인은 계약을 해지할 수 있다(민법 제629조). 임차인이 임차인으로서의 의무를 현저히 위반(임대인의 동의 없이 용도변경 등)하거나 임대차를 계속하기 어려운 중대한 사유가 있는 경우(임차물의 멸실 등)에 그 상대방은 계약을 해지할 수 있다.

질문 임대차 계약기간의 만료로 계약을 해지하는 경우

임대차계약기간 만료로, 임대인 또는 임차인이 계약갱신을 거절하는 방법으로 계약을 해지할 수 있다. 이때 계약해지가 적법한 계약해지기간 내에 이루어져서, 계약상대방에게 묵시적 갱신이나 계약갱신을 요구할 권리가 없어야 한다.

① 주택에서는 주임법 제6조 제1항 임대인이 임대차기간이 끝나기 6개월 전부터 2개월 전까지의 기간에 임차인에게 갱신거절의 통지를 하지 아니하거나 계약조건을 변경하지 아니하면 갱신하지 아니한다는 뜻의 통지를 하지 아니한 경우(계약갱신을 요구하지 아니한 경우)에는 그 기간이 끝난 때에 전임대차와 동일한 조건으로 다시 임대차한 것으로 본다. 임차인이 임대차기간이 끝나기 2개월 전까지 통지하지 아니한 경우에도 또한 같다. 이렇게 임대인은 계약만료 6개월 전부터 2개월 전까지, 임차인은 계약만료 2개월 전까지 계약해지 통지를 하므로 계약을 해지할 수 있다.

② 상가건물에서는 상임법 제10조 제1항 임대인은 임차인이 임대차기간이 만료되기 6개월 전부터 1개월 전까지 사이에 계약갱신을 요구할 경우 정당한 사유 없이 거절하지 못한다 라고 규정하고 있다. 그러나 상임법 제10조 제1항 단서 1호부터 8호에 해당하는 경우(임대인이 계약해지할 수 있는 경우)와 상임법으로 보호 받을 수 있는 계약갱신요구권 10년을 초과한 경우에는 임대인은 만료되기 6개월 전부터 1개월 전까지 계약을 해지할 수 있다. 임차인은 주임법과 같이 상임법으로 별도 정한 규정이 없어서 계약만료 전까지 계약을 해지할 수 있다.

③ 민법상 임대차에서는 임대차기간이 만료한 후 상당한 기간 내에 이의를 하지 아니한 때에는 전임대차와 동일한 조건으로 다시 임대차한 것으로 본다(민법 제639조). 그러나 당사자는 제635조의 규정에 의해 언제든지 해지 통고를 할 수 있다. <u>이 경우 임대인이 계약해지 통지 시에는 6월이 경과 후, 임차인이 계약해지 통지 시에는 1월이 경과 후에 해지 효력이 발생한다.</u>

116 임대차 계약기간을 연장하는 방법은?

계약기간의 연장은 계약기간 종료 후에도 재계약 또는 묵시적 갱신, 계약갱신요구권 등으로 계약기간을 연장할 수 있다.

질문 종전계약대로 재계약, 또는 계약내용을 변경해서 갱신하는 경우

답변

계약기간 종료 후에 임대인과 임차인 간에 합의로 종전의 계약내용을 변경하지 않고 재계약하거나 또는 종전의 계약내용을 변경해서 즉 보증금, 월세, 임대차기간 등을 변경하는 방법으로 계약을 갱신해서 연장할 수 있다.

질문 묵시적으로 계약을 갱신해서 계약기간을 연장하는 경우

① 주택에서는 주임법 제6조 제1항 임대인이 임대차기간이 끝나기 6개월 전부터 2개월 전까지의 기간에 임차인에게 갱신거절의 통지를 하지 아니하거나 계약조건을 변경하지 아니하면 갱신하지 아니한다는 뜻의 통지를 하지 아니한 경우(계약갱신을 요구하지 아니한 경우)에는 그 기간이 끝난 때에 전 임대차와 동일한 조건으로 다시 임대차한 것으로 본다. 임차인이 임대차기간이 끝나기 1개월 전까지 통지하지 아니한 경우에도 또한 같다. 이렇게 임대인은 계약만료 6개월 전부터 1개월 전까지, 임차인은 계약만료 1개월 전까지, 모두 이 기간 이내에 계약갱신, 또는 계약해지 통지를 할 수 있고, 그러한 통지를 하지 않으면 묵시적으로 갱신된다. 이 경우 임대차의 존속기간은 2년으로 본다(제2항). 묵시적 갱신이 되면 임차인은 언제든지 계약을 해지할 수 있고, 해지 통고 후 3월 이후에 그 효력이 발생하지만, 임대인은 계약해지권이 없어서 임차인의 의사표시에 따라 2년간의 임대차기간을 보장해야 한다.

② 상가건물에서는 상임법 제10조 제1항 임대인은 임차인이 임대차기간이 만료되기 6개월 전부터 1개월 전까지 사이에 계약갱신을 요구할 경우 정당한 사유 없이 거절하지 못한다(임차인의 계약갱신요구권 10년). 상임법 제10조 제4항 임대인이 제1항의 기간 이내에 임차인에게 갱신 거절의 통지 또는 조건 변경의 통지를 하지 아니한 경우에는 그 기간이 만료된 때에 전 임대차와 동일한 조건으로 다시 임대차한 것으로 본다. 이 경우에 임대차의 존속기간은 1년으로 본다. 임차인은 주임법과 달리 상임법으로 별도 정한 규정이 없어서 계약만료 전까지 계약을 해지할 수 있고, 이 기간 내에 계약을 해지하지 않으면 묵시적 갱신이 된다.

묵시적 갱신이 되면 임차인은 언제든지 계약을 해지할 수 있는데 해지 통고 후 3월 이후에 그 효력이 발생하지만, 임대인은 계약해지권이 없어서 임차인의 의사표시에 따라 1년간의 임대차기간을 보장해야 한다. 그러나 유의할 점은 2015년 5월 13일 상임법 개정으로 환산보증금을 초과하는 상가임차인도 대항력과 5년간의 계약갱신요구권을 보호받게 되었다.

그런데 5년간의 계약갱신요구권에서 유의할 점은 환산보증금 범위 내에 있는 임차인과 같이 상임법으로 보호받는 묵시적 갱신이 인정되지 않고, 다음 ③과 같이 민법 제639조에 따른 묵시적 갱신이 되므로, 반드시 계약갱신을 요구할 수 있는 기간 내에 계약갱신을 요구해야만 5년 동안 보호를 받을 수 있다. 그리고 이 경우도 3기의 차임액에 해당하는 금액에 이르도록 차임을 연체한 사실 등이 있는 경우 임대인은 계약갱신을 거절할 수 있다. 이러한 계약갱신요구권은 2018년 10월 16일부터 상임법 개정으로 10년으로 변경되어, 2018년 10월 16일부터는 상가임차인은 10년 동안 보호를 받을 수 있게 되었다.

③ 민법상 임대차에서는 임대차기간이 만료한 후 임차인이 임차물의 사용, 수익을 계속하는 경우에 임대인이 상당한 기간 내에 이의를 제기하지 아니한 때에는 전임대차와 동일한 조건으로 다시 임대차한 것으로 본다(민법 제639조 제1항 묵시적 갱신).

그러나 당사자는 제635조(기간의 약정 없는 임대차의 해지통고)의 규정에 의하여 해지의 통고를 할 수 있다. 이렇게 민법 제639조에 따른 묵시적 갱신이 되면 민법 제635조 의한 기한의 정함이 없는 임대차가 되어 각 당사자는 언제든지 계약해지의 통고를 할 수 있다.

이 경우 임대인이 계약해지 통지 시에는 6월이 경과 후, 임차인이 계약을 해지 통고한 경우에는 1월이 경과하면 해지의 효력이 생긴다.

질문 상가임차인이 계약갱신요구권으로 연장하는 방법

　상가건물에서는 상임법 제10조 제1항 임대인은 임차인이 임대차기간이 만료되기 6개월 전부터 1개월 전까지 사이에 계약갱신을 요구할 경우 정당한 사유 없이 거절하지 못한다. 제2항 임차인의 계약갱신요구권은 최초의 임대차기간을 포함한 전체 임대차기간이 10년을 초과하지 아니하는 범위에서만 행사할 수 있다(2018. 10. 16.부터 시행됨).

　① 상임법으로 보호대상인 환산보증금 범위 내에 있는 상가임차인은 대항력과 계약갱신요구권이 있어서 최장 10년까지 계약기간을 연장할 수 있다. 이때 계약갱신요구권은 묵시적으로도 갱신이 가능하다. 그러나 임차인이 3기의 차임액에 해당하는 금액에 이르도록 차임을 연체한 사실이 있는 경우(3개월분에 해당하는 금액을 연체한 사실만 있어도 안 됨)와 그 밖에 임차인으로서의 의무를 현저히 위반한 때에는 임대인은 계약갱신을 거절할 수 있다(상임법 제10조).

　② 상임법으로 보호대상인 환산보증금을 초과하는 상가임차인은 대항력과 최장 5년간의 계약갱신요구권이 없었는데 2015. 05. 13. 상임법 개정으로 대항력과 5년간의 계약갱신요구권을 보호받게 되었다. 그런데 5년간의 계약갱신요구권에서 유의할 점은 환산보증금 범위 내에 있는 임차인과 같이 묵시적 갱신이 인정되지 않아서, 반드시 계약갱신을 요구해야만 5년간의 계약기간으로 보호를 받을 수 있다는 것이다.
　그리고 이 경우도 3기의 차임액에 해당하는 금액에 이르도록 차임을 연체한 사실 등이 있는 경우 임대인은 계약갱신을 거절할 수 있다. 이러한 계약갱신요구권은 2018년 10월 16일부터 상임법 개정으로 10년으로 변경되었다.

상가임차인은 계약갱신요구를 어떻게 해야 하나?

답변

　임차인의 계약갱신요구 행사의 형식과 방법은 정해진 바는 없다. 하지만, 임차인이 계약갱신요구를 했음을 입증해야 할 경우를 대비하여 계약갱신 요구한 내용을 포함한 내용증명 우편을 발송하거나 관련 내용에 관해 임대인과의 전화통화를 녹취해 놓는 방법도 좋은 방법이다. 이렇게 상가임차인의 계약갱신요구는 계약 기간이 끝나기 6월부터 1월 사이에 하면 되고, 그 방법이나 형식에 구애를 받지 않아서 구두로 해도 가능하다. 그러나 증빙자료가 없으면 임대인이 부인하는 경우가 많아서, 핸드폰 문자메시지나 카톡, 전화통화 녹취 등의 간단한 방법으로 계약갱신요구권 행사에 대한 증빙자료를 가지고 있어야 한다.

 문자메시지로 계약갱신 요구해도 효력이 있을까?

답변

　임차인이 임대차기간이 끝나기 6개월 전부터 1개월 전까지 사이에 계약갱신을 요구할 경우, 임대인은 정당한 사유 없이 거절하지 못한다. 임차인이 문자메시지만 보냈을 때 임대인이 그에 대한 답변 문자를 보내온다면 추후 입증의 문제가 없으나, 임대인이 임차인이 보낸 문자를 받은 적이 없다고 할 때는 임차인이 계약갱신 요구했던 사실을 밝히기 어려워질 수 있다. 그래서 임차인은 계약갱신요구에 관한 내용증명 우편 송부나 전화통화 녹취 등을 이용하고 있다. 그런데 내용증명서 등은 그 복잡성 때문에 임대인과의 관계를 악화 시킬 수 있으니 우선 핸드폰 문자메시지 등으로 동의 여부를 확인하고, 동의가 없을 때에는 직접 핸드폰으로 전화를 걸고, 그 통화 내역을 녹취하는 방법이 좋을 듯하다.

질문 계약갱신요구한 임차인이 계약기간 중에 해지할 수 있나?

임차인 본인의 계약갱신요구로 계약기간이 1년 연장되었습니다. 그런데 사업이 부진해서 계약을 해지하려 합니다. 그런데 궁금한 것은 갱신된 임대차기간 중에도 계약을 해지할 수 있나요?

임차인의 계약을 갱신요구해서 1년이 연장된 경우라면 그 기간동안 임차인은 계약을 해지할 수 없습니다. 계약서를 쓰지 않고 구두로 합의해서 갱신된 경우도 마찬가지입니다.
우리들이 주택임대차보호법상 계약갱신요구권과 혼동하시는 경우가 많은데, 주택임차인의 계약해지는 주택임대차보호법 제6조 제4항 제1항에 따라 갱신되는 임대차의 해지에 관하여는 제6조의2(묵시적 갱신의 경우 계약의 해지)를 준용합니다. 그래서 임차인은 묵시적으로 갱신된 경우와 같이 계약갱신요구권으로 갱신된 임대차기간 중에도 언제든지 임대인에게 계약해지 통지를 할 수 있고, 그 효력은 임대인이 그 통지를 받은 날로부터 3개월이 지나면 그 효력이 발생하죠. 그러나 상가임차인의 계약갱신요구권에는 이러한 규정이 없어서 갱신된 임대차기간동안 합의해지로만 계약을 해지할 수 있는 것이지, 주택임차인처럼 언제든지 계약을 해지할 수 있는 것은 아닙니다.

117 Q 계약 해제, 계약기간 만료, 묵시적 갱신 후에 중개수수료 누가 부담할까?

 계약금 2백만원 받고 계약이 해제됐는데, 중개보수를 2백만원 넘게 청구한다?

    개업공인중개사의 고의 또는 과실 없이 임차인의 일방적인 사유로 임대차 계약이 해제되는 경우, 개업공인중개사는 중개의뢰인에게 중개보수를 청구할 수 있습니다.

    보증금 3천만원 월차임 2백만원일 경우 환산보증금은 2억3천만원으로서, 중개업자는 거래금액의 0.9% 상한 요율을 적용한 207만원의 중개보수를 일방적으로 청구한 것으로 보입니다.

    일반적으로 개업공인중개사가 해당 중개에 대해 상당한 역할을 하고, 중개의뢰인이 잔금 지급 및 임차물의 인도 등 부동산 거래가 완료됐을 때 중개보수 상한요율을 지급합니다.

    그러므로 계약금만 수수한 후 계약이 해제된 경우, 중개의뢰인은 중개업자와 상한요율 이내에서 적절히 협의한 후 중개보수를 결정해야 할 것입니다.

중개업자의 과실로 해제됐을 때, 중개보수를 지급해야 하나?

중개업자는 중개의뢰인의 급수, 배수 설비 설치 등에 관한 확인 요청에 성실히 조사 확인하여 선량한 관리자의 주의 의무를 이행해야 합니다.

개업공인중개사는 중개 업무에 관하여 중개의뢰인에게 소정의 보수를 청구할 수 있습니다. 하지만, 개업공인중개사의 고의 또는 과실로 인하여 중개의뢰인 간의 임대차계약이 해제된 경우에는 그러하지 않습니다.

그러므로 중개업자의 과실로 임대차계약이 해제된 경우 특별한 사유가 없는 한 임차인은 지급했던 중개보수를 반환 청구할 수 있을 뿐만 아니라, 그로 인해 발생한 손해배상도 청구할 수 있습니다.

 중개업자가 중개수수료를 과도하게 요구하고 있다?

중개의뢰인과 중개업자는 임대차계약의 중개보수에 대해 공인중개사법으로 규정한 상한요율 이내에서 협의하면 됩니다. 하지만 권리금에 대한 수수료는 상한요율에 관한 규정 없이 양 당사자가 협의해서 결정하면 됩니다.

임대차계약에 관한 중개보수는 환산보증금 1억2천만원(보증금 2천만원, 월세 1백만원)에 중개보수 상한요율 0.9%를 적용한 108만원 이내에서 당사자가 협의할 수 있으며, 권리금 중개보수는 임차인이 기대했던 권리금을 수수했는지 또는 권리금 수수에 대한 중개업자의 역할 등을 고려하여 당사자가 협의해야 할 것입니다. 중개업자의 청구는 법적 상한 요율을 벗어나지는 않았으므로, 당사자가 원만하게 협의해야 할 것으로 보입니다.

질문 묵시적 갱신 중 계약 해지할 때 중개보수는 누가 지급하나?

중개보수 지급에 관한 별도의 약정이 없고 계약 해지 등에 관한 일방 당사자의 과실이 없다면, 계약의 당사자가 중개보수를 부담하는 것이 원칙입니다. 묵시적 갱신 중 해약 시에도 중개보수는 새로운 임대차 계약의 당사자인 임대인과 새 임차인이 부담해야 합니다.

비록 묵시적 갱신 중 임차인의 사정으로 임대차계약을 해지하더라도, 임대인으로서는 묵시적으로 갱신이 되지 않았을 때 임대인이 새로운 임차인을 구해서 중개보수를 지급했어야 하므로, 특별한 사유가 없는 한 임대인에게 손해가 발생하는 것도 아니기 때문입니다. 이런 법리는 임대인이 임대사업을 계속하는 한 새로운 임차인을 입주시키는 업무는 계속할 것이고, 설령 종전 임차인이 임대차기간을 끝내지 못하고 이사를 나가더라도 계약당사는 임대인이지 종전임차인이 아니기 때문입니다. 묵시적 갱신 중이 아니라면 임대인은 계약이 만료되지 않음을 이유로 새로운 임대차를 거부할 수 있고, 임차인은 그에 따를 수밖에 없어서 스스로 중개수수료를 지급할 것을 약속한 경우라면 임차인이 부담해야 할 것입니다.

질문 계약이 해제되어도 권리금 중개보수를 지급해야 하나?

권리양수도 계약에 따른 수수료는 당사자들이 합의에 따라 지급 주체 및 보수 금액을 정하게 됩니다.

그런데 계약 후 계약이 해제되면 중개수수료를 누가 부담해야 하나? 에 대해서 두 가지로 나누어 볼 수 있습니다.

첫째, 중개업자의 과실 없이 권리양수도 계약당사자인 양도인과 양수인 등이 계약을 깨는 경우에는, 그 당사자들은 중개수수료를 부담해야 합니다.

둘째, 임대인의 계약거절, 무리한 임대조건 변경, 목적물의 훼손 등 임차인과 신규임차인의 책임 없는 사유로 임대차계약이 체결되지 못하는 경우 권리양수도 계약은 무효로 하며, 임차인은 받은 권리금의 계약금 등을 신규임차인에게 반환하기로 계약서에 명기해 놓은 사례입니다. 이런 경우 권리양수도 계약이 완성될 경우 한하여 권리양수도 계약의 중개보수를 지급하는 것이 거래 관행인 점을 고려하여 중개의뢰인과 부동산중개업자가 원만하게 합의하는 방법이 좋습니다.

그래서 권리양수도 계약이 완료 되었을 때에 한해서만 지급하고, 앞에서와 같은 사유로 계약이 해제되면 중개수수료를 지급하지 않기로 한다는 내용을 특약사항란에 명기해 놓아야 합니다.

질문 계약이 해제되었는데, 중개보수를 지급해야 하나?

개업공인중개사는 알선한 중개 업무에 관해 중개의뢰인에게 소정의 중개보수를 청구할 수 있으며, 개업공인중개사의 고의 또는 과실로 인해 중개의뢰인 간의 거래행위가 무효·취소 또는 해제된 경우는 중개 보수를 받을 수 없습니다.

임차인의 변심으로 계약이 해제된 경우 개업공인중개사는 임대인에게 중개보수를 청구할 수 있습니다. 다만, 임대차계약을 체결했지만 해제된 점을 고려할 때, 임대인과 개업공인중개사는 공인중개사법에서 정한 상한 요율 이내에서 원만하게 협의해서 해결하는 방법이 좋을 것입니다.

질문 자동 연장 상태에서 나가면 중개 보수는 누가 낼까?

　묵시적 갱신 중에 임차인은 임대차계약을 해지할 수 있으며, 임차인이 해지 통보한 때로부터 3개월이 지나면 해지의 효력이 발생합니다. 임차인이 임대차계약 기간을 채우지 못하고 임차인의 사정으로 나갈 때에는, 임대인이 손해배상 차원에서 중개보수를 청구할 수 있습니다. 하지만, 묵시적 갱신 중일 때는 기존 임대차계약 기간을 마치고 임대차 계약이 연장하는 것이므로 임대인에게는 손해가 발생하지 않습니다.

　그러므로 임대인과 임차인 간에 중개보수에 관해 별도로 약정한 바가 없다면, 중개보수는 새로운 임대차계약의 당사자인 임대인과 신규 임차인이 부담해야 합니다.

계약 체결 시 중개 보수를 지급해야 할까?

중개 보수의 지급 시기는 개업 공인중개사와 중개 의뢰인 간의 약정에 따르되, 약정이 없을 때는 중개대상물의 거래대금 지급이 완료된 날 입니다.

중개 보수 지급 시기에 관해 합의한 바가 없다면, 중개 의뢰인은 부동산 중개업자의 계약 체결 시 중개 보수 지급 요구에 대해 동의할 수도 있고, 그것을 거절하고 잔금 지급 시에 중개 보수를 지급할 수 있습니다.

 권리금에 대한 중개 보수는 상한 요율이 없나?

상가를 포함한 부동산 매매, 임대차에서 중개업자는 중개의뢰인 쌍방으로부터 중개보수를 각각 받을 수 있으며, 그 일방으로부터 받을 수 있는 중개보수는 '공인중개사법 시행규칙'으로 상한 요율을 정하고 있습니다.

하지만 영업용 건물의 영업시설, 비품 등 유형물이나 거래처, 신용, 영업상의 노하우 또는 점포 위치에 따른 영업상의 이점 등 무형의 재산적 가치의 양도에 따른 권리금은 중개대상물이 아니므로 중개보수 상한 요율을 적용받지 않습니다.

따라서 중개의뢰인과 중개업자가 협의해서 결정할 수 있고, 양 당사자가 권리금 중개보수 5백만원을 지급하기로 약정했다면 별다른 사유가 없는 한 그 약정에 따르면 될 것입니다.

118 오피스텔 경매에서 소액임차인을 잘못 판단해 손해 볼 뻔한 사례

질문 입찰대상 물건정보와 입찰결과 내역은?

2012타경0000호 • 수원지방법원 성남지원 • 매각기일: 2012.06.11(月) (10:00) • 경매 5계(전화:031-737-1325)

소재지	경기도 성남시 분당구 정자동 24, 분당인텔리지2 21층 씨-0000호 (로명주소검색)						
물건종별	오피스텔	감정가	245,000,000원	오늘조회: 1 2주누적: 0 2주평균: 0 (조회동향)			
대 지 권	6.69㎡(2.024평)	최 저 가	(80%) 196,000,000원	구분	입찰기일	최저매각가격	결과
				1차	2012-05-14	245,000,000원	유찰
건물면적	42.97㎡(12.998평)	보 증 금	(10%) 19,600,000원	2차	2012-06-11	196,000,000원	
매각물건	토지·건물 일괄매각	소 유 자	이○○	낙찰: 209,050,000원 (85.33%)			
				(입찰5명, 낙찰: 허○총 / 2등입찰가 205,200,000원)			
개시결정	2012-02-01	채 무 자	강○○	매각결정기일: 2012.06.18 - 매각허가결정			
				대금지급기한: 2012.07.18			
사 건 명	임의경매	채 권 자	서○○	대금납부 2012.07.10 / 배당기일 2012.08.17			
				배당종결 2012.08.17			

사진	건물등기	감정평가서	현황조사서	매각물건명세서	부동산시목록	기일내역	문건/송달내역
사건내역	전자지도	전자지적도	로드뷰	온나라지도+			

매각물건현황 (감정원: 수탐감정평가 / 가격시점: 2012.02.10 / 보존등기일: 2005.02.03)

목록	구분	사용승인	면적	이용상태	감정가격	기타
건물	35층중 21층	04.12.24	42.97㎡ (13평)	오피스텔	171,500,000원	• 열병합 지역난방
토지	대지권		7784.5㎡ 중 6.69㎡		73,500,000원	

● 매각물건현황(감정원 : 수람감정평가 / 가격시점 : 2012.02.10 / 보존등기일 : 2005.02.03)

목록	구분	사용승인	면적	이용상태	감정가격	기타
건물	35층중 21층	04.12.24	42.97㎡ (13평)	오피스텔	171,500,000원	• 열병합 지역난방
토지	대지권		7784.5㎡ 중 6.69㎡		73,500,000원	
현황 위치	* "정자역" 서측 인근에 위치하며, 주위는 오피스텔, 상업용 및 업무용 빌딩, 근린생활시설 등이 혼재하는 지역임 * 차량접근 가능하며, 대중교통사정은 정류장까지의 거리 및 운행빈도 등으로 보아 보통임 * 인접지와 등고 평탄한 사다리형의 토지로서 오피스텔 건부지로 이용중임 * 동측으로 노폭 약 20미터 남측으로 노폭 약8미터의 포장도로와 각각 접하며, 서측으로 분당수서간고속화도로에 접함					

● 임차인현황 (말소기준권리 : 2008.07.04 / 배당요구종기일 : 2012.04.09)

임차인	점유부분	전입/확정/배당	보증금/차임	대항력	배당예상금액	기타
(주)이○○	점포	사업자등록:2005.01.01 확 정:미상 배당요구:2012.03.05	보10,000,000원 월730,000원 환산8,300만원	있음	전액낙찰자인수	현황조사서상 확:200 7.8.3

● 등기부현황 (채권액합계 : 308,000,000원)

No	접수	권리종류	권리자	채권금액	비고	소멸여부
1	2005.03.07	공유자전원지분전부이전	이○○		매매	
2	2008.07.04	근저당	우리은행 (분당파크타운지점)	108,000,000원	말소기준등기	소멸
3	2011.10.14	근저당	서○○	200,000,000원		소멸
4	2012.02.01	임의경매	서○○	청구금액: 203,484,931원	2012타경0000호	소멸

질문 매수인의 잘못된 판단으로 보증금을 인수할 뻔한 사례

　성남시 분당구에 있는 오피스텔로 2~3분 거리에 정자역이 있어서 임대수요가 높은 곳이다. 그래서 매수인이 감정가 2억4,500만원 인데 2억905만원에 낙찰 받았다. 낙찰 받고 매각허가결정이 나서 현재 거주하고 있는 임차인 (주)이○○를 만나게 되었는데 경매기록과 다른 점이 없었고, 재 임대하게 해 달라고 해서 그렇게 하자고 하고 돌아 왔다고 한다. 잔금납부 후 배당기일 3일 전에 배당표가 작성돼 경매계장의 도움을 받아 배당표 원안을 확인해 보니 예상하지 않았던 일이 발생했고 매수인이 놀라서 필자에게 전화를 걸어 왔다.

그 내용은 임차인에게 배당된 금액이 없다는 내용이었다. 임차인이 최우선변제금으로 1,000만원 전액 배당 받았어야 하는데 배당금이 없다니 이럴 때 어떻게 대처하면 되느냐는 것이었다.

그 말을 듣고 경매사건을 조회해 본 결과 임차인이 상가임차인(오피스텔은 용도에 따라 주거용으로 사용하면 주임법, 업무용으로 사용하면 상임법 적용대상)으로 환산보증금이 8,300만원으로 소액임차인이 아니어서 최우선변제대상이 아니고, 확정일자도 없어서 배당에 참여하지 못하므로 매수인이 보증금 1,000만원을 인수해야 한다고 말을 건네니 당황해했다.

질문 이러한 경매 상황에서 어떻게 탈출할 수 있었을까?

이 내용을 기술하게 된 동기는 독자 분들도 알아두면 좋은 내용이기 때문이다.

필자가 고민하다가 이상한 점을 발견했다. 정상적인 임차인이라면 사업자등록과 점유를 하면서 계약서에 확정일자를 부여받아 두는 것이 보통인데, 이 상가임차인은 2년 후에 재계약하면서 확정일자를 받아 놓지 않은 이유가 있을 것 같아서 매수인에게 임차인에게 전화를 걸어 최초 계약당시 계약서에 확정일자를 부여받았는가를 확인하라고 했다. 다행히도 최초 계약당시에 계약서에 확정일자를 부여 받아둔 것이 있어서 배당기일 하루 전에 최초 계약당시 확정일자로 정정해서 배당요구를 했고, 임차인은 1,000만원 전액 배당받고 매수인은 보증금 인수에서 탈출할 수 있었다.

119 Q. 상가임차인이 경매에서 배당요구를 잘못했다면 어떻게 탈출할까?

질문 입찰할 물건정보와 입찰결과 내역은?

임차인현황 (말소기준권리 : 2008.02.20 / 배당요구종기일 : 2011.02.15)

임차인	점유부분	전입/확정/배당	보증금/차임	대항력	배당예상금액	기타
김OO	점포 1층 (대화오토)	사업자등록: 2003.10.30 확 정 일: 2008.04.10 배당요구일: 2011.01.28	보30,000,000원 월 1,250,000원 환산15,500만원	있음	배당순위있음	
서OO	주거용 일부 (방2칸)	전 입 일: 2007.02.12 확 정 일: 2007.02.12 배당요구일: 2011.01.06	보5,000,000원 월 300,000원	있음	소액임차인	
구OO	점포 제시외일부 (대화손세차)	사업자등록: 2004.07.16 확 정 일: 2011.01.11 배당요구일: 2011.02.23	보10,000,000원 월 900,000원 환산10,000만원	있음	전액낙찰자인수	배당종기일 후 배당신청

임차인분석: 임차인수: 3명, 임차보증금합계: 45,000,000원, 월세합계: 2,450,000원
☞ 조사외 소유자 점유
임차인 서문규는 이건 대화동 1484-2 에 거주하고 있는 것으로 되어 있으나 실제로 대화동 1485-2 의 주택에 거주하고 있으며, 채무자 김상용의 모 참여인 박순분의 진술에 의하면 임차인으로 조사한 송영복은 알지 못한다고 하나 주민등록등재자임
▶매수인에게 대항할 수 있는 임차인 있으며, 보증금이 전액 변제되지 아니하면 잔금을 매수인이 인수함

건물등기부 (채권액합계 : 1,500,000,000원)

No	접수	권리종류	권리자	채권금액	비고	소멸여부
1	2005.05.26	소유권이전(증여)	김OO			
2	2008.02.20	근저당	고양축협 (일산지점)	390,000,000원	말소기준등기	소멸
3	2008.04.17	근저당	고양축협	780,000,000원		소멸
4	2009.07.15	근저당	우리은행	180,000,000원		소멸
5	2009.12.30	근저당	최OO	150,000,000원		소멸
6	2010.12.09	임의경매	최OO	청구금액: 100,000,000원	2010타경 0000호	소멸
7	2011.02.22	임의경매	고양축협 (일산동지점)	청구금액: 346,299,339원	2011타경0000호	소멸

상가임차인의 잘못된 배당요구로 낙찰자가 인수할 뻔한 사례

이 물건은 경기도 고양시 대화동에 있는 근린생활시설로 1층은 김OO가 임차인으로 대화오토를 운영하고 있었다. 그리고 2층은 서OO가 주택으로 거주하고, 1층 제시외 건물에는 구OO가 대화 손세차를 운영하고 있었다. 어쨌든 경매기록만 보면 모두가 대항력 있어서 배당요구하지 않은 구OO 임차인의 보증금 1,000만원만 인수하고, 나머지 임차인들은 배당받고 소멸되는 것으로 분석할 수 있다. 그러나 1층 김OO 임차인이 권리신고한 내역과 다르게 배당요구 시 3차로 갱신한 계약서(확정일자도 함께 부여받음)로 배당요구를 함에 따라 후순위로 배당에서 제외되었고, 이러한 사실을 배당기일 3

일 전에 작성한 배당표를 매수인이 확인하고 필자에게 어떻게 하면 좋겠냐고 문의해 와서 알게 되었다.

 잘못된 배당요구에서 현명하게 탈출하는 비법!

이 사례도 앞의 103번에서 설명한 것처럼 배당요구종기 이전에 배당 요구한 임차인은 배당요구가 잘못된 것을 배당기일 전까지 정정 신청할 수 있다는 사실을 알려줬고, 낙찰자가 임차인에게 정정해서 배당요구하도록 해서 매수인은 보증금 인수에서 벗어나게 되었다.

120

 공장도 상가건물임대차보호법의 보호를 받을 수 있나?

2022년 6월 30일 서울시 소재 상가건물을 보증금 5천만 원과 월차임 300만 원에 공장 용도로 임차하였습니다. 제조업으로 사업자등록을 하였는데, 상가건물임대차보호법 적용받을 수 있나요

답변

상가건물 임대차보호법의 목적과 같은 법 제2조 제1항 본문 제3조 제1항에 비추어 보면 상가건물임대차보호법이 적용되는 상가건물임대차는 사업자등록 대상이 되는 건물로서 영리를 목적으로 하는 영업용으로 사용하는 임대차를 말합니다.

상가건물 임대차보호법이 적용되는 상가건물에 해당하는지는 공부상 표시가 아닌 건물의 현황·용도 등에 비추어 영업용으로 사용하느냐에 따라 실질적으로 판단하여야 합니다. 단순히 상품의 보관·제조·가공 등 사실행위만 이루어지는 공장·창고 등은 법 적용을 받을 수 없으나, 상행위가 함께 이루어진다면 상가건물 임대차보호법 적용 대상입니다.

그러므로 사업자등록을 마친 임차인이 해당 임차물의 주된 부분을 영업용으로 사용한다면 상가건물임대차보호법 적용을 받을 수 있습니다(2023년 서울시 상가상담사례 22쪽 발췌).

PART 5

자신에게 유리한 상가 임대차(월세) 계약서 작성법!

121 Q 상가 계약 전에 확인할 사항과 합의하는 과정은?

🏠 상가건물 월세 계약내용과 권리(시설) 양도 핵심 요약정리

서울시 종로구 창신동 100번지 제1층(현황상 상가건물 우측일부로 제102호로 표기) 상가건물에서 영업하기 위해서 월세 계약서를 작성하는 방법으로, 일반상가건물 소유자는 이한국이고, 이 상가를 임차하고자 하는 사람은 박민국이다. 임차인 박민국은 권리금 없이 점포를 임차했다가, 장사를 잘해서 새로운 임차인 이유석에게 다음 124번과 125번 같이 권리금과 시설비를 받고, 임차권을 양도하기로 했는데 이 계약서를 작성해 보기로 하자!

첫 번째로 다음 122번 일반건물 상가 임대차(월세) 계약서는 부동산중개업소에서 계약당사자가 직접 방문해서 계약서를 작성하는 방법으로, 현재 임차할 부분에 다른 임차인이 영업 중에 있는데, 그런데 장사가 안 되어 권리금과 시설비 없이 중개업소에 나와 있는 물건이다. 그래서 이번 "121 상가 계약 전에 확인할 사항과 합의하는 과정"을 통해서 임대인과 임차인 간에 합의한 내용을 가지고, 부동산 권리(시설) 양도·양수 계약서 없이 상가 임대차(월세) 계약만 작성한 것이다.

두 번째로 124번 부동산 권리(시설) 양도·양수 계약서는 박민국이 122번 일반건물 상가 월세 계약서로 영업 중에 장사를 잘해서 매출을 많이 올려놓았다. 그런데 어느 날 새로운 임차인 이유석이 찾아와 권리금 및 시설비를 줄

테니 임차권과 점포 시설 일체를 양도하라고 했다. 그래서 "123 부동산 권리(시설) 양도·양수계약과 임대인과 본 계약 진행 과정"을 통해서 종전임차인과 새로운 임차인 간에 1차적으로 "124 부동산 권리(시설)양도·양수 계약서"를 양도인과 양수인 사이에 작성하게 되었고, 2차적으로 125번과 같이 임대인과 상가건물 임대차(월세) 계약서를 작성하는 순서로 계약을 진행하게 되었다.

세 번째로 125번 일반건물 상가 임대차(월세) 계약서는 임대인과 새로운 임차인 이유석 상호간에 작성하는 계약이다.

이렇게 상가건물 임차권을 권리금 등을 받고 양도할 때에는 1차적으로 양도인과 양수인이 부동산 권리(시설) 양도·양수 계약서를 작성하고, 2차적으로 임대인과 본 계약서인 상가건물 월세 계약서를 작성하는 순서로 마무리하면 된다. 그렇지만 잔금을 지급하는 순서는 반대로 해야 새로운 임차인에게 유리하다. 먼저 임대인과 작성한 임대차 계약서 잔금을 지급하고, 그 다음 부동산 권리(시설) 양도·양수 계약서 잔금을 지급하는 순서로 진행해야 한다.

🏠 임차인의 영업목적에 맞는 건물을 찾아라!

임차할 상가를 방문해보니 임차인이 영업하기에 적당한 면적이고, 주변 상권이 우수한 편이었다. 상가건물을 임차할 때 역시 임차인은 장사를 해서 돈을 많이 벌고자하는 목적이 있으므로 임차할 상가가 나의 영업목적과 일치하는 가 즉 장사가 잘 될 수 있는 상권에 위치하고 있는가를 판단해서 선택해야 한다.

🏠 임차부동산이 영업할 업종에 규제 또는 제한이 있는 지를 확인

① 영업할 업종이 상가용도와 적합한 가를 건축물대장과 해당 관공서 담당 공무원을 통해서 확인해야 한다. 현 상가에서 신고 및 허가관련 사항, 소방 관련 시설, 전력용량 등이 가능한 가를 확인해야 하는데, 현 상가에서 영업행위의 규제로 업종을 상향(1종에서 2종으로)해야 하는 경우와 영업 관련 규제사항을 개선해서 영업을 하게 되는 경우, 전력용량이 부족하여 증설해야 되는 경우, 그 비용을 임대인과 임차인 중 누가 부담할 것인지, 공동부담으로 할 것인지를 사전에 협의해서 계약을 하고 그 내용을 특약사항란에 명기(明記)해야 한다.

② 동일업종에 대한 영업금지규정이 있는가!
상가건물에서 동일업종이 영업할 수 없다는 규정이나 자체규약 등이 있을 때 그러한 사실을 모르고 입주해서 손해를 보는 사례가 발생하고 있으니, 동일업종제한 등을 임대인 및 관리단(상가번영회 사무실등), 관리 사무실 등을 통해서 확인해야 한다.

③ 건물신축 또는 개발행위를 위해 토지를 임대차하는 경우에도 건물신축이나 개발행위 제한 등을 계약하기 전에 확인해야 한다.

🏠 임차할 건물에 수리나 개선할 부분이 있는가!

임차할 건물에 수리가 필요한 부분이 있는가를 꼼꼼히 살피고, 수리나 개선이 필요한 부분이 있다면 계약하기 전에 개선을 요구하고, 합의가 이루어진 다면 그 합의내용을 계약서 특약사항란에 명기(明記, '분명히 기록함')해야 다툼이 발생하지 않는다. 임대인은 계약하기 전에는 임차인의 말에 귀를 기울이지만, 계약하고 나면 계약 전과 다른 모습으로 변하기 때문이다.

🏠 임차할 부분을 현재 누가 사용하고, 그 상가에 다른 임차인이 있는지

현재 임차할 상가건물은 소유자 아닌 다른 임차인이 사용하다가 새로운 임차인에게 인도해 주는 조건이고, 임차부분 이외에 또 다른 임차인들은 없다.

🏠 상가건물의 시세, 등기된 선순위채권과 다른 임차인들 확인

박민국(임차인)이 상가건물의 시세를 조사해 보니, 18억원이고, 선순위채권으로 하나은행 대출금 4억원과 지층은 보증금 5천만원(월세 100만원)과 1층은 101호 보증금 7천만원(월세 200만원)과 102호 보증금 1억원(월세 350만원으로 박민국이 새로 입주할 점포임), 2층은 201호 보증금 5천만원(월세 100만원), 202호 보증금 5천만원(월세 80만원), 3층은 보증금 1억(월세 200만원), 4층은 보증금 1억(월세 200만원), 5층은 501호 3천만원(월세 80만원), 502호 4천만원(월세 100만원)으로 합해 보니 보증금의 합계는 5억 9천만원이 된다. 따라서 하나은행 대출금과 보증금의 합계가 9억9천만원이므로 상가 시세의 55% 정도가 되기 때문에 안전하다고 판단했다. 그런데 임대인과 계약에 합의하는 과정에서 박민국 자신의 환산보증금이 4억5,000만원[1억 + 월세 350만원×100]으로, 상임법으로 보호대상인 환산보증금 4억원을 초과해서(환산보증금을 초과하면 대항력과 5년 계약갱신요구권만 있고, 확정일자 등의 우선변제권이 없어서) 임대차계약 기간을 2년으로 보장해 줄 것과 전세권을 설정해 줄 것을 요구했다. 임대인 역시 흔쾌히 동의했다.

🏠 등기부열람으로 소유자 확인과 권리하자에 대한 분석

(1) 상가건물 등기사항전부증명서 열람

등기사항전부증명서(말소사항 포함) - 건물

[건물] 서울시 종로구 창신동 100번지

【표 제 부】(건물의 표시)

표시번호	접수	소재지번 및 건물번호	건 물 내 역	등기원인 및 기타사항
1	2010년 5월 10일	서울시 종로구 창신동 100번지	철근콘크리트 슬라브 5층 근린생활시설 지층 164.03 1층 264.61㎡ 2층 228.78㎡ : 5층 236.58㎡ 용도 : 지층 다방, 1층 음식점, 2층 금융업소, 3층 의원, 4층 사무실, 5층 예능계 강습소	도면편철장 제58책 325장

【갑 구】(소유권에 관한 사항)

순위번호	등기목적	접 수	등기원인	권리자 및 기타 사항
1	소유권보존	2010년 5월 10일 제3309호		소유자 이만수 ○○○○○○-1****** 서울시 동대문구 장안동 ○○○
2	소유권이전	2011년 1월 10일 제1307호	2011년 1월 8일 매매	소유자 이한국 ○○○○○○-1****** 서울시 영등포구 문래동 100

【을 구】(소유권 이외에 관한 사항)					
순위번호	등기목적	접 수	등기원인	권리자 및 기타사항	
1	근저당 설정	2011년 1월 10일 제1308호	2011년 1월 10일 설정계약	채권최고액 480,000,000원 채무자 이한국 근저당권자 하나은행110111-0015671 서울시 중구 을지로1가 101-1(영등포지점) 공동담보 토지 서울시 종로구 창신동 100번지	

등기사항전부증명서(말소사항 포함) - 토지

[토지] 서울시 종로구 창신동 100번지

【표 제 부】(토지의 표시)					
표시번호	접수	재지번	지 목	면적	등기원인 및 기타사항
1 (전 2)	1990년 1월 10일	서울시 종로구 창신동 100번지	대	479㎡	
					부동산등기법 제177조의6제1항의 규정에 의하여 1990.1.10. 전산이기

【갑 구】(소유권에 관한 사항)				
순위번호	등기목적	접수	등기원인	권리자 및 기타사항
1 (전 2)	소유권이전	1990년 1월 10일 제14300호	1990년 1월 10일 매매	소유자 이만수 ○○○○○○-1****** 서울시 동대문구 장안동 ○○○
				부동산등기법 제177조의6제1항의 규정에 의하여 1990.1.10. 전산이기
2	소유권이전	2011년 1월 10일 제1309호	2011년 1월 8일 매매	소유자 이한국 ○○○○○○-1****** 서울시 영등포구 문래동 100

【을　구】(소유권 이외에 관한 사항)				
순위번호	등기목적	접수	등기원인	권리자 및 기타사항
1	근저당권 설정	2011년 1월 10일 제5311호	2011년 1월 10일 설정계약	채권최고액 480,000,000원 채무자 이한국 근저당권자　하나은행110111-0015671 서울시 중구 을지로1가 101-1(영등포지점) 공동담보 건물 서울시 종로구 창신동 100번지

(2) 계약은 등기부상 소유자를 임대인으로 계약해야 한다

계약은 등기부상 소유자를 임대인으로 계약해야 한다. 등기부를 열람해서 등기부상 소유자가 이한국 임을 확인하고, 본인 확인을 위해서 주민등록초본, 신분증 등으로 임대인의 신원을 확인했다.

(3) 건물과 토지등기부를 확인해서 소유자가 동일인 인가를 확인

건물과 토지등기부를 확인해보니 건물의 소유자와 대지소유자가 모두 이한국으로 되어 있어서, 이한국과 계약하면 임차인은 건물과 대지에서 임차인의 권리를 보호받을 수 있다.

(4) 등기부의 갑구와 을구에 등기된 권리 확인

등기부에서 갑구와 을구를 확인해서 등기된 채권(근저당권과 담보가등기, 전세권, 가압류, 압류 등)과 소유권을 제한하는 권리(소유권이전등기청구권보전가등기, 가처분, 예고등기, 경매기입등기 등) 등을 확인하고 처리 방법은 다음 『상가건물에 임차인보다 선순위채권 등이 있을 때 계약하는 방법』과 같이 하면 된다.

🏠 건축물대장을 확인해서 등기부내역과 일치여부 확인

등기부와 건축물대장을 확인해 보았는데, 다른 내용이 없어서 등기부 등의 주소로 계약서를 작성하기로 했다. 그러나 다르다면 원인을 확인하고 건축물대장상의 주소로 기재해야 한다.

🏠 상가건물에 임차인보다 선순위채권 등이 있을 때 계약하는 방법

(1) 등기부상 선순위 채권이 있는 상태에서 계약하는 조건

등기부를 확인하니 임대인이 건물과 대지에 2011. 01. 10. 공동담보로 설정한 하나은행의 근저당권의 채권최고액 4억8천만원(채권원금 4억원)이 있어서 임차인이 일부금액을 변제하는 것을 조건으로 임차하기를 희망했으나 임대인이 그대로 있는 상태로 계약하겠다고 해서 하나은행의 근저당권이 있는 상태에서 계약하기로 했다.

(2) 상가에 다른 선순위 임차인이 있는 상태에서 계약하는 조건

위 일반상가건물의 임차인수는 현재 9명(박민국이 입주할 점포 102호 포함)이며 보증금의 합계는 5억9천만원이다. 만일 이 내용과 다를 때는 임차인은 위 계약내용 제6조에 의해 계약을 해제하고 손해 배상을 청구할 수 있다는 내용을 특약으로 명기하기로 했다.

🏠 등기부에 나타나지 않는 조세나 공과금채권 등을 확인!

계약서를 작성할 때 임대인에게 체납사실을 확인하기 위해서 잔금지급하기 전까지 국세완납증명서와 지방세완납증명서를 첨부하기로 하고 체납사실이 있는 경우

잔금지급 전까지 해결하기로 한다는 내용으로 계약서 특약사항란에 명기해야 한다.

이렇게 완납증명서를 받는다고 하더라도 이미 법정기일이 발생했지만 체납으로 잡히지 않은 세금을 확인할 수가 없어서 다음 국세징수법 제109조와 같이 확인해야 한다.

국세징수법 제109조(임대인 미납국세 열람 허용) 제1항 〈생략〉. 제2항 제1항에도 불구하고 임대차계약을 체결한 임차인으로서 해당 계약에 따른 보증금이 대통령령으로 정하는 금액을 초과(보증금이 1,000만원을 초과하는 임차인)하는 자는 임대차 기간이 시작하는 날까지 임대인의 동의 없이도 제1항에 따른 신청을 할 수 있다. 이 경우 신청을 받은 세무서장은 열람 내역을 지체 없이 임대인에게 통지하여야 한다고 규정하고 있습니다.

〈자세한 내용은 "031 임대차계약 후 임대인의 체납세액을 임차인이 어떻게 확인하면 되나?(99쪽)"을 참고하기 바란다〉

그래서 계약서를 작성할 때 특약사항란에 "임차인의 임대인 미납국세 열람 허용(국세징수법 제109조)을 근거로 임차주택의 미납국세를 확인해서 미납국세가 발생 시에 잔금 납부 전까지 납부하고, 그 증빙서류를 임차인에게 제출해야 한다. 임대인이 이 조항을 위반 시 임차인은 임대차계약을 해지할 수 있고, 그에 따른 손해배상청구권을 행사할 수 있다." 또는 "임대인이 이 조항을 위반 시 임차인은 임대차계약을 해지할 수 있고, 그에 따른 손해배상금으로 계약금 상당금액을 청구할 수 있다."라는 문구를 명기해 두는 것이 좋다.

🏠 계약할 때 기본적으로 합의해야 할 핵심 내용정리

(1) 임대차 계약에서 보증금 지급방법, 건물인도와 임대차기간 합의

서울시 종로구 창신동 100번지 제1층 전체면적 264.61㎡ 중 일부

132.305㎡(현황상 102호로 표기됨)를 보증금 1억원과 월세 385만원(부가세 포함), 임대차기간은 2년으로 계약하기로 합의했다. 계약서는 2016년 04월 01일 작성과 동시에 계약금 10%(1,000만원)를 지불하기로 하고, 잔금은 2016년 04월 30일에 지급하고, 임대인은 잔금 수령과 동시에 상가건물을 인도하기로 한다(이 내용을 계약내용 제1조와 2조에 기재하면 된다). 그리고 월세 지급 시기는 보증금이 많은 관계로 후불로 매월 30일에 지급하기로 약정했다.

(2) 계약 이후에 추가적인 권리가 발생 시 계약해제 및 손해배상

계약 이후에 임차인이 건물을 인도받기 전까지 임대인의 귀책사유로 위 건물에 추가적인 권리(근저당권, 임차권, 가압류, 가처분 등)가 발생하면 임차인이 잔금을 지급하기 전까지 임대인 책임 하에 말소시켜야 한다. 만일 말소시키지 못하면 임차인은 <u>위 계약내용 제6조에 의해 계약을 해제하고 손해배상을 청구할 수 있다</u>는 내용을 계약서 특약사항란에 명기하기로 한다.

(4) 계약해제 시에 해약금과 위약금에 관한 약정을 합의

해약금약정과 위약금약정은 부동문자로 인쇄된 계약서 양식에서 계약내용 제5조 [계약의 해제]와 제6조 [채무불이행과 손해배상]에 따르기로 하고, 이러한 내용을 계약서 특약사항란에 명기하기로 합의한다.

(3) 계약해지와 계약의 종료, 계약기간 연장에 관한 약정에 합의

부동문자로 인쇄된 계약서 양식에서 ① 계약해지에 대한 약정은 계약내용 제3조[용도변경 및 전대 등]과 제7조[계약의 해지]로 하고, ② 계약기간의 종료에 대한 약정은 제8조 [계약의 종료], ③ 계약기간 연장에 대한 약정은 계약내용 제4조에 따르기로 합의한다.

(4) 관리비 및 공과금 체납 여부와 해결방법에 대한 합의

임대인은 관리비와 제세공과금을 임차인이 잔금지급하기 전까지 정산해서 납부해야한다는 내용을 특약사항란에 명기하기로 합의한다.

(5) 장기수선충담금 납부에 관한 협의

장기수선충당금은 임대차기간 중에 임차인이 부담하고 계약종료 후 임차인이 퇴거할 때에는 임대인이 임차인에게 반환하기로 한다는 내용을 특약사항란에 명기하기로 합의한다.

(6) 상가건물과 오피스텔을 업무용도로 계약할 때 월세에 대한 부가세 부과

① 상가건물과 오피스텔을 업무용도로 사용하는 경우에 월세에 대한 부가가치세가 있어 개인이 임대할 수 없고, 사업자등록(개인, 법인, 간이, 임대)을 해야 한다.

② 일반사업자(임대포함)와 법인사업자가 계약서 작성할 때 차임란에 월세 00원(부가가치세별도)으로 기재하고, 간이사업자가 계약할 때는 세금계산서를 발행할 수 없으니 월세에 부가가치세 3%(간이사업자의 월세 부가가치세율)를 포함해서 차임란에 월세 00원(간이사업자로 부가가치세 3% 포함)으로 기재하면 된다.

122 Q 일반건물 상가 임대차(월세)계약서를 작성하는 방법

앞의 121번 내용과 같이 임차할 상가건물 현황을 확인하고, 계약내용에 합의했다면, 다음과 같이 부동문자로 인쇄된 계약서 양식(네이버 카페 '김동희부사모'에서 확인)을 활용하여 작성하면 된다. 그리고 새주소로 계약하고자 한다면 인터넷창 '새주소안내시스템(www.juso.go.kr)'에서 구주소를 입력해서 새주소를 찾아 계약하면 된다.

상가 임대차(월세) 계약서   일반건물

임대인과 임차인 쌍방은 아래 표시 부동산에 관하여 다음과 같이 임대차계약을 체결한다.

1. 부동산의 표시

소재지	서울특별시 종로구 창신동 100번지, 1층 일부(건물현황상 1층 우측일부로 제102호로 표기)				
토지	지 목	대		면 적	479㎡
건 물	구 조	철근콘크리트조	용 도 근린생활시설	면 적	1351.56㎡
임대할 부분	전체 건물면적 중 1층 우측 일부(현황 102호로 표기됨)			면 적	132.30㎡

부동산의 표시란은 건축물대장에 표시된 내용을 보고 ① 소재지(구 지번 주소로 기재), ② 토지와 건물의 지목, 구조, 용도, 면적 등을 기재하면 된다.

2. 계약내용
제1조 [목적] 위 부동산의 임대차에 있어 임대인과 임차인은 보증금을 다음과 같이 지불키로 한다.

보증금	금 일억 원정 (₩100,000,000)
계약금	금 일천만 원정은 계약시 지급하고 영수함. 영수자 이 한 국 (인)
중도금	금 〈없음〉 원정은 년 월 일에 지급한다.
잔금	금 구천만 원정은 2020년 04월 30일에 지급한다.
차임	월세 350만 원정(부가세별도)을 매월 30일에 후불로 지급하기로 한다.

계약당사자 간 합의한 보증금과 차임 등의 금액과 지급일시 기재와 계약금 영수자란에 도장날인해야 한다.

제2조 [상가인도 및 존속기간] 임대인은 위 부동산을 임대차 목적대로 사용·수익할 수 있는 상태로 2020년 04월 30일까지 임차인에게 인도하며, 임대차기간은 인도일로부터 2022년 04월 29일(24개월)까지로 한다.

제3조 [용도변경 및 전대등] 임차인은 임대인의 동의 없이 위 부동산의 용도나 구조 등을 변경하거나 전대, 임차권 양도 또는 담보제공을 하지 못하며 임대차 목적 이외의 용도에 사용할 수 없다.

제4조 [기간연장] ① 임차인이 임대차기간 만료되기 6개월 전부터 1개월 전까지 사이에 최초 임대차기간을 포함해 10년을 초과하지 않는 범위 내에서 계약갱신을 요구할 경우, 임대인은 정당한 사유(다음 제7조) 없이 거절하지 못한다(상임법제10조). ② 임대인이 임차인에게 임대차기간 만료되기 6개월 전부터 1개월 전까지 사이에 갱신 거절의 통지 또는 조건 변경의 통지를 하지 아니한 경우 그 기간이 만료된 때에 전 임대차와 동일한 조건으로 다시 임대차한 것으로 본다. 이러한 묵시적 갱신은 환산보증금 범위 내의 임차인만 상임법 제10조 4항으로 보호받고, 초과하는 임차인은 상임법으로 보호받지 못하고, 민법 제639조에 따르게 되므로 반드시 ①항 기간 내에 계약갱신을 요구해야 한다.

제5조 [계약의 해제] 임차인이 임대인에게 중도금(중도금이 없을 때는 잔금)을 지불하기 전까지는 임대인은 계약금의 배액을 상환하고, 임차인은 계약금을 포기하고 이 계약을 해제할 수 있다.

제6조 [채무불이행과 손해배상] 임대인 또는 임차인이 본 계약에 관해 불이행이 있을 경우 그 상대방은 불이행자에 대하여 서면으로 최고하고 계약을 해제 할 수 있다. 이때 계약 당사자는 계약해제에 따른 손해배상을 상대방에게 청구할 수 있으며, 손해배상에 대한 별도 약정이 없는 한 계약금상당액을 손해배상금(위약금)으로 본다.

제7조 [계약의 해지] 임대인은 임대차기간 중에 임차인이 3기의 차임액에 달하도록 차임을 연체하거나 제3조를 위반한 경우 최고 없이 즉시 계약을 해지할 수 있다(상임법제10조의8).

제8조 [계약의 종료와 권리금회수] ① 임대차계약이 종료된 경우에 임차인은 위 부동산을 원상으로 회복하여 임대인에게 반환하고, 이와 동시에 임대인은 보증금을 임차인에게 반환한다.

② 임대인은 임대차기간이 끝나기 6개월 전부터 임대차 종료 시까지 상임법 제10조의4 제1항 각 호의 어느 하나에 해당하는 행위를 함으로써 권리금 계약에 따라 임차인이 주선한 신규임차인이 되려는 자로부터 권리금을 지급받는 것을 방해하여서는 아니 된다. 다만, 정당한 사유(상임법 제10조 제1항 각 호)가 있는 경우에는 그러하지 아니한다.

③ 임대인이 제2항을 위반하여 임차인에게 손해를 발생하게 한 때에는 그 손해를 배상할 책임이 있다.

제9조 [신의성실] ① 임대인과 임차인은 위 각 조항을 확인하고, 신의성실에 따라 그 이행을 준수한다(민법 제2조).

② 중개업자는 역시 부동산 전문가로서 책임감을 갖고 계약서를 작성해야 한다.

제10조 [중개수수료] 중개수수료는 거래가액의 ___%인 ___원(□부가세포함, □불포함)으로 임대인과 임차인이 각각 부담하며, 중개업자의 고의나 과실 없이 거래당사자 사정으로 계약이 무효·취소 또는 해약돼도 중개수수료를 지급해야 한다.

제11조 [중개대상물 확인·설명서 교부등] 중개업자는 중개대상물 확인·설명서를 작성하고 업무보증관계서류(공제증서 등) 사본을 첨부하여 거래당사자에게 각각 교부한다.

3. 특약 사항 – 계약당사자간에 합의한 내용을 다음과 같이 특약으로 기재한다.

① 본 계약은 계약당사자들이 계약내용에 합의하고, 중개업자 입회하에 부동문자로 된 계약내용까지 정독하고 계약한 것이다.

② 본 계약은 임차인이 상가건물을 확인하고 이상이 없어서, 계약 시의 현 시설상태로 임차인에게 인도하기로 했다.

③ 위 상가에 건물과 대지에 2011. 01. 10. 공동담보로 설정한 하나은행 근저당권의 채권최고액 4억8천만원(채권원금 4억원)이 그대로 있는 상태에서 계약하기로 한다.

④ 위 상가의 임차인수는 현재 9명(박민국이 입주할 점포 102호 포함)이며 보증금의 합계는 5억9천만원이다. 만일 이 내용과 다를 때는 임차인은 위 계약내용 제6조에 의해 계약을 해제하고 손해 배상을 청구할 수 있다.

⑤ 위 상가는 계약 시 영업할 업종제한이나 동일업종에 대한 영업금지규정이 있는지를 확인하지 않고, 계약 후 확인하기로 했으므로, 이러한 영업제한이 있어서 임차인이 영업을 할 수 없다면 아무 조건 없이 계약을 해제할 수 있고 이때 임대인은 위약금 없이 계약금을 반환하기로 한다.

⑥ 임차인은 월차임 350만원(부가세별도)은 매월 30일에 후불로 임대인의 계좌(국민은행 112-04-3411-13 예금주 이한국)에 입금하기로 한다.

⑦ 계약 이후에 임차인이 주택을 인도받기 전까지 임대인의 귀책사유로 위 주택에 ③항과 ④항 이외에 추가적인 권리(근저당권, 임차권, 가압류, 가처분 등)가 발생하면 임차인이 잔금 지급하기 전까지 임대인 책임 하에 말소시켜야 한다. 만일 말소시키지 못하면 임차인은 위 계약내용 제6조에 의해 계약을 해제하고 손해배상을 청구할 수 있다.

⑧ 임차인이 미납국세 열람 허용(국세징수법 제109조)을 근거로 임차상가건물의 미납국세를 확인해서 미납국세가 발생 시에 잔금 납부 전까지 납부하고, 그 증빙서류를 임차인에게 제출해야 한다. 임대인이 이 조항을 위반 시 임차인은 임대차계약을 해지할 수 있고, 그에 따른 손해배상청구권을 행사할 수 있다." 또는 "임대인이 이 조항을 위반 시 임차인은 임대차계약을 해지할 수 있고, 그에 따른 손해배상금으로 계약금 상당금액을 청구할 수 있다."라는 문구를 명기할 수도 있다.

⑧ 잔금지급하기 전까지 관리비와 제세공과금은 임대인의 책임 하에 정산하여 납부한다.

⑨ 임대인은 임차인이 잔금 지급 시에 전세권설정등기에 협조하기로 하고, 설정등기비용은 임차인이 부담한다.

※ 특약사항란은 계약당사자 간의 합의한 내용을 기재하면 된다.
※ 특약사항 작성시 필자가 이 책에서 기재해 놓은 모범답안 내용을 참고해서 계약당사자가 필요한 부분은 사용하고 필요하지 않는 부분은 빼면 된다. 그리고 이 내용 이외에 추가할 사항이 있다면 추가하면 된다.

⑩ 현 임차인은 임대인 책임 하에 명도해서, 잔금납부와 동시에 새 임차인에게 위 상가건물을 인도하기로 한다.

⑪ 장기수선충당금은 임대차기간 중에 임차인이 부담하고, 계약종료 후 임차인이 퇴거 시에는 임대인이 임차인에게 반환하기로 한다.

⑫ 임대인은 상가권리금을 인정하지 않고, 임차인이 영업상 필요에 의해서 설치한 부대시설 등은 계약기간이 종료되면, 위 계약내용 제8조에 따라 임대시의 상태로 원상회복해야 한다.

⑬ 계약해제 시에 해약금약정은 위 계약내용 제5조로, 위약금약정은 위 계약내용 제6조로 하기로 한다.

⑭ 임차인이 사업자등록과 확정일자를 받기로 한 날의 다음날까지 임대인이 근저당권 등의 담보권 설정과 매매 등을 할 수 없다. 임대인이 이 조항을 위반 시 임차인은 임대차계약을 해지할 수 있고, 그에 따른 손해배상청구권을 행사할 수있다.

⑮ 신탁등기된 건물은 등기부상 소유자인 신탁회사(수탁자)와 계약하거나 수탁자와 우선수익자의 동의를 얻어 위탁자와 계약해야 한다. 수탁자와 우선수익자의 동의를 얻어 위탁자와 계약하는 경우에도 임차인이 대항력이 없을 수도 있다(자세한 내용은 114쪽 신탁등기된 상가 등에서 임차인이 대항력을 갖는 경우와 대법원 2019다300095 판결 참조).

본 계약에 이의가 없음을 확인하고 증명하기 위해 계약서를 작성하고 서명·날인하여 각자 1통씩 보관한다.

2020년 04월 01일

임대인	주소	서울시 영등포구 경인로78길 3-13(문래동 1가)				
	주민등록번호	330701-1246536	전 화	010-8815-1234	성 명	이 한 국 (인)
	대리인	주민등록번호		전 화		성 명 (인)
임차인	주 소	서울시 동대문구 사가정로27길 4, 제2층 제201호				
	주민등록번호	650445-1274355	전 화	010-5544-7789	성 명	박 민 국 (인)
	대리인	주민등록번호		전 화		성 명 (인)
중개업자	사무소소재지	서울특별시 종로구 동망산길 13, 제1층 제101호(창신동, 오성빌딩)				
	등록번호	6254-73000		사무소명칭		종로 공인중개사사무소
	전화번호	02-544-8289		대표자성명		우 정 국 (인)

이 계약당사자란에는 임대인과 임차인의 주민등록초본에 기재된 주소(도로명 주소), 개업공인중개사의 사업자등록증에 기재된 주소(도로명 주소)를 기재한다. 그리고 임대인, 임차인, 개업공인중개란 오른쪽 성명란에 인쇄된 이름 옆에 도장을 날인하고 나서 추가로 계약당사자와 개업공인중개사 모두 자필로 이름을 기재해야 한다.

123 부동산 권리(시설) 양도·양수 계약과 임대인과 본 계약 진행 과정

앞의 122번 사례에서 서울시 종로구 창신동 100번지 제1층 제102호 상가건물에서 음식점을 운영하고 있던 박민국 임차인이 새로운 임차인 이유석에게 음식점 영업권과 시설 및 비품 일체를 양도하는 계약이다.

이때 **1차적으로 양도인과 양수인 간에 음식점 영업권과 시설 및 비품 일체에 대한 매매대금도 중요하지만, 2차적으로 상가건물주인 임대인과의 상가건물 임대차(월세) 계약서를 작성하는 것도 그에 못지않게 중요하다.** 그래서 상가건물 임대차(월세)계약을 하기 전에 기존 임차인(양도인)과 새로운 임차인(양수인)이 권리(시설) 양도·양수 계약을 하고, 곧 바로 임대인(건물주)과 계약서를 작성해야 한다.

이때 유의할 점은 신속히 임대인과 계약을 하는 것인데 간혹 계약이 해제되거나 무효가 되는 사례가 발생하니 임대인과의 본 계약을 신속히 체결해야 계약이 해제 될(깨지는 것) 가능성이 낮아지게 된다.

그러나 잔금지급은 이와 반대로 임대인과 체결한 임대차(월세) 계약서의 잔금부터 지급하고, 다음에 권리(시설) 양도·양수 계약의 잔금을 지급하면서 권리 및 시설 일체를 양도 받는 순서로 진행하면 된다.

먼저 권리계약의 잔금을 지급하고 나면 기존 임차인이 본 계약서의 잔금 지급하는 과정에서 문제가 발생해도 해결에 적극적이지 않고, 임차인의 시설 등을 건네받는 과정에서도 소극적으로 돌변하는 경우가 발생하니, 앞에서 설명한 순서로 영업할 상가건물을 인수 받아야 한다.

그래서 부동산 권리(시설) 양도·양수 계약서를 먼저 작성하고, 그 다음 임대인과 본 계약서를 작성하는 과정으로 다음과 같이 진행해야 된다.

124 부동산 권리(시설) 양도·양수 계약서 작성 비법

🏠 부동산 권리(시설) 양도·양수 계약과 그 진행과정

① 부동산 권리(시설) 양도·양수 계약서를 작성하고 나서, 계약금을 지급하기 전에(또는 권리금 계약을 하기 전에) 임대인에게 새로운 임대조건 즉 보증금, 월세, 계약기간 등에 대해서 확인하고, 계약금을 지급해야 한다.

② 부동산의 권리를 양도하는 임차인 본인 확인

권리(시설) 양도·양수 계약의 경우 현 임차인과 계약하게 되므로 상가임대차계약서(현 임차인과 건물주가 맺었던 임대차계약서), 사업자등록증이나 허가증, 신분증 등으로 임차인 본인임을 확인하고 계약해야 금전적인 손실을 막을 수 있다. 간혹 본인 영업장이 아닌 곳에서 권리금만 받고 달아나는 경우를 볼 수도 있기 때문이다.

③ 부동산 권리(시설) 양도·양수 계약서를 작성하고, 영업 권리금 및 시설비를 지급하면서 점포와 시설일체를 인수하면 되므로, 계약서 특약사항란에 양도하는 영업권리 및 시설의 비품들을 빠짐없이 꼼꼼히 기재해서, 양도인은 점포와 시설일체에 대해서 양수인이 잔금지급과 동시에 그대로 인도해야 한다는 내용을 기재해야 한다. 인수받을 비품내역과 고객회원명단, 거래처명단 등 연계되는 사항 등을 반드시 확인하고 특약으로 기재하면 되는데, 특약사항란이 부족하다면 별도 별지로 비품 목록서 등을 만들어 첨부하면 된다.

④ 권리(시설) 양수도 계약은 건물임대인과 본 계약이 이행이 안 되면 계약을 해제할 수 있다는 내용을 특약으로 기재하는 것 또한 중요하다. 권리(시설) 양수도 계약과 계약금을 지급하고 건물주와의 임대차계약 시 여러 가지 사정으로 본 계약이 체결되지 않는 경우가 있는데 이때 본 계약이 성립되지 못하면 권리(시설) 양수도 계약은 의미가 없어지게 되므로 아무 조건 없이 계약을 해제하고 양도인은 계약금을 반환하기로 한다는 문구를 특약사항란에 명기해 두어야 금전적인 손실을 막을 수 있다.

⑤ 권리금이나 시설비에 대한 금액이 적정성 또한 고려해야 할 문제다. 영업이익에 비해서 과다하게 지출하고 영업을 시작하면 그만큼 손실을 임차인이 떠안게 되기 때문이다.

🏠 부동산 권리(시설) 양도·양수 계약서 작성 방법

계약서 양식〖네이버 카페 '김동희부사모'에서 확인〗을 활용해서 작성한 계약서이다. 계약서를 바르게 작성하는 방법은 314~317쪽을 참고해서 작성하면 된다.

부동산 권리(시설) 양도·양수 계약서

본 부동산 권리에 대하여 양도인과 양수인은 다음과 같이 합의하고 권리 양수·양도계약을 체결한다.

1. 부동산의 표시

소재지	서울특별시 종로구 창신동 100번지, 1층 일부(건물현황상 1층 우측일부로 제102호로 표기)		
상호	서울식당	면 적	132.30㎡ (1층 우측 102호)
업 종	일반음식점	허가(신고)번호	0000 – 0000

2. 계약내용

제1조 [목적] 위 부동산의 권리양도인과 양수인은 다음과 같이 합의하고 계약을 체결한다.

양도금 합계	금 칠천만 원정 (₩70,000,000)
계약금	금 칠백만 원정은 계약시 지급하고 영수함. 영수자 박 민 국 (인)
중도금	금 〈없음〉 원정은 년 월 일에 지급한다.
잔금	금 육천삼백만 원정은 2022년 03월 30일에 지급한다.
양도범위 (시설물 등)	① 전체 건물 중 1층 우측 일부(현황 102호로 표기됨)에서 영업권과 시설, 비품 일체를 포함하기로 하고, 그 내용은 특약사항에 명기한다. ② 양도한 대상물건 내역은 다음 3항에 기재한다.

제2조 [임차물 인도 및 잔금] 양도인은 임차권의 행사를 방해하는 제반사항을 제거하여 양수인이 즉시 영업할 수 있는 상태로 모든 시설과 비품, 그리고 영업권을 2022년 03월 30일까지 인도함과 동시에 양수인은 잔금을 지불한다.

제3조 [수익 및 조세의 귀속] 위 부동산에 관하여 발생한 수익의 귀속과 조세공과금 등의 부담은 위 부동산의 인도일을 기준으로 하여 그 이전까지는 양도인에게 그 이후의 것은 양수인에게 각각 귀속한다. 단, 지방세의 납부의무 및 납부 책임은 지방세법의 규정에 따른다.

제4조 [계약의 해제] ① 양수인이 중도금(중도금약정이 없을 때는 잔금)을 지불하기 전까지 양도인은 계약금의 배액을 배상하고, 양수인은 계약금을 포기하고 본 계약을 해제할 수 있다(해약금).

제5조 [채무불이행과 손해배상] 양도인 또는 양수인이 본 계약상의 내용에 대하여 불이행이 있을 경우 그 상대방은 불이행한자에 대하여 서면으로 최고하고 계약을 해제할 수 있다. 그리고 그 계약당사자는 계약해제에 따른 위약금을 각각 상대방에게 청구할 수 있으며, 계약금을 위약금의 기준으로 본다(위약금).

제6조 [약정해제] 양도인은 잔금지급일 전까지 소유자와 아래의 '임대차 계약내용'(소유자의 요구에 따라 변경될 수 있음)을 기준으로 소유자와 양수 인간에 임대차계약이 체결되도록 최대한 노력하며, 임대차계약이 정상적으로 체결되지 못하거나 진행되지 못할 경우 본 권리 양수도 계약은 해제되고, 양도인이 수령한 계약금 및 중도금은 양수인에게 즉시 반환한다.

제5조 [중개수수료] 중개업자는 계약 당사자 간 채무불이행에 대해서 책임을 지지 않는다. 또한, 용역 수수료는 본 계약의 체결과 동시에 양수인이 양수대금의 ( )%, 양도인이 양도대금의 ( )%를 지불하며, 중개업자의 고의나 과실 없이 계약당사자간의 사정으로 본 계약이 해제되어도 용역 수수료를 지급한다. 단, 본 계약 제4조3항의 사안으로 인하여 계약이 해제되는 경우에는 용역 수수료를 지불하지 아니한다.

3. 양도 · 양수할 대상 물건의 권리양도 계약내용 및 합계금액

소유자 인적사항	성 명	이한국	전 화	010-8815-1234
	주 소	서울시 영등포구 문래동 100번지		
임대차 관 계	임차보증금	금 일억 원(₩100,000,000)	월차임	금 삼백오십만원 (부가세 별도)
	계약기간	2020년 04월 30일부터 2022년 04월 29일(24개월)		

4. 특약 사항 – 계약당사자간에 합의한 내용을 다음과 같이 특약으로 기재한다.

① 양도인은 영업에 관련된 권리와 점포내 시설일체를 양수인에게 양도하는 계약이다. 인수받을 영업장의 시설, 비품, 집기, 전화가입권, 고객회원명단과 거래처명단 등은, 계약당시 상태로 양수인에게 인도하며 이에 대한 상세한 목록은 계약당시에 확인해서 특약사항 별지에 기재해서 본 계약서에 첨부하기로 한다. 비품목록에 기재되어 있지 않은 사항이라도 영업에 필요한 비품 등은 양수인에게 귀속한다. 양도인이 대여한 물품 등은 계약당시의 대여조건대로 양수인에게 승계한다. 특히 가맹점으로 본사소유물품이 있다면 양수인이 권리를 승계하는데 지장이 없도록 해야 한다.

② 양도인은 영업시설을 양도하고 향후 5년간 주변 5킬로미터 범위 내에서 동일업종 및 유사업종을 영업하지 못한다. 이에 위반하는 경우 지불한 권리시설금의 3배를 배상하기로 한다.

③ 양수인이 동일업종으로 영업을 하는 경우, 양도인은 사업승계절차시 행정절차에 협력과 필요한 서류 등을 제공해야 한다. 다만 양수인이 현업종의 영업승계가 불가능할 경우, 본 계약은 무효로 하고 지급한 금전은 반환한다(계약실무에서는 권리계약서를 작성 후 해당관공서에서 승계에 대한 확인 절차를 거쳐 이상이 없으면 임대인과 본 계약을 한다).

④ 양수인이 동일업종이 아닌 타 업종으로 전환하기 위해서 양도받는 경우, 그 영업할 업종(관공서 등의 규제)이나 동일업종(동일상가에서 동일업종 규제로 상가관리단의 규약으로 정함)을 할 수 없는 경우 등의 규제가 있는 지를 계약하기 전에 확인해야 한다. 다만, 계약후에 확인하는 조건으로 권리양수도 계약을 체결한 경우, 확인해서 업종제한(시군구청의 담당자에게 확인)이나 동일 업종제한[관리단(상가번영회 사무실등), 관리 사무실 등에서 확인] 등으로 영업을 할 수 없는 경우에는 본 계약은 무효로 하고 지급한 금전은 반환한다.

⑤ 양수인이 잔금 지급 전까지 영업과 관련된 행정처벌, 기타 공법상의 제한 등으로 권리양수에 지장을 받아 계약이행이 어려운 경우 본 계약을 무효로 하고 지급한 금전은 반환하기로 한다.

⑥ 본 계약은 임대인의 사전 동의가 없이 이루어진 계약으로 양도인은 잔금지급 전까지 소유자와 위 3의 '양도·양수할 대상 물건의 임대차 계약내용'(소유자의 요구에 따라 변경될 수 있음)을 기준으로 소유자와 양수인 간에 임대차 계약이 체결되도록 최대한 노력하며, 임대차계약이 정상적으로 이루어지지 못할 경우 본 권리 양수도 계약은 무효로 하고 양도인이 수령한 금전은 양수인에게 즉시 반환하기로 한다.

본 계약에 이의가 없음을 확인하고 증명하기 위해 계약서를 작성하고 서명·날인하여 각자 1통씩 보관한다.
2022년 03월 01일

양도인	주소	서울시 동대문구 장안동 211, 2층 201호				
	주민등록번호	650445-1274355	전화	010-5544-7789	성명	박 민 국 (인)
	대리인	주민등록번호		전화		성명 (인)
양수인	주 소	서울시 마포구 마포대로52길 19(아현동)				
	주민등록번호	630201-1247515	전화	010-3333-1234	성명	이 유 석 (인)
	대리인	주민등록번호		전화		성명 (인)
중개업자	사무소소재지	서울특별시 종로구 동망산길 13, 제1층 제101호(창신동, 오성빌딩)				
	등록번호	6234-60000		사무소명칭		종로 공인중개사사무소
	전화번호	02-544-8289		대표자성명		우 정 국 (인)

🏠 비품 목록서(특약사항 별지)

특약사항 별지로 작성된 비품목록서는 본 계약서에 별첨한다.

〈특약사항 별지〉

비품목록서 (사진첨부)

소재지 : 서울특별시 종로구 창신동 100번지, 1층 일부(건물현황상 1층 우측일부로 제102호로 표기)

번호	품명	규격	수량	비고

상기 비품목록서는 상기 소재지의 권리 및 시설을 양도 · 양수하는 과정에서 양도인이 권리시설금을 받고 양수인에게 양도하는 비품을 기재한 것임.

2022년 03월 01일

양도인 : 박 민 국   (인)
양수인 : 이 유 석   (인)

125 Q 임대인과 상가건물 임대차 (월세) 계약서를 작성하는 방법

임차인 박민국은 서울시 종로구 창신동 100번지 제1층 제102호 상가건물에서 서울식당 영업을 하다가 새로운 임차인 이유석에게 앞에서와 같이 1차적으로 부동산 권리(시설) 양도·양수 계약서를 작성하고, 2차적으로 다음과 같이 상가건물 소유자 이한국과 협의해서 일반상가건물 월세 계약서를 작성하는 방법이다. 현재 임차할 상가부분에는 임차권 양도인 박민국이 점유하고 있고, 임대인이 직접 참여해서 계약서를 작성하는 방법이다. 계약서를 바르게 작성하는 방법은 314~317쪽을 참고해서 작성하면 된다.

상가건물 임대차(월세) 계약서   일반건물

임대인과 임차인 쌍방은 아래 표시 부동산에 관하여 다음과 같이 임대차계약을 체결한다.

1. 부동산의 표시

소재지	서울특별시 종로구 창신동 100번지, 1층 일부(건물현황상 1층 우측일부로 제102호로 표기)				
토지	지 목	대		면적	479㎡
건 물	구 조	철근콘크리트조	용도 근린생활시설	면 적	1351.56㎡
임대할 부분	전체 건물면적 중 1층 우측 일부(현황 102호로 표기됨)			면 적	132.30㎡

2. 계약내용
제1조 [목적] 위 부동산의 임대차에 있어 임대인과 임차인은 보증금을 다음과 같이 지불키로 한다.

보증금	금 일억 원정 (₩100,000,000)
계약금	금 일천만 원정은 계약시 지급하고 영수함. 영수자 이 한 국 (인)
중도금	금 〈없음〉 원정은 년 월 일에 지급한다.
잔금	금 구천만 원정은 2022년 03월 30일에 지급한다.

| 차임 | 월세 350만 원정(부가세별도)을 매월 30일에 후불로 지급하기로 한다. |

제2조 [상가인도 및 존속기간] 임대인은 위 부동산을 임대차 목적대로 사용·수익할 수 있는 상태로 2022년 03월 30일까지 임차인에게 인도하며, 임대차기간은 인도일로부터 2024년 03월 29일(24개월)까지로 한다.

제3조 [용도변경 및 전대등] 임차인은 임대인의 동의 없이 위 부동산의 용도나 구조 등을 변경하거나 전대, 임차권 양도 또는 담보제공을 하지 못하며 임대차 목적 이외의 용도에 사용할 수 없다.

제4조 [기간연장] ① 임차인이 임대차기간 만료되기 6개월 전부터 1개월 전까지 사이에 최초 임대차기간을 포함해 10년을 초과하지 않는 범위 내에서 계약갱신을 요구할 경우, 임대인은 정당한 사유(다음 제7조) 없이 거절하지 못한다(상임법제10조). ② 임대인이 임차인에게 임대차기간 만료되기 6개월 전부터 1개월 전까지 사이에 갱신 거절의 통지 또는 조건 변경의 통지를 하지 아니한 경우 그 기간이 만료된 때에 전 임대차와 동일한 조건으로 다시 임대차한 것으로 본다. 이러한 묵시적 갱신은 환산보증금 범위 내의 임차인만 상임법 제10조 4항으로 보호받고, 초과하는 임차인은 상임법으로 보호받지 못하고, 민법 제639조에 따르게 되므로 반드시 ①항 기간 내에 계약갱신을 요구해야 한다.

제5조 [계약의 해제] 임차인이 임대인에게 중도금(중도금이 없을 때는 잔금)을 지불하기 전까지는 임대인은 계약금의 배액을 상환하고, 임차인은 계약금을 포기하고 이 계약을 해제할 수 있다.

제6조 [채무불이행과 손해배상] 임대인 또는 임차인이 본 계약에 관해 불이행이 있을 경우 그 상대방은 불이행자에 대하여 서면으로 최고하고 계약을 해제 할 수 있다. 이때 계약 당사자는 계약해제에 따른 손해배상을 상대방에게 청구할 수 있으며, 손해배상에 대한 별도 약정이 없는 한 계약금상당액을 손해배상금(위약금)으로 본다.

제7조 [계약의 해지] 임대인은 임대차기간 중에 임차인이 3기의 차임액에 달하도록 차임을 연체하거나 제3조를 위반한 경우 최고 없이 즉시 계약을 해지할 수 있다(상임법 제10조의8).

제8조 [계약의 종료와 권리금회수] ① 임대차계약이 종료된 경우에 임차인은 위 부동산을 원상으로 회복하여 임대인에게 반환하고, 이와 동시에 임대인은 보증금을 임차인에게 반환한다. ② 임대인은 임대차기간이 끝나기 6개월 전부터 임대차 종료 시까지 상임법 제10조의4 제1항 각 호의 어느 하나에 해당하는 행위를 함으로써 권리금 계약에 따라 임차인이 주선한 신규임차인이 되려는 자로부터 권리금을 지급받는 것을 방해하여서는 아니 된다. 다만, 정당한 사유(상임법 제10조 제1항 각 호)가 있는 경우에는 그러하지 아니한다. ③ 임대인이 제2항을 위반하여 임차인에게 손해를 발생하게 한 때에는 그 손해를 배상할 책임이 있다.

제9조 [신의성실] ① 임대인과 임차인은 위 각 조항을 확인하고, 신의성실에 따라 그 이행을 준수한다(민법 제2조). ② 중개업자는 역시 부동산 전문가로서 책임감을 갖고 계약서를 작성해야 한다.

제10조 [중개수수료] 중개수수료는 거래가액의 ___%인 ____원(□부가세포함, □불포함)으로 임대과 임차인이 각각 부담 하며, 중개업자의 고의나 과실 없이 거래당사자 사정으로 계약이 무효·취소 또는 해약돼도 중개수수료를 지급해야 한다.

제11조 [중개대상물 확인·설명서 교부등] 중개업자는 중개대상물 확인·설명서를 작성하고 업무보증관계서류(공제증서 등) 사본을 첨부하여 거래당사자에게 각각 교부한다.

3. 특약 사항 – 계약당사자간에 합의한 내용을 다음과 같이 특약으로 기재한다.

① 본 계약은 계약당사자들이 계약내용에 합의하고, 중개업자 입회하에 부동문자로 된 계약내용까지 정독하고 계약한 것이다.

② 본 계약은 임차인이 상가건물을 확인하고 이상이 없어서, 계약 시의 현 시설상태로 임차인에게 인도하기로 했다.

③ 위 상가에 건물과 대지에 2011. 01. 10. 공동담보로 설정한 하나은행 근저당권의 채권최고액 4억8천만원(채권원금 4억원)이 그대로 있는 상태에서 계약하기로 한다.

④ 위 상가의 임차인수는 현재 9명(이유석이 입주할 점포 102호 포함)이며 보증금의 합계는 5억9천만원이다. 만일 이 내용과 다를 때는 임차인은 위 계약내용 제6조에 의해 계약을 해제하고 손해 배상을 청구할 수 있다.

⑤ 위 상가는 계약 시 영업할 업종제한이나 동일업종에 대한 영업금지규정이 있는 지를 확인하지 않고, 계약 후 확인하기로 했으므로, 이러한 영업제한 있어서 임차인이 영업을 할 수 없다면 아무 조건 없이 계약을 해제할 수 있고 이때 임대인은 위약금 없이 계약금을 반환하기로 한다.

⑥ 임차인은 월차임 350만원(부가세별도)은 매월 30일에 후불로 임대인의 계좌(국민은행 112-04-3411-13 예금주 이한국)에 입금하기로 한다.

⑦ 계약 이후에 임차인이 주택을 인도받기 전까지 임대인의 귀책사유로 위 주택에 ③항과 ④항 이외에 추가적인 권리(근저당권, 임차권, 가압류, 가처분 등)가 발생하면 임차인이 잔금 지급하기 전까지 임대인 책임 하에 말소시켜야 한다. 만일 말소시키지 못하면 임차인은 위 계약내용 제6조에 의해 계약을 해제하고 손해배상을 청구할 수 있다.

⑧ 임차인이 미납국세 열람 허용(국세징수법 제109조)을 근거로 임차상가건물의 미납국세를 확인해서 미납국세가 발생 시에 잔금 납부 전까지 납부하고, 그 증빙서류를 임차인에게 제출해야 한다. 임대인이 이 조항을 위반 시 임차인은 임대차계약을 해지할 수 있고, 그에 따른 손해배상청구권을 행사할 수 있다." 또는 "임대인이 이 조항을 위반 시 임차인은 임대차계약

을 해지할 수 있고, 그에 따른 손해배상금으로 계약금 상당금액을 청구할 수 있다."라는 문구를 명기할 수도 있다.

⑨ 잔금지급하기 전까지 관리비와 제세공과금은 임대인의 책임 하에 정산하여 납부한다.

⑩ 임대인은 임차인이 잔금 지급 시에 전세권설정등기에 협조하기로 하고, 설정등기비용은 임차인이 부담한다.

⑪ 현 임차인은 임대인 책임 하에 명도해서, 잔금납부와 동시에 새 임차인에게 위 상가건물을 인도하기로 한다.

⑫ 임대인은 상가권리금을 인정하지 않고, 임차인이 영업상 필요에 의해서 설치한 부대시설 등은 계약기간이 종료되면, 위 계약내용 제8조에 따라 임대시의 상태로 원상회복해야 한다.

⑬ 계약해제 시에 해약금약정은 위 계약내용 제5조로, 위약금약정은 위 계약내용 제6조로 하기로 한다.

본 계약에 이의가 없음을 확인하고 증명하기 위해 계약서를 작성하고 서명·날인하여 각자 1통씩 보관한다.

2022년 03월 01일

임대인	주소	서울시 영등포구 경인로78길 3-13(문래동 1가)				
	주민등록번호	330701-1246536	전 화	010-8815-1234	성 명	이 한 국 (인)
	대리인	주민등록번호	전 화		성 명	(인)
임차인	주 소	서울시 마포구 마포대로52길 19(아현동)				
	주민등록번호	630201-1247515	전 화	010-3333-1234	성 명	이 유 석 (인)
	대리인	주민등록번호	전 화		성 명	
중개업자	사무소소재지	서울특별시 종로구 동망산길 13, 제1층 제101호(창신동, 오성빌딩)				
	등록번호	6254-73000		사무소명칭	종로 공인중개사사무소	
	전화번호	02-544-8289		대표자성명	우 정 국 (인)	

126 업무용으로 오피스텔 임대차 (월세) 계약서를 작성하는 방법

🏠 르네상스 오피스텔 임대차 계약 전에 확인 및 계약에 관한 합의

"자 지금부터 경기도 안양시 동안구 관양동 550번지 르네상스 오피스텔 제12층 제1202호를 업무용으로 임대차계약서를 작성하는 방법에 대해서 살펴보겠습니다."

이 오피스텔은 중개업소의 소개로 소유자 주소연과 임차하고자 하는 이소령이 직접 중개업소를 방문해서 계약서를 작성하는 것입니다.

"오피스텔은 사용 용도에 따라 주거용으로 사용하면(전입신고를 하면) 주임법의 적용을 받고 양도세 계산시 주택 수에 포함되어 계산되므로 주택이 없는 사람은 주거용도로 임대해서 비과세 받는 것이 유리하지만, 주택이 있는 경우에는 비과세 혜택을 볼 수가 없어서 불리하다. 업무용으로 임대한다면 주택 수에 포함되지 않아서 임대인이 보유하고 있는 주택에 대해서 비과세 혜택을 볼 수 있지만, 주택이 없는 사람은 오피스텔에 대해서 비과세 혜택을 볼 수 없으므로, 업무용으로 임대할 것인가, 주거용으로 임대할 것인가를 고려해서 임대해야 합니다. 이 오피스텔 소유자 주소연은 다주택자로 주거 용도가 아닌 업무용도로만 사용하는 조건으로 임대조건을 내세워 이소령 임차인이 전입신고를 하지 않고 사업자등록을 하는 조건으로 보증금 2,000만원에 월세 60만원으로 임대하는 조건으로 임대차 계약서를 작성하기로 합의를 했습니다."

🏠 르네상스 오피스텔 임대차 계약서 작성

앞의 내용과 같이 임차할 오피스텔 현황을 확인하고, 계약내용에 합의했다면, 다음과 같이 부동문자로 인쇄된 계약서 양식(네이버 카페 '김동희부사모'에서 확인)을 활용하여 작성하면 된다. 그리고 새주소로 계약하고자 한다면 인터넷창 '새주소안내시스템(www.juso.go.kr)'에서 구주소를 입력해서 새주소를 찾아 계약하면 이다. 계약서를 바르게 작성하는 방법은 314~317쪽을 참고해서 작성하면 된다.

오피스텔 임대차(월세) 계약서 〔업무용〕

임대인과 임차인 쌍방은 아래 표시 부동산에 관하여 다음과 같이 임대차계약을 체결한다.
1. 부동산의 표시

소재지	경기도 안양시 동안구 관양동 550번지 르네상스 오피스텔 제12층 제1202호					
토지	지 목	대	대지권	소유권의 대지권	면 적	25.04㎡
건물	구 조	철근콘크리트조	용 도	업무용	면 적	27.84㎡
임대할 부분	전체				면 적	27.84㎡

2. 계약내용
제1조 [목적] 위 부동산의 임대차에 있어 임대인과 임차인은 보증금을 다음과 같이 지불키로 한다.

보증금	금 이천만 원정 (₩20,000,000)
계약금	금 이백만 원정은 계약시 지불하고 영수함. 영수자 주 소 연 (인)
중도금	금 〈없음〉 원정은 년 월 일에 지불한다.
잔금	금 일천팔백만 원정은 2022년 01월 30일에 지불한다.
차임	월세 60만 원정(부가세 별도)을 매월 15일에 후불(또는 선불)로 지불하기로 한다.

제2조 [오피스텔인도 및 존속기간] 임대인은 위 부동산을 임대차 목적대로 사용·수익할 수 있는 상태로 2022년 01월 30일까지 임차인에게 인도하며, 임대차기간은 인도일로부터 2023년 01월 29일(12개월)까지로 한다.

제3조 [용도변경 및 전대등] 임차인은 임대인의 동의 없이 위 부동산의 용도나 구조 등을 변경하거나 전대, 임차권 양도 또는 담보제공을 하지 못하며 임대차 목적 이외의 용도에 사용할 수 없다.

제4조 [기간연장] ① 임차인이 임대차기간 만료되기 6개월 전부터 1개월 전까지 사이에 최초 임대차기간을 포함해 10년을 초과하지 않는 범위 내에서 계약갱신을 요구할 경우, 임대인은 정당한 사유(다음 제7조) 없이 거절하지 못한다(상임법제10조). ② 임대인이 임차인에게 임대차기간 만료되기 6개월 전부터 1개월 전까지 사이에 갱신 거절의 통지 또는 조건 변경의 통지를 하지 아니한 경우 그 기간이 만료된 때에 전 임대차와 동일한 조건으로 다시 임대차한 것으로 본다. 이러한 묵시적 갱신은 환산보증금 범위 내의 임차인만 상임법 제10조 4항으로 보호받고, 초과하는 임차인은 상임법으로 보호받지 못하고, 민법 제639조에 따르게 되므로 반드시 ①항 기간 내에 계약갱신을 요구해야 한다.

제5조 [계약의 해제] 임차인이 임대인에게 중도금(중도금이 없을 때는 잔금)을 지불하기 전까지는 임대인은 계약금의 배액을 상환하고, 임차인은 계약금을 포기하고 이 계약을 해제할 수 있다.

제6조 [채무불이행과 손해배상] 임대인 또는 임차인이 본 계약에 관해 불이행이 있을 경우 그 상대방은 불이행자에 대하여 서면으로 최고하고 계약을 해제할 수 있다. 이때 계약 당사자는 계약해제에 따른 손해배상을 상대방에게 청구할 수 있으며, 손해배상에 대한 별도 약정이 없는 한 계약금상당액을 손해배상금(위약금)으로 본다.

제7조 [계약의 해지] 임대인은 임대차기간 중에 임차인이 3기의 차임액에 달하도록 차임을 연체하거나 제3조를 위반한 경우 최고 없이 즉시 계약을 해지할 수 있다(상임법제6조의8).

제8조 [계약의 종료와 보증금 반환] 임대차계약이 종료된 경우에 임차인은 위 부동산을 원상으로 회복하여 임대인에게 반환하고, 이와 동시에 임대인은 보증금을 임차인에게 반환한다. 다만 연체임대료 또는 손해배상금액이 있을 때는 이 금액을 공제하고 그 잔액을 반환하기로 한다.

제9조 [신의성실] ① 임대인과 임차인은 위 각 조항을 확인하고, 신의성실에 따라 그 이행을 준수한다(민법 제2조).
② 중개업자는 역시 부동산 전문가로서 책임감을 갖고 계약서를 작성해야 한다.

제10조 [중개수수료] 중개수수료는 거래가액의 ___%인 ___원(□부가세포함, □불포함)으로 임대인과 임차인이 각각 부담하며, 중개업자의 고의나 과실 없이 거래당사자 사정으로 계약이 무효·취소 또는 해약돼도 중개수수료를 지급해야 한다.

제11조 [중개대상물 확인·설명서 교부등] 중개업자는 중개대상물 확인·설명서를 작성하고 업무보증관계서류(공제증서 등) 사본을 첨부하여 거래당사자에게 각각 교부한다.

3. 특약 사항 – 계약당사자간에 합의한 내용을 다음과 같이 특약으로 기재한다.

① 본 계약은 계약당사자들이 계약내용에 합의하고, 중개업자 입회하에 부동문자로 된 계약내용까지 정독하고 계약한 것이다.
② 본 계약은 임차인이 오피스텔을 확인하고 이상이 없어서, 계약 시의 현 시설상태로 임차인에게 인도하기로 했다.
③ 위 계약은 임대인이 업무용 용도로만 임대하는 조건으로 임차인과 합의했고, 그에 따라 임차인은 임차기간동안 전입신고를 하지 않는다는 계약조건으로 임대차계약서를 작성한 것이다.
④ 위 계약은 임대인이 오피스텔에 2015. 05. 10. 설정된 하나은행 근저당권의 채권최고액 9천6백만원(채권원금 8천만원)을 그대로 있는 상태에서 임대차계약서를 작성하기로 한다.
⑤ 임차인은 월차임 60만원(부가세별도)은 매월 30일에 임대인의 계좌(국민은행 112-04-3568-13 예금주 주소연)에 선불로 입금하기로 한다.
⑥ 계약 이후에 임차인이 주택을 인도받기 전까지 임대인의 귀책사유로 위 주택에 ③항과 ④항 이외에 추가적인 권리(근저당권, 임차권, 가압류, 가처분 등)가 발생하면 임차인이 잔금 지급하기 전까지 임대인 책임 하에 말소시켜야 한다. 만일 말소시키지 못하면 임차인은 위 계약내용 제6조에 의해 계약을 해제하고 손해배상을 청구할 수 있다.
⑦ 임차인이 미납국세 열람 허용(국세징수법 제109조)을 근거로 임차상가건물의 미납국세를 확인해서 미납국세가 발생 시에 잔금 납부 전까지 납부하고, 그 증빙서류를 임차인에게 제출해야 한다. 임대인이 이 조항을 위반 시 임차인은 임대차계약을 해지할 수 있고, 그에 따른 손해배상청구권을 행사할 수 있다." 또는 "임대인이 이 조항을 위반 시 임차인은 임대차계약을 해지할 수 있고, 그에 따른 손해배상금으로 계약금 상당금액을 청구할 수 있다."라는 문구를 명기할 수도 있다.
⑧ 잔금지급하기 전까지 관리비와 제세공과금은 임대인의 책임 하에 정산하여 납부한다.
⑨ 현 임차인은 임대인 책임 하에 명도해서, 잔금납부와 동시에 새 임차인에게 위 상가건물을 인도하기로 한다.
⑩ 장기수선충당금은 임대차기간 중에 임차인이 부담하고, 계약종료 후 임차인이 퇴거 시에는 임대인이 임차인에게 반환하기로 한다.

⑪ 임대인은 상가권리금을 인정하지 않고, 임차인이 영업상 필요에 의해서 설치한 부대시설 등은 계약기간이 종료되면, 위 계약내용 제8조에 따라 임대시의 상태로 원상회복해야 한다.

⑫ 계약해제 시에 해약금약정은 위 계약내용 제5조로, 위약금약정은 위 계약내용 제6조로 하기로 한다.

본 계약에 이의가 없음을 확인하고 증명하기 위해 계약서를 작성하고 서명·날인하여 각자 1통씩 보관한다.

2022년 01월 10일

임대인	주소	경기도 안양시 동안구 시민대로 171(비산동)				
	주민등록번호	750201-2345945	전 화	010-0044-1234	성 명	주소연 (인)
	대리인	주민등록번호		전 화		성 명	(인)

임차인	주 소	경기도 안양시 동안구 관악대로 463, 제3층 제301호(관양동, 삼성연립)				
	주민등록번호	850510-2047345	전 화	010-2002-1234	성 명	이소령 (인)
	대리인	주민등록번호		전화		성 명	(인)

중개업자	사무소소재지	경기도 안양시 동안구 관악대로 100, 제1층 제101호(관양동, 인덕원빌딩)		
	등록번호	8254-50000	사무소명칭	인덕원 공인중개사사무소
	전화번호	02-545-8949	대표자성명	구자성 (인)

127 Q 주거용으로 오피스텔 임대차 (월세) 계약서를 작성하는 방법

🏠 행복 오피스텔 임대차 계약 전에 확인 및 계약에 관한 합의

"자 지금부터 서울시 양천구 목동 100번지 행복 오피스텔 제5층 제503호를 주거용으로 임대차기간을 2년으로 임대차 계약서를 작성하는 방법에 대해서 살펴보겠습니다."

이 오피스텔은 중개업소의 소개로 소유자 이정현과 임차하고자 하는 박영희가 직접 중개업소를 방문해서 계약서를 작성하는 것입니다.

작성방법은 앞의 126번에서와 같이 작성하면 되지만, 차임란에 월세와 부가세를 기재할 때 월세 ○○원(주거용으로 부가세 면세)으로 기재하는 방법이 다르다는 사실을 알고 있어야 합니다.

🏠 행복 오피스텔 임대차 계약서 작성

앞의 내용과 같이 합의한 내용을 증빙자료로 인쇄되어 있는 계약서 양식은 네이버 카페 '김동희부사모'의 계약서 양식을 활용해서 작성한 계약서이다.

오피스텔 임대차(월세) 계약서   주거용

임대인과 임차인 쌍방은 아래 표시 부동산에 관하여 다음과 같이 임대차계약을 체결한다.
1. 부동산의 표시

소재지	서울시 양천구 목동 100번지 행복 오피스텔 제5층 제503호					
토지	지목	대	대지권	소유권의 대지권	면 적	25.04㎡
건물	구조	철근콘크리트조	용도	주거용	면 적	27.84㎡
임대할 부분	전체				면 적	27.84㎡

2. 계약내용
제1조 [목적] 위 부동산의 임대차에 있어 임대인과 임차인은 보증금을 다음과 같이 지불키로 한다.

보증금	금 이천만 원정 (₩20,000,000)
계약금	금 이백만 원정은 계약시 지불하고 영수함. 영수자 이 정 현 (인)
중도금	금 〈없음〉 원정은 년 월 일에 지불한다.
잔금	금 일천팔백만 원정은 2022년 01월 30일에 지불한다.
차임	월세 오십만 원정(주거용으로 부가세 면세)을 매월 15일에 후불로 지불하기로 한다.

제2조 [오피스텔인도 및 존속기간] 임대인은 위 부동산을 임대차 목적대로 사용·수익할 수 있는 상태로 2022년 01월 30일까지 임차인에게 인도하며, 임대차기간은 인도일로부터 2023년 01월 29일(12개월)까지로 한다.

제3조 [용도변경 및 전대등] 임차인은 임대인의 동의 없이 위 부동산의 용도나 구조 등을 변경하거나 전대, 임차권 양도 또는 담보제공을 하지 못하며 임대차 목적 이외의 용도에 사용할 수 없다.

제4조 [기간연장] ① 임대인은 임대차기간 끝나기 6월 전부터 1월 전까지, 임차인은 1월 전까지, 계약해지 의사표시나 계약조건의 변경을 통지하지 않으면 묵시적으로 갱신돼 전 임대차와 동일한 조건으로 자동 갱신된다(주임법 제6조). ② 임대인과 임차인 간에 합의에 의한 재계약으로 종전 계약내용대로 또는 계약내용을 변경해서 연장할 수 있다(약정갱신).

제5조 [계약의 해제] 임차인이 임대인에게 중도금(중도금이 없을 때는 잔금)을 지불하기 전까지는 임대인은 계약금의 배액을 상환하고, 임차인은 계약금을 포기하고 이 계약을 해제할 수 있다.

제6조 [채무불이행과 손해배상] 임대인 또는 임차인이 본 계약에 관해 불이행이 있을 경우 그 상대방은 불이행자에 대하여 서면으로 최고하고 계약을 해제할 수 있다. 이때 계약 당사자는 계약해제에 따른 손해배상을 상대방에게 청구 할 수 있으며, 손해배상에 대한 별도 약정이 없는 한 계약금 상당액을 손해배상금(위약금)으로 본다.

제7조 [계약의 해지] 임대인은 임대차기간 중에 임차인이 2기의 차임액에 달하도록 차임을 연체하거나 제3조를 위반한 경우 최고 없이 즉시 계약을 해지할 수 있다.

제8조 [계약의 종료와 보증금 반환] 임대차계약이 종료된 경우에 임차인은 위 부동산을 원상

으로 회복하여 임대인에게 반환하고, 이와 동시에 임대인은 보증금을 임차인에게 반환한다. 다만 연체임대료 또는 손해배상금액이 있을 때는 이 금액을 공제하고 그 잔액을 반환하기로 한다.

제9조 [신의성실] ① 임대인과 임차인은 위 각 조항을 확인하고, 신의성실에 따라 그 이행을 준수한다(민법 제2조).

② 중개업자는 역시 부동산 전문가로서 책임감을 갖고 계약서를 작성해야 한다.

제10조 [중개수수료] 중개수수료는 거래가액의 ___%인 ___원(□부가세포함, □불포함)으로 임대인과 임차인이 각각 부담하며, 중개업자의 고의나 과실 없이 거래당사자 사정으로 계약이 무효·취소 또는 해약돼도 중개수수료를 지급해야 한다.

제11조 [중개대상물 확인·설명서 교부등] 중개업자는 중개대상물 확인·설명서를 작성하고 업무보증관계서류(공제증서 등) 사본을 첨부하여 거래당사자에게 각각 교부한다.

3. 특약 사항 – 계약당사자간에 합의한 내용을 다음과 같이 특약으로 기재한다.

① 본 계약은 계약당사자들이 계약내용에 합의하고, 중개업자 입회하에 부동문자로 된 계약내용까지 정독하고 계약한 것이다.

② 본 계약은 임차인이 오피스텔을 확인하고 이상이 없어서, 계약 시의 현 시설상태로 임차인에게 인도하기로 했다.

③ 위 계약은 임대인이 주거용 용도로만 임대하는 조건으로 임차인과 합의했고, 그에 따라 임차인은 임차기간동안 전입신고를 유지하는 계약조건으로 임대차계약서를 작성한 것이다.

④ 위 계약은 임대인이 오피스텔에 2015. 05. 10. 설정된 하나은행 근저당권의 채권최고액 9천6백만원(채권원금 8천만원)을 그대로 있는 상태에서 임대차계약서를 작성하기로 한다.

⑤ 임차인은 월차임 60만원(주거용으로 부가세면세)은 매월 30일에 임대인의 계좌(국민은행 112-04-3568-13 예금주 이정현)에 선불로 입금하기로 한다.

⑥ 계약 이후에 임차인이 주택을 인도받기 전까지 임대인의 귀책사유로 위 주택에 ③항과 ④항 이외에 추가적인 권리(근저당권, 임차권, 가압류, 가처분 등)가 발생하면 임차인이 잔금 지급하기 전까지 임대인 책임 하에 말소시켜야 한다. 만일 말소시키지 못하면 임차인은 위 계약내용 제6조에 의해 계약을 해제하고 손해배상을 청구할 수 있다.

⑦ 임차인이 미납국세 열람 허용(국세징수법 제109조)을 근거로 임차상가건물의 미납국세를 확인해서 미납국세가 발생 시에 잔금 납부 전까지 납부하고, 그 증빙서류를 임차인에게 제출해야 한다. 임대인이 이 조항을 위반 시 임차인은 임대차계약을 해지할 수 있고, 그에 따른 손해배상청구권을 행사할 수 있다." 또는 "임대인이 이 조항을 위반 시 임차인은 임대차계약을 해지할 수

있고, 그에 따른 손해배상금으로 계약금 상당금액을 청구할 수 있다."라는 문구를 명기할 수도 있다.

⑧ 잔금지급하기 전까지 관리비와 제세공과금은 임대인의 책임 하에 정산하여 납부한다.

⑨ 현 임차인은 임대인 책임 하에 명도해서, 잔금납부와 동시에 새 임차인에게 위 상가건물을 인도하기로 한다.

⑩ 장기수선충당금은 임대차기간 중에 임차인이 부담하고, 계약종료 후 임차인이 퇴거 시에는 임대인이 임차인에게 반환하기로 한다.

⑪ 계약해제 시에 해약금약정은 위 계약내용 제5조로, 위약금약정은 위 계약내용 제6조로 하기로 한다.

본 계약에 이의가 없음을 확인하고 증명하기 위해 계약서를 작성하고 서명·날인하여 각자 1통씩 보관한다.

2022년 01월 10일

임대인	주소	서울시 구로구 경인로47길 42, 101동 501호(고척동, 대림아파트)					
	주민등록번호	650201-1236931	전 화	010-0055-1234	성 명	이정현	(인)
	대리인	주민등록번호		전 화		성 명	(인)
임차인	주 소	서울시 영등포구 영등포로13길 80, 1002호(양평동, 양평아파트)					
	주민등록번호	750201-1355942	전 화	010-0077-1234	성 명	박영희	(인)
	대리인	주민등록번호		전 화		성 명	(인)
중개업자	사무소소재지	서울시 양천구 오목로 326, 101호(목동, 오목빌딩)					
	등록번호	8254-40000		사무소명칭		목동 공인중개사사무소	
	전화번호	02-882-8949		대표자성명		이연순	(인)

🏠 계약서 작성 이후에 이렇게 대응해라!

(1) 매매계약서에 중개대상물 확인·설명서와 개인정보 수집 동의서 작성, 공제증서 첨부

매매계약서를 작성하고, 중개사법에 따라 중개업자는 중개대상물 확인·설명서와 개인정보 수집 및 이용·활용 동의서를 작성하고, 계약당사자와 중개업자가 서명 날인한 다음 업무보증관계서류(공제증서 등) 사본을 첨부하여 거래당사자에게 교부한다.
　① 중개대상물 확인·설명서
　② 업무보증관계서류(공제증서 등)

(2) 임차인은 잔금지급과 그 후 무엇을 어떻게 해야 되나?

① 잔금 지급하기 전에 확인할 사항

잔금날 잔금지급 시 등기부를 열람해서 추가로 등기된 내용이 있는지를 확인한다. 그리고 특약으로 약속했던 사항들이 제대로 이행되었는지를 확인하고, 세금체납 사실을 확인하기 위해 세금 완납증명서 확인, 관리비와 제세공과금 납부 등을 확인하고 이상이 없다면 잔금을 지급하게 되는데, 임대인은 임차인이 전입신고하면 오피스텔이 주거용으로 인정되어 임대인 소유주택에 대해서 비과세 혜택을 볼 수 없으니 전입신고를 해서는 안 된다는 점을 다시 확인시켜줘야 한다.

② 계약완료 이후에 임차인이 꼭 지켜야 할 사항

잔금지급 후 오피스텔을 인도받게 되는데 이때 내부 이용사항을 임대인으로부터 설명을 듣고 현관 및 방문 열쇠와 주차카드 등을 인수해서 이삿짐을 옮기는 순서로 진행되는데, 현관이 번호 키로 되어 있는 경우 비밀번호를 변경해야 한다.

PART 6

모르면 당하는
상가·오피스텔
투자 기본 상식!

128 우량한 상가나 오피스텔을 찾는 것이 투자의 기본이다!

매수할 상가나 오피스텔 등을 방문해서 내가 매수할 목적에 맞는지 여부를 먼저 판단하고 매수 여부를 결정해야 한다.

① 상가건물을 매수할 때 내가 직접 장사를 하든, 임대수익을 기대하든, 어떤 면에서도 장사가 잘 될 수 있는 상가를 매수해야 그 가치가 증가될 수 있으니 상권분석을 잘해서 선택해야 한다.

② 오피스텔을 매수할 때에도 업무용 또는 주거용으로 사용할 것인지를 판단해서 그 목적에 맞는가를 먼저 판단하고, 매수해야만 성공적인 투자가 될 수 있다.

129 계약하기 전에 매수할 부동산의 현황을 파악하라!

🏠 매수할 상가 등에 수리나 개선이 필요한 부분이 있나?

상가나 오피스텔 등에 수리나 개선 등이 필요한 부분이 있는가를 꼼꼼히 살피고, 매수를 결정해야 한다. 매수하고 나서 수리나 개선할 부분이 나타나면 매수인이 비용을 들여 수선해야 되기 때문이다.

🏠 매수할 상가를 누가(소유자, 임차인) 사용하고 있는가!

현재 매수할 상가나 오피스텔 등을 소유자가 거주하고 있는지, 또는 임차인이 사용하고 있는 지를 확인해야 한다.

🏠 매수할 상가 등에 임차인의 수와 임차보증금을 확인해라!

상가나 오피스텔 등에서 다수의 임차인이 있을 수 있고, 이러한 상가건물 등을 매수하는 경우 건물에서 전체 가구 수를 확인해서 임차인의 수 및 임차보증금의 합계를 정확하게 파악해야 한다.

그리고 임차인이 특별법의 보호대상에 해당되는지, 아닌지 등을 파악해서 부동산을 매수해야지 이러한 내용을 확인하지 않고 매수하면 매수인은 뜻하지 못한 손실을 볼 수도 있다.

임차인이 특별법의 보호대상이면 대항력이 있어서 매수인은 매도인이 계약한 임대차에서 임대인의 지위를 자동적으로 승계하게 되므로 퇴거를 요구할 수 없고(계약갱신요구권 10년), 계약기간 만료 후 임차보증금 반환 의무도 갖게 된다. 임차인을 조사하는 경우에 임차보증금에 채권가압류나 압류된 사실이 있는 여부도 확인해야 한다.

🏠 매수부동산이 영업할 업종에 대한 규제 및 제한이 있는가를 확인

① 영업할 업종이 상가용도에 적합한 가를 건축물대장과 해당 관공서 담당 공무원을 통해서 확인해야 한다. 현 상가에서 신고 및 허가관련 사항, 소방관련 시설, 전력용량 등이 가능한 가를 확인해야 하는데… 현 상가에서 영업행위의 규제로 업종을 상향(1종에서 2종으로)해야 하는 경우와 영업 관련 규제사항을 개선해서 영업을 하게 되는 경우, 전력용량이 부족하여 증설해야 되는 경우가 있다.

② **동일업종에 대한 영업금지 규정이 있는가!**
상가건물에서 동일업종이 영업할 수 없다는 규정이나 자체규약 등이 있을 때 그러한 사실을 모르고 입주해서 손해를 보는 사례가 발생하고 있으니, 동일업종제한 등을 매도인 및 관리단(상가번영회 사무실 등), 관리 사무실 등을 통해서 확인해야 한다.

③ 건물신축 또는 개발행위를 위해 토지를 매수하는 경우에도 건물신축이나 개발행위 제한 등을 계약하기 전에 확인해야 한다.

 **130 계약 전에 매수할 상가의 시세를 정확하게 파악해라!**

　계약하기 전에 매수할 상가나 오피스텔, 토지의 시세를 정확하게 파악하는 것이 중요한데, 이러한 시세조사는 인터넷에서 매매와 전세 시세를 확인하고, 매수를 소개한 중개업소 이외에 다른 주변 중개업소 2~3곳을 방문해서 확인해야 한다. 이렇게 다양한 방법으로 매매와 전세, 월세 시세를 확인해야 정확하게 파악할 수 있다. 매수부동산을 시세보다 비싸게 구입하면 그만큼 그 부담은 매수인에게 돌아가게 되기 때문이다.

🏠 인터넷에서 매매와 전·월세 시세를 직접 확인하는 방법

(1) 인터넷 "네이버 부동산"을 검색해서 확인하는 방법

　네이버창에서 부동산을 검색하면 네이버부동산 land.naver.com 사이트가 나오는데, 이 사이트를 검색해서 다음과 같이 아파트나 다세대주택, 단독주택, 상가건물, 오피스텔 등이 실제 거래로 나온 매물, 전세, 월세 등을 확인할 수 있다. 이 사이트와 다음 부동산114의 장점은 ① 아파트나 다세대주택, 단독주택, 상가건물, 오피스텔 등이 실제 거래로 나온 매물, 전세, 월세 등을 확인할 수 있다는 점과, ② <u>화면에서 직접 번지까지 확인할 수가 있어서, 비슷한 아파트 등이 많을 때 동일 아파트인지 여부 등을 확인할 수 있다</u>

는 것이다. ③ 주의할 점은 상가나 오피스텔의 시세는 아파트와 같이 단순하게 판단하기 어려우니 인터넷 시세는 참고만 하고, 상가건물 등이 위치해 있는 주변 중개업소를 방문해서 정확한 매매나 전월세 시세 등을 조사해야 한다.

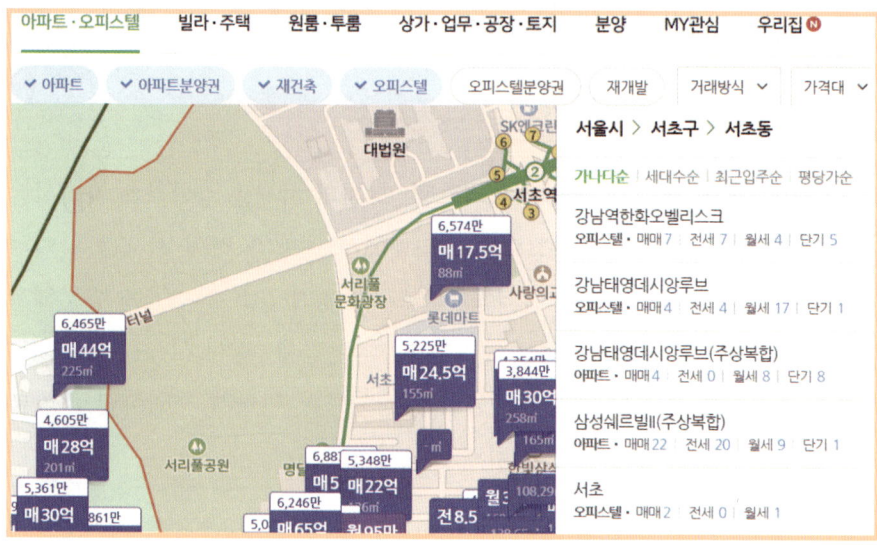

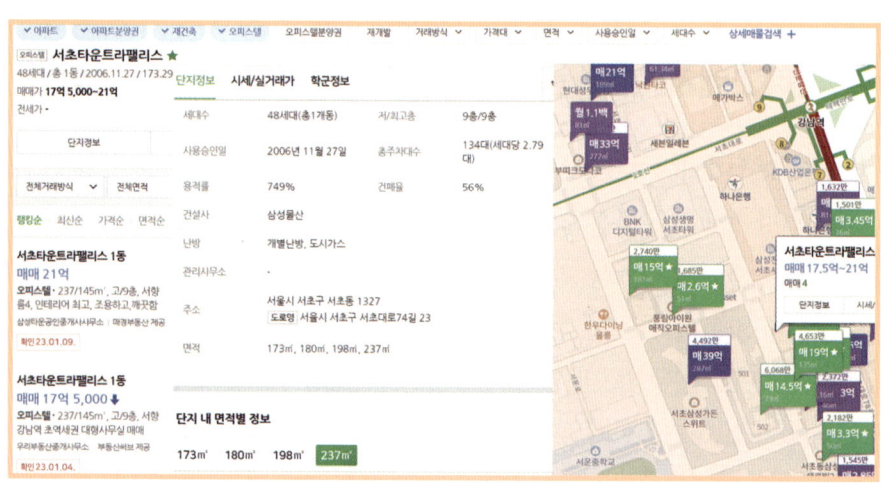

(2) 인터넷 "부동산 114"를 검색해서 확인하는 방법

인터넷주소창에서 "www.r114.com" 검색하거나 네이버에서 "부동산 114"를 검색하면 다음과 같은 화면이 나타난다.

이 화면에서 시세를 확인하고자 하는 아파트, 상가, 오피스텔 등의 주소 서울시 강남구 도곡동, 그리고 단지(현대하이페리온) 등을 선택하고 ➪ 전체매물 또는 매매, 전세, 월세 등을 체크해서 다음과 같이 매매 시세, 전세와 월세 시세 등을 확인하면 된다.

(3) 인터넷 "KB 부동산(nland.kbstar.com)"을 검색해서 확인하는 방법

이 화면에서 확인하는 방법은 앞에서와 같이 하면 된다. 이 "KB 부동산 시세"는 금융기관에서 대출할 때 참고하고 있는 시세로, 대출을 희망한다면 참고해야 한다.

(4) 국토교통부 실거래가 공개시스템(rt.molit.go.kr)

이 화면을 검색해서 아파트, 연립/다세대주택, 단독/다가구, 상가, 오피스텔 등의 실제 거래된 가격과 거래 시기 등을 확인할 수 있다.

임대차계약서를 작성할 때는 물론이고, 부동산 매매 계약서를 작성할 때도, 이 같은 방법으로 시세를 확인하고 계약해야 안전하다.

🏠 주변 중개업소에서 매매와 전세 시세를 직접 확인해라!

앞에서와 같이 인터넷에서 상가와 오피스텔 매매와 전·월세 시세를 확인하고, 상가 등을 소개한 중개업소 이외에 다른 주변 중개업소 3~4곳을 방문해서 확인해야 한다.

이렇게 다양한 방법으로 매매와 전세, 월세 시세를 확인해야 정확하게 파악할 수 있다. 이렇게 발품을 팔아 열심히 분석해도 후회가 남는 경우가 많다. 그래서 수억원에서 수십억원에 달하는 상가나 오피스텔을 구입할 때에는 급하게 결정할 것이 아니라 1개월 정도 시간적인 여유를 가지고 상권을 정확하게 분석한 다음 매수 여부를 결정해야 한다.

> 🏠 **알아두면 좋은 내용**
>
> **임차부동산이 시세의 몇 %이어야 전세금을 안전하게 지킬 수 있을까?**
> 임차할 상가나 오피스텔에서 임차인보다 선순위 채권(등기부에 등기된 채권+다른 임차인의 우선변제권) + 본인의 임차보증금까지 포함해서, 상가나 오피스텔 가격의 60%를 초과하지 않아야 내 보증금이 안전하게 보호받을 수 있다. 왜냐하면 경매나 공매로 매각되면 20~30% 정도 가격이 떨어져서 매각되고, 간혹 임차인보다 빠른 선순위 조세채권 등이 있을 수 있기 때문이다.

131 계약 전에 등기부 열람과 계약을 위한 권리분석

🏠 대법원 인터넷등기소에서 등기부를 열람하는 방법

인터넷에서 대법원 인터넷등기소(www.iros.go.kr)를 검색하면 다음과 같은 화면이 나온다.

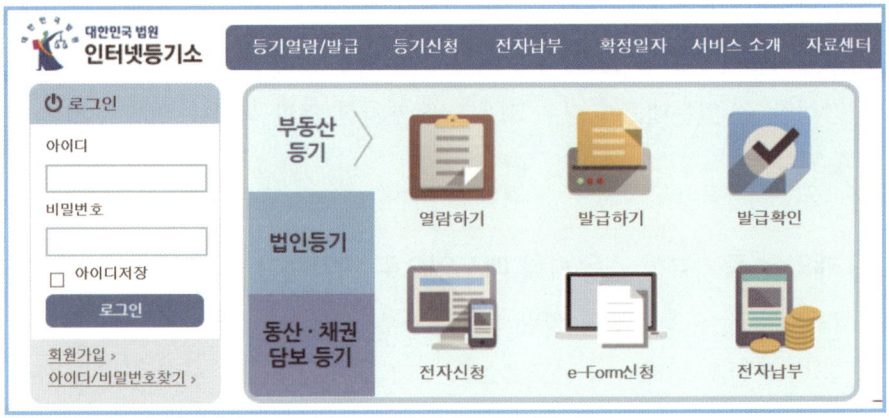

이 화면에서 부동산 등기사항증명서(구등기부등본의 변경된 명칭)를 열람하기 또는 발급하기를 선택해서 등기사항증명서 전부 또는 일부를 확인할 수 있다. 이렇게 등기사항증명서는 말소사항까지 포함한 등기사항 전부를 확인할 수 있는 등기사항전부증명서와 현재 소유현황만을 간단히 확인할 수 있는

등기사항일부증명서가 있다. 따라서 등기사항 전부를 확인하기 위해서는 등기사항전부증명서로 확인해야 한다. 그리고 열람용은 공식적인 제출서류로는 사용할 수 없지만, 등기된 내용을 확인하고 권리를 분석하는 데에는 전혀 문제가 없다. 그러나 소유권이전등기나 근저당권을 설정할 때와 같이 공식문서로 제출하게 될 때에는 발급용으로 발급 받아야 한다.

누구와 계약을 체결해야 소유권을 안전하게 취득하나?

계약을 할 수 없는 사람과 계약한 것은 무효가 된다. 그래서 계약할 때 가장 중요한 것이 올바른 계약당사자와 계약하는 것이다. 주택소유자와 하는 것이 맞지만, 계약을 대리할 수 있는 지위에 있는 자와도 가능하다. 소유자로부터 계약에 관한 모든 권리를 위임 받은 경우, 소유자를 대리해서 계약서를 작성할 수 있는데, 이 경우 소유자와 계약한 것과 똑같은 법률적 효력을 갖게 된다.

(1) 계약은 등기부상 소유자를 매도인으로 계약해야 한다

계약하기 전에 등기부를 열람해서 등기부상 소유자가 누구인지를 확인하고, 본인 확인을 위해서 주민등록초본, 신분증 등으로 매도인의 신원을 확인하라! 계약상대방은 등기부상 소유자와 계약을 해야 한다(등기권리증까지 확인하면 금상첨화).

(2) 대리인이 계약하게 되는 경우 어떻게 대처해야 하나!

대리인이 계약한다면, 계약서에 위임용 인감증명서와 인감도장이 날인된 위임장을 첨부하고, 대리인이 계약했다는 내용과 계약금에서 잔금까지 매도인의 통장으로 계좌이체하고, 잔금을 지급하기 전에 반드시 본인이 참석해서 계약서에 자필서명하기로 한다는 내용을 계약서 특약사항란에 명기(明記)해야 한다. 그리고 이러한 내용을 매도인과 전화로 확인하는 것도 잊지 말아야 한다. **위임용 인감증명서는 본인이 직접 발급 받은 것으로 첨부해야 한다!** 대리인이 발급했어도 효력이 발생하지만, 훗날 다툼이 발생한다면 본인이 발급받은 경우에 비해 효력이 적을 수밖에 없다.

🏠 상가건물에서 건물과 토지 소유자가 다를 때 계약은?

(1) 집합건물(아파트 · 상가건물 · 오피스텔 등)에서 대지권미등기

집합건물등기부의 두 번째 표제부에 대지권의 표시가 없으면, 대지권은 있는데 대지 지분정리가 안되어 미등기인지, 대지권 정리는 된 상태인데 대지권이 없는 경우인지를 토지등기부를 보고 확인 후 계약해야 한다. 실제로 대지권이 없는 경우라면 매수인은 대지권이 없는 집합건물소유자와 계약한 것으로 대지지분은 취득할 수 없다.

(2) 일반건물(단독주택 · 상가건물)에서 건물의 소유자와 토지 소유자가 다른 경우

단독주택이나 상가건물 등의 등기부에서 건물소유자와 토지소유자가 다른 경우 건물 소유자와 매매 계약을 하면 매수인은 건물의 소유권만 갖게 되고, 토지에 대한 소유권을 취득할 수 없다.

🏠 등기부에 근저당권과 가압류 등이 등기되어 있는 경우

(1) 등기부에 근저당권, 전세권, 임대차등기가 등기되어 있다면?

등기부에 금융기관의 근저당권과 전세권등기, 임대차등기가 있다면 매수자가 승계하는 조건으로 계약을 하거나 일부 상환, 전부 상환하고, 등기부에서 감액등기 또는 말소등기를 하는 조건으로 계약하면 된다. 그리고 그 내용을 계약서 특약사항란에 기재한 다음, 중도금 또는 잔금을 지급할 때 말소된 사실을 확인하고 지급해야 한다.

(2) 조세채권의 압류와 일반채권의 가압류가 등기되어 있다면?

등기부에 조세·공과금채권의 압류와 일반채권의 가압류가 있다면 매수인이 인수해야 할 채권금액은 등기부에 등기된 채권금액을 한도로 인수하게 되므로, 매도인 책임 하에 중도금 또는 잔금지급 전까지 말소하는 조건으로 계약을 하고, 그 내용을 계약서 특약사항란에 기재한 다음, 중도금 또는 잔금을 지급할 때 말소된 사실을 확인하고 지급하면 된다.

🏠 등기부에 소유권을 제한하는 가처분, 가등기 등이 있다면?

가처분, 예고등기, 가등기, 경매기입등기(임의경매와 강제경매) 등의 소유권 제한사항 등이 있다면 부동산 소유권 취득 후에도 이들 권리에 의해서 매수인이 소유권을 잃게 될 수 있다. 이러한 등기가 있다면 계약 후 중도금 또는 잔금지급 전에 해결하는 조건으로 협의하고, 그 협의내용을 특약사항란에 기재한 다음, 중도금 또는 잔금을 지급할 때 말소된 사실을 확인하고 지급하면 된다.

🏠 등기부에 등기된 권리 중 누가 우선순위가 되는가를 알아야 한다

등기사항전부증명서에서 갑구와 을구에 등기된 권리자 중에서 등기일자가 빠른 경우 그 권리자가 우선하게 되는데, 같은 날짜에 등기된 권리자라면 접수번호에 따라 우선순위가 결정된다.

동구인 경우(=갑구 상호간 또는 을구 상호간) 우선순위는?

[을 구] (소유권 이외의 권리에 관한 사항)				
순위번호	등기목적	접수	등기원인	권리자 및 기타사항
1	근저당권 설정	2007년 1월 10일 제5481호	2007년 1월 10일 설정계약	채권최고액 1억 2,000만원 채무자 이도령 근저당권자 신한은행 110111-0012809 서울시 중구 태평로2가 120 (도곡지점)
2	근저당권 설정	2007년 1월 10일 제5482호	2007년 1월 10일 설정계약	채권최고액 8,000만원 채무자 ○○○ 근저당권자 새마을금고 서울시 은평구 응암동 120

먼저 등기된 권리가 우선하고, 같은 날짜에 등기되어 있으면 접수번호가 빠른 것이 우선하므로 배당순위는 1순위 : 신한은행 1억 2,000만원, 2순위 : 새마을금고 8,000만원이 된다.

별구인 경우(=갑구와 별구가 혼합된 경우) 우선순위는?

기본적으로 먼저 등기된 권리가 우선하고, 같은 날짜에 등기되어 있으면 접수번호에 의해서 우선순위가 정해지게 되므로, 동구든 별구든 같은 날짜에 등기된 채권자들은 모두가 접수번호에 따라 우선순위가 정해진다.

[갑 구] (소유권에 관한 사항)

순위번호	등기목적	접수	등기원인	권리자 및 기타사항
1	가압류	2007년 2월 10일 제5451호	2007년 2월 6일 서울중앙지법 가압류결정(2007 가단 14321호)	청구금액 3,000만원 채권자 홍길동 서울시 강서구 화곡동 ○○○

[을 구] (소유권 이외의 권리에 관한 사항)

순위번호	등기목적	접수	등기원인	권리자 및 기타사항
1	근저당권 설정	2007년 2월 10일 제5452호	2007년 2월 5일 설정계약	채권최고액 1억 2,000만원 채무자 이도령 근저당권자 신한은행 110111-0012809 서울시 중구 태평로2가 120 (도곡지점)

　배당순위 : 1순위 배당은 홍길동 가압류가 선순위이고, 신한은행 근저당권이 후순위이지만, 홍길동은 채권이고 신한은행은 물권이므로 동순위가 되어 안분배당하면 된다.

132 건축물대장과 토지이용계획확인원을 확인해라!

🏠 건축물관리대장과 토지대장을 확인하는 방법

건축물관리대장(토지대장)과 등기사항전부증명서 등을 확인하여 매도인이 공부상 소유자와 일치하는 가와 대장과 등기부상의 표시부분에서 다른 내용이 있는 가를 확인해야 한다. 건축물관리대장과 등기부에 등기된 내용이 같을 때는 문제가 없지만, 다르다면 등기부의 표제부에 기재되는 지번·구조·용도·면적 등은 대장이 우선하고, 소유권에 관한 사항은 등기부가 우선하므로, 그 진위 여부를 다시 확인하고 등기부에 등기된 소유자를 매도인으로 해서 매매 계약서를 작성하면 된다.

<u>간혹 건축물대장상 호수와 현황호수가 바뀌어 있는 사례가 있으니,</u> 건축물관리대장 열람과 동시에 건물현황도, 평면도 등을 함께 발급 받아 확인해야 한다. 그리고 건축물대장에 위반건축물 등이 표시되어 있는가도 확인해야 한다. 위반건축물로 표시되어 있으면 지자체에 문의해서 이행강제금이 얼마나 부과되고, 말소하려면 어떻게 해야 하는가 등을 확인하고 매수 여부를 결정해야 한다.

🏠 건축물대장과 등기부에 표시된 내용이 다르면 이렇게 해라!

건축주가 빈 땅에 건축계획을 세우고, 각 지자체에 건축허가를 얻어 건물을 신축하는 절차로 건물을 신축하게 된다. 이렇게 해서 건물이 완공되면, 건축주는 각 지자체에 사용승인을 얻어 건축물대장을 만들고, 그 건축물대장을 첨부해서 건물소유권보존등기를 하게 되는 것이다. 그다음 소유자가 제3자로 변경되면 등기소에서 전산으로 각 구청에 2~3일 이내에 변경사실을 통지하게 되고, 이 소유권이전등기 사항을 대장에 변경, 기재하게 되므로 등기부와 대장에 기재된 내용이 다른 경우 부동산 표제부(지목, 면적, 주소 등) 내용은 대장이 우선(∵ 사용승인 이후 만들어진 대장을 보고 기재하게 되므로)하고, 소유권과 같은 권리사항은 등기부가 우선(∵ 소유권이전 등기 사항을 보고 대장을 변경하게 되므로)하게 되는 것이다.

그래서 임차인이 사업자등록을 신청(주택은 전입신고)할 때 대장과 일치한 주소로 해야 한다. 이때, 유의할 점은 일반 상가건물(단독주택)에서는 번지(주소)만 일치하면 되지만, 집합건물(상가, 오피스텔, 아파트형 공장, 아파트, 다세대주택) 등은 번지, 동, 호수까지 일치해야 상임법(주임법)상 대항력과 우선변제권으로 보호받을 수 있다.

🏠 토지이용계획확인원을 확인하는 법

토지이용계획확인원은 지역·지구 등의 지정내용과 그 지역·지구 안에서 행위제한 내용이 기재되어 있어서 토지의 이용 및 도시계획시설 결정여부 등을 확인할 수 있는 서류이다. 재개발 및 재건축 구역지정과 그에 따른 건축제한 등이 기재되어 있어서 매수자가 계약서를 작성하기 전에 반드시 확인해야 되는 서류 중의 하나이다.

133 상가 등에 등기된 채권과 임차권이 있을 때 계약하는 방법

　매수할 상가나 오피스텔 등의 등기부에 등기된 채권과 등기되어 있지 않지만 특별법으로 당연히 대항력과 우선변제권이 있는 임차인이 있을 수 있다. 이러한 채권들을 계약할 때 해결하지 않으면 매수인의 부담으로 남게 된다. 이런 상황에서 계약하는 방법은 다음과 같이 채권을 승계하는 조건으로, 또는 말소하는 조건으로 계약하면 된다.

🏠 선순위 채권을 승계하는 조건으로 계약하는 방법은?

(1) 등기부에 등기된 근저당권 등을 승계하는 조건으로 계약

　매도인은 상가건물에 2006. 1. 1. 설정된 국민은행의 융자금 1억원(채권최고액 1억2천만원)을 승계하는 조건으로 계약하기로, 또는 국민은행 융자금 1억원 중 5천만원을 보증금 잔금으로 상환하고, 감액등기(채권최고액 6천만원)하기로 한다.

(2) 상가주택 등에 임차인들을 승계하는 조건으로 하는 계약

이 상가에는 현재 임차인이 5인이며 임차보증금의 합계 2억1천만원(임차내역: 지하 1층에 1호 5천만원과 2호 2,000만원, 1층에 101호 7,000만원과 102호 3,000만원, 2층에 202호 4,000만원)을 승계하기로 한다.

🏠 등기부에 등기된 채권을 말소하는 조건으로 계약하는 방법

담보물권(금융기관 근저당권, 전세권, 담보가등기)이나 일반채권(가압류, 압류 등)을 말소하는 조건으로 계약하는 경우는 계약서 특약사항란에 매도인은 상가건물에 2011. 1. 1. 설정된 신한은행의 융자금 2억원(채권최고액 2억4천만원)과 2011년 2월 10일 가압류등기(3,000만원), 2012년 2월 10일 압류등기를 중도금 또는 잔금지급 전까지 말소하기로 한다.

134 계약 해제시 해약금과 위약금에 관한 약정

🏠 해약금 약정

　상대방이 계약이행에 착수하기 이전에 해약을 원하는 계약 당사자가 해약금을 지급하고 임의로 계약을 해약할 수 있는데, 민법 제565조에는 다른 약정이 없는 한 계약금을 해약금으로 보고 있다.

　<u>부동산 매매계약서 계약내용</u>『제5조 [계약의 해제] 매수인이 매도인에게 중도금(중도금 약정이 없을 때는 잔금)을 지급하기 전까지 매도인은 계약금의 배액을 상환하고, 매수인은 계약금을 포기하고 본 계약을 해제할 수 있다』

🏠 위약금 약정(채무불이행과 손해배상)

　위약금은 손해배상예정과 위약벌을 모두 포함하는 개념으로, 민법은 위약금을 손해배상예정으로 추정하고 있어서, 계약할 때 손해배상을 예정해두었다면 채무불이행에 따라 계약을 해제한 경우 채권자는 손해의 발생과 그 금액을 별도로 입증할 필요 없이 당연히 예정된 손해배상액을 청구할 수 있다.

　<u>부동산 매매계약서 계약내용</u>『제6조 [채무불이행과 손해배상] 매도인 또는 매수인이 본 계약에 관해 불이행이 있을 경우, 그 상대방은 불이행자에

대하여 서면으로 최고하고 계약을 해제할 수 있다. 이때 계약 당사자는 계약해제에 따른 손해배상을 상대방에게 청구할 수 있으며, 손해배상에 대한별도 약정이 없는 한 계약금 상당금액을 손해배상금(위약금)으로 본다』

135 Q 관리비 납부 여부와 선수관리비 인계인수 방법

 관리비 및 공과금 납부 여부

매도인은 관리비와 제세·공과금을 매수인이 잔금지급하기 전까지 정산해서 납부해야 한다는 내용을 특약사항란에 명기하면 된다.

 선수관리비 인계인수 방법

선수관리비는 매도인과 매수인 사이에 인계인수 확인서를 작성하고, 관리사무소에 통지하는 방법으로 매매대금과 별도로 매도인에게 지급하고, 선수관리비를 승계하면 된다.

136 상가와 오피스텔을 개인 또는 사업자명의로 구입할 때 꼭 알아야 할 내용

🏠 상가나 오피스텔은 분양시 건물분 부가세와 농특세가 부과된다!

상가건물에는 집합건물로 된 상가건물과 오피스텔 등이 있고, 집합건물이 아닌 일반상가건물(건물과 토지가 독립된 부동산)로 나뉘어져 있다. 이들 상가건물은 분양 시에 분양가격에서 건물분의 부가세 10%와 소유권보존등기 시 농특세가 부과되고 있고, 그 영향은 분양 이후에도 미치고 있다.

(1) 개인이 상가 등을 분양받아 사업자 등에게 매도하는 경우

개인이 최초 상가를 분양받아 개인 또는 임대사업자(일반사업자나 법인사업자 포함)에게 매도하는 경우에는 세금계산서를 발급할 수가 없어서 분양당시 건물분 부가세를 매매가격에 포함해서 매도하게 된다. ⇨ 이 상황에서는 건물분 부가세가 매도가격에 포함되어 사라져 버리게 된다.

(2) 개인으로 부터 임대사업자(일반사업자나 법인사업자 포함) 등이 매수 후 개인에게 매도하는 경우

건물 매매대금은 세금계산서(건물 매매대금+건물분 부가세), 토지매매대금은 부가세가 면제되므로 계산서를 발행해서 건물분 부가세를 관할 세무서에 납부(매도가격에 건물분 부가세가 포함되므로)해야 되니 그 부가세만큼 예측하지 못한 손실이 발생할 수도 있다. 왜냐하면 살 때 개인에게 부가세를 받지 못해서 환급받지 못했는데, 팔 때는 부가세를 발급해야 하고, 새로운 매수인이 개인이다 보니 부가세를 매도가격처럼 여기게 되므로 건물분 부가세까지 매도가격에 포함해서 팔게 되기 때문이다. ⇨ 개인에게 매도 시 매도가격에 포함되어 사라졌다가 다시 살아나는 일이 발생한다(① 상가나 오피스텔 등의 임대사업자는 일반사업자라 이렇게 부가가치세가 부과대상이지만, ② 오피스텔을 주거용으로 주택임대사업자가 매수한 경우에는 면세사업자라 계산서로 발급하게 되므로 부가가치세를 납부하지 않아도 된다).

그러나 **개인으로부터 매수한 임대사업자 등이 다른 임대사업자 등에게 매도할 때(상가나 오피스텔 등의 임대사업자의 경우만)에는** 건물분 부가가치세까지 포함해서 세금계산서를 발급하고, 매수인이 부가세를 환급 받는 방법으로 진행하게 되므로, 건물분 부가가치세를 매도인이 부담하지 않아도 되니 손해가 발생하지 않는다. 그렇다고 하더라도 매도가격의 증가라는 생각을 매수한 임대사업자 등이 가질 수도 있기 때문에 매수를 꺼릴 수도 있을 것이다.

(3) 부가가치세가 이어져 내려가는 일

임대사업자(일반사업자나 법인사업자 포함)등이 최초로 분양 받거나 임대사업자 등으로 매수한 경우 ⇨ 임대사업자(일반사업자나 법인사업자 포함) 등에게 매도하면 건물분 부가세에 대한 세금계산서를 임대사업자 등에게 발급하고, 환급받은 부가가치세를 납부하니 손해가 없지만, 다음 (4)번과 같은 혜택을 볼 수는 없다.

(4) 부가가치세를 매수인에게 승계시키는 경우(사업포괄양수도계약)

임대사업자(일반사업자나 법인사업자 포함)가 다른 임대사업자 등에게 매도 시 사업포괄양수도 계약으로 매매하면 매도인은 부가가치세만큼 혜택(환급받은 부가세 납부의무가 면제)을 볼 수 있다. 매수인이 매수 시점에서는 임대사업자가 아니지만 신규로 등록해서 사업포괄양수도 계약을 하는 경우에도 가능하지만, 매수인이 임대사업자 등을 등록하지 않으면 매도인이 환급받은 부가가치세 10%를 납부해야 되는 문제가 발생하므로, 중개업자 또는 매도인은 매매계약서 작성 시 반드시 사업포괄양도양수 부분을 매수인에게 상세히 설명하고, 계약서 특약사항에 기재하거나 사업포괄양도양수 계약서를 별도로 작성해서 첨부해야 한다.

🏠 상가 등을 사업자(개인, 법인)가 매도하는 경우 건물분 부가세 10%가 있다!

그래서 사업자(개인사업자, 법인사업자) 명의로 된 상가나 오피스텔 등의 매매 계약서를 작성할 때 잊지 말아야 할 사항이 매매대금 OOO만원(건물분 부가세 OO만원을 포함한 금액임)으로 매매하는 조건이다. 또는 매매대금 OOO만원(건물분 부가세 OO만원 별도임)으로 괄호 안의 금액은 매매대금과 별도로 매수인이 부담하기로 한다는 것으로 약정하면 된다. 그리고 그러한 사실을 특약사항란에 명기함과 동시에 건물분 세금계산서(건물분 부가가치세가 포함된 세금계산서)와 토지분 계산서(토지는 부가세가 면세되므로 계산서로)를 작성하면 된다. 유의할 점은 매매 계약서를 작성할 때에 특약사항에 "부가가치세 별도"라는 약정이 없이 매매가 이루어지면 매매대금에 건물분 부가가치세가 포함된 것으로 보기 때문에 그만큼 매매대금이 적어지게 된다.

상가를 분양받을 때 분양금액에 포함된 부가가치세를 환급받기 위해서 일반사업자로 등록하는 것이 일반적이지만, 간혹 간이사업자로 등록하는 경우가 있다. 이때 세금계산서를 발행할 수가 없어서 부가가치세를 환급받을 수 없고, 부가가치세를 공급받는 자인 매도인에게 세금계산서를 발급할 수도 없다. 이러한 간이사업자도 건물분 부가가치세를 납부해야 하는데, 그 계산방법은 일반사업자와 다르게 건물 매매대금(국세청기준시가기준)×부동산임대료에 대한 업종별 부가가치세율 30/100×부가가치세율 10% = 간이사업자의 부가가치세율은 3%이다. 이렇게 계산한 건물분 부가가치세를 포함해서 매매대금 000만원(건물분 부가가치세 3%를 포함한 금액임)을 정하고, 그러한 내용을 특약사항란에도 명기해야 한다.

137 업무용 오피스텔은 상가와 다르게 적용되고 있다

상가건물은 업무용 또는 상업용 건물로 인정돼 상임법만 적용받게 된다.

오피스텔은 용도가 업무용으로 건축되었음에도 불구하고, 실제 사용 용도에 따라서 용도를 주거용(본인이 전입신고 또는 임차인이 전입신고)으로 사용하면 건물분 부가세가 면제되고, 주택임대차보호법의 적용대상으로 양도세 비과세 혜택(1주택자가 2년 보유) 또는 70%, 2년 미만은 60%, 2년 이상 보유하다가 팔면 일반세율(6~45%)을 적용 받는다. 이렇게 매수인이 주거용으로 임대하면 임차인의 월세에 대한 부가가치세는 면세된다.

업무용(본인이 사업자등록 또는 임차인이 사업자등록, 사업자가 없이 업무용으로 사용하는 경우도 포함)으로 사용하면 건물분(대지권은 부가세가 면세되므로)의 부가가치세 10%가 부과되고, 상임법의 적용대상으로 양도소득세가 1년 미만은 50%, 2년 미만은 40%, 2년 이상 보유 후 매도하면 일반세율(6~45%)을 적용 받게 된다. 하지만, 주택 수에 포함되지 않아, 기존에 보유하고 있는 다른 주택에 대해서 비과세혜택을 볼 수 있는 장점과 단점이 따르게 되므로 임대인의 사정에 따라 또는 수요에 맞게, 용도를 주거용 또는 업무용으로 정해서 임대해야 한다.

이렇게 매수인이 업무용으로 임대하면 임차인의 월세에 추가로 부가가치세 10%가 부과된다.

용도가 주거용이냐, 업무용이냐의 기준점은 매수 시점을 기준으로 하는 것이 아니라 매도 시점에 어떠한 용도로 사용하고 있느냐에 따라 달라진다.

주거용으로 사용하다가 업무용으로 파는 것이 유리하다고 판단되면 업무용으로 만들어 매도하면 되고, 반대로 매수 시점에 업무용으로 사용하다 주거용으로 변경하는 경우도 주거용도(소유자가 전입신고 또는 임차인이 전입신고)로 사용하다 매도하면 주거용으로 양도세 혜택을 볼 수 있다. 유의할 점은 업무용으로 사용기간은 주거용의 보유기간 혜택에서 제외되고 주거용도로 사용한 기간만 가지고 비과세 여부를 판단하게 된다는 사실이다.

상가나 오피스텔 등을 법인사업자로 취득 후 매도 시에 유의할 사항

법인 명의로 취득시 취득세와 중과세율

(1) 5년 미만된 법인이 주택 등을 취득하는 경우

① 법인이 국민주택 규모 이하의 주택을 취득 시에는 취득세 및 교육세 12.4%와 ② 국민주택 규모 초과 시 13.4%(농특세 1% 포함)는 중과세율이

적용된 것으로 5년 미만 법인이 과밀억제권내 부동산을 취득하든, 5년 이상된 법인이 취득하든 동일한 중과세율 12.4%와 13.4%가 적용된다. 이는 ㅁ 지방세법 제16조 제5항 같은 취득물건에 대하여 둘 이상의 세율이 해당되는 경우에는 그중 높은 세율을 적용한다와 ㅁ 지방세법 제13조(과밀억제권역 안 취득 등 중과) 제2항 규정에 따라 다음 (2)와 같이 5년 미만된 주택의 중과 세율과 비교해서 더 높은 세율인 지방세법 제13조의2(법인의 주택 취득 등 중과) 12.4%(국민주택규모 이하)만 적용한다. 즉 5년 미만된 법인이 주택을 취득하는 경우에는 추가로 구등록세분의 중과는 부과되지 않는다.

알아두면 좋은 내용

2022년 12월 21일부터 적용되는 취득세 중과가 완화된 세율을 적용하면 법인이 국민주택규모 이하를 취득 시에는 취득세 6%에 교육세 0.4%만 추가되어 총 6.4%가 되지만, 국민주택규모를 초과하면 여기에 농어촌특별세 0.4%가 추가되므로 총 6.8%가 된다.
– 이는 2023년 법 개정 후 2022년 12월 21일부터 소급해서 시행될 예정이다.

이 제도가 시행되면 5년 미만된 과밀억제권 내 법인이 과밀억제권 내 9억원 초과 주택을 취득 시 에 다음과 같이 중과된 취득세율이 7.9%로 더 높기 때문에 7.9%가 적용될 것이다.

① 주택 취득가격이 6억원 이하 : 취득세 표준세율 1%+가산세율 4%(중과기준세율 2%×2)=5%, 따라서 국민주택규모 이하는 5.3%(지방교육세 0.3% 포함), 국민주택규모 초과는 5.5%(지방교육세 0.3%+농특세 0.2% 포함).

② 주택 취득가격이 9억원 초과 : 취득세 표준세율 3%+가산세율 4%(중과기준세율 2%×2)=7%, 따라서 국민주택규모 이하는 7.9%(지방교육세 0.9% 포함), 국민주택규모 초과는 8.1%(지방교육세 0.9%+농특세 0.2% 포함).

③ 상가나 오피스텔을 취득하는 경우 : 다음 (2)와 같이 9.4%(취득세 8%+지방교육세 1.2%+농특세 0.2%)가 된다.

(2) 5년 미만된 법인이 상가나 오피스텔 등을 취득하는 경우

① 과밀억제권 내에 있는 5년 미만된 법인이 과밀억제권 내 상가 등을 취득하는 경우 중과된 취득세 9.4%

지방세법 시행령 제27조(대도시 부동산 취득의 중과세 범위와 적용기준) 제3항과 지방세법 제13조(과밀억제권역 안 취득 등 중과) 제2항에 따라 과밀억제권 내의 5년 미만 법인이 과밀억제권 내의 주택이 아닌 상가건물, 오피스텔, 공장, 농지, 토지 등을 취득하는 경우에는 구등록세분의 3배 중과가 종전과 같이 적용되므로, ⓐ 취득세 : 표준세율(4%)×3-중과기준세율(2%) × 2=8%, ⓑ 지방교육세 : [4%-2%]×20%×3=1.2%, ⓒ 농어촌특별세 : 0.2%이다. 따라서 중과세율은 9.4%가 된다.

② 5년 미만된 법인이더라도 취득세가 중과되지 않는 경우

과밀억제권 밖에 주소를 두고 있는 법인이 과밀억제권 내에 있거나 과밀억제권 밖에 있는 상가나 오피스텔을 취득하는 경우에는 중과 없이 4.6%(취득세 4%+교육세 0.4%+농특세 0.2%)만 부과된다.

🏠 법인이 주택과 상가를 양도하는 경우 법인세와 추가되는 법인세

(1) 법인이 주택 및 비사업용 토지를 양도한 경우

기본 법인세율 9%(2억원 이하) + 법인세할 지방소득세 0.9%(법인세액의 10%) + 추가법인세 20%(2021년부터) + 법인세할 지방소득세 2%(법인세액의 10%)를 납부하면 된다.

(2) 상가나 오피스텔 등을 양도하는 경우

상가나 오피스텔 등은 추가법인세가 없어서 기본 법인세율 9%(2억원 이하)+지방소득세 0.9%(법인세액의 10%)만 납부하면 된다.

그러나 건물분 부가세가 있다는 사실을 잊지 말아야 한다. 여기서 기본 법인세의 과세표준은 양도차익(양도가액 – 취득가액) – 일반경비(임대료 및 관리비, 인건비, 기타 비용 등의 법인사업비용)를 공제하여 계산하면 된다.

139 영업 업종이 상가용도에 적합한가와 업종제한 유무를 확인해라!

🏠 영업업종이 상가용도와 적합한가에 대한 판단이 먼저이다!

영업할 업종이 상가용도와 적합한 가를 건축물대장과 해당 관공서 담당공무원을 통해서 확인하고, 현 상가에서 신고 및 허가관련 사항, 소방관련 시설, 전력용량 등이 가능한 가를 확인해야 한다.

그리고 현 상가에서 영업행위의 규제로 업종을 상향(1종에서 2종으로)해야 하는 경우와 영업 관련 규제사항을 개선해서 영업을 하게 되는 경우, 전력용량이 부족하여 증설해야 되는 경우 등에서, 그 비용을 임대인과 임차인 중 누가 부담할 것인지, 공동부담으로 할 것인지를 사전에 협의해서 계약을 하고 그 내용을 특약사항란에 명기(明記)해야 한다.

🏠 영업할 업종제한이나 동일업종에 대한 영업금지규정이 있는지!

시청 또는 구청의 담당부서에서 매수인이 영업할 업종이 가능한 대상인지, 규제대상에 해당하는 가를 확인(음식점일 경우 구청 보건위생과)해야 한다. 그리고 상가건물에서 상가 번영회의 자체규약으로 인한 손해도 발생할 수도 있다. 상가분양당시 분양조건으로 본 건물에서 동일업종이 영업할 수 없다는 규정이나 분양 이후에도 상가번영회 자체의 정관으로 동일업종제한 등이 있다면 그러한 사실을 모르고 매수해서 시설을 설치하고 영업을 했을 때 그 손실이 예상되기 때문이다.

140  상가 매수 후 누수 등의 하자를 알았다면 매도인의 하자담보책임은?

🏠 매도인의 하자담보 책임은?

매매의 목적물에 하자가 있는 때에는 매수인이 이를 알지 못한 때에는 이로 인하여 계약의 목적을 달성할 수 없는 경우에 한하여 매수인은 계약을 해제할 수 있다. 기타의 경우에는 손해배상만을 청구할 수 있다. 그러나 매수인이 하자 있는 것을 알았거나 과실로 인하여 이를 알지 못한 때에는 그러하지 아니하다(민법 제580조 매도인의 하자담보책임 1항).

이러한 권리는 매수인이 그 사실을 안 날로부터 6월 내에 행사하여야 한다(민법 제582조).

매도인의 하자담보책임의 질의응답

상가 매매에서 잔금을 치르고 매수자가 입주하고 나서 중대한 하자를 발견을 했다면 하자담보책임을 매도자에게 물을 수 있나요?

하자로 말미암아 매매의 목적을 달성할 수 없는 때에 매수인이 선의 또는 과실이 없는 경우라면 계약을 해제하고 손해 배상을 청구할 수 있습니다. 목적물의 하자가 계약의 목적을 달성할 수 없을 정도로 중대한 것이 아닌 때에는 매수인은 손해배상을 청구할 수 있을 뿐이고, 계약해제는 하지 못합니다(민법 제580조 및 제575조 1항). 권리의 행사는 매수인이 목적물의 하자를 발견한 때로부터 6개월 내에 해야 합니다. 만일 계약의 중대한 하자로 계약을 해제할 때에는 매수인은 매도인에게 지급한 매매대금의 반환을 청구할 수 있습니다.

PART 7

초보투자자라면 꼭 알아야 할 매매 계약서 작성법!

141 개인 간에 주거용으로 오피스텔 매매 계약서 작성

🏠 오피스텔 매매 계약시 유의사항과 합의

오피스텔은 용도가 업무용으로 건축되었음에도 불구하고, 실제 사용 용도에 따라서 용도를 ① 주거용(본인이 전입신고 또는 임차인이 전입신고)으로 사용하면 건물분 부가세가 면제되고(임대한 경우에도 임차인의 월세에 대한 부가세가 면세이다), 주택임대차보호법의 적용대상으로 오피스텔을 1주택자로 보아 2년 이상 보유하면 양도세 비과세 혜택을 볼 수 있다(조정대상 지역 내에서는 2년 거주해야 비과세). 그러나 다주택자의 경우에는 주택수에 포함되어 양도세가 중과될 수 있다. ② 업무용(본인이 사업자등록 또는 임차인이 사업자등록, 사업자가 없이 업무용으로 사용하는 경우도 포함)으로 사용하면 건물분(대지권 비과세)의 부가세 10% 부과되고(임대한 경우에도 임차인의 월세에 대한 부가세가 10%가 부과된다), 상임법의 적용대상으로 주택과 같이 비과세 혜택은 누릴 수는 없지만, 주택 수에 포함되지 않아서 기존주택에 대해서 비과세 혜택을 볼 수 있다는 장·단점이 모두 따르기 때문에 매도인의 사정에 따라 용도를 주거용 또는 업무용으로 매도해야 한다. 이는 매수인 역시 같은 방법으로 용도를 정해서 매수해야 한다.

알아두면 좋은 내용

오피스텔을 매도할 때 알고 있어야 할 내용이다.
① 용도를 주거용으로 사용하면 주거용으로 인정돼 건물분 부가세가 면제(국민주택규모 이하인 오피스텔만, 초과시 부과대상)와 양도세 비과세 혜택을 보지만,
② 업무용으로 사용하면 건물분 부가세도 있고 양도세가 비과세 없이 일반세율로 적용받게 된다. 따라서 매도인이 개인사업자나 법인사업자인 경우에 특히 유의해야 한다. 왜냐하면 개인의 경우 양도세는 혜택을 보지만 건물분 부가세를 환급 받을 수 없고 사업자인 경우에만 환급이 가능하기 때문이다.

오피스텔 임대차계약서에도 용도가 주거용이냐 업무용이냐가 중요하다.

　오피스텔의 임대차계약에 빠지지 않는 계약조건이 용도를 업무용으로 사용하는 조건 또는 주거용으로 사용하는 조건으로 임대하는 지의 여부다.
　① 업무용도로 임대 시에는 사업자가 있는 임차인만 대상으로 하든가 또는 전입신고를 하지 않는다는 조건이, ② 주거용도로 임대 시에는 사업자등록을 해서는 안 된다는 것과 임차인이 전입신고를 하는 조건 등을 특약으로 기재하고 있다. **유의할 점은** 이러한 조건은 계약할 때만 지켜서 되는 것이 아니라 입주 후에도 매수인 또는 임차인이 전입신고를 하면 매수인은 주거용도로 인정돼 주택 수에 포함될 수 있다. 그리고 주거용으로 임대하는 경우에는 임차인의 월세에 대한 부가세가 면세되므로 월세 000원(주거용으로 부가세 면세)로 기재해야 하고, 업무용으로 임대하면 임차인의 월세에 대한 부가세가 부과되므로 월세 000원(부가세별도)로 기재해야 한다는 사실이다.

🏠 주거용으로 문화 오피스텔 매매 계약서 작성 방법

앞의 내용과 같이 합의한 내용을 증빙자료로 인쇄되어 있는 계약서 양식 〖네이버 카페 '김동희부사모' 에서 확인〗을 활용해서 작성한 계약서이다. 그런데 이 사례는 오피스텔 매수인 이민주가 무주택자여서 주거용으로 2년만 보유하다가 팔면 양도세를 비과세 받을 수 있는 상황이다. 그래서 주거용도로 사용하고 있는 임차인과 협의해서 임대차 기간 동안 주민등록을 유지하기로 확인을 받고 승계하는 계약서를 작성한 것이다. 계약서를 바르게 작성하는 방법은 314~317쪽을 참고해서 작성하면 된다.

오피스텔 매매 계약서 [주거용]

매도인과 매수인 쌍방은 아래 표시 부동산에 관하여 다음과 같이 매매계약을 체결한다.

1. 부동산의 표시

소재지	서울시 종로구 창신동 100번지 문화 오피스텔 제10층 제1004호					
토 지	지 목	대	대지권	소유권의 대지권	면 적	25.04㎡
건 물	구 조	철근콘크리트조	용 도	주거용	면 적	27.84㎡

2. 계약내용
제1조 [목적] 위 부동산의 매매에 있어 매도인과 매수인은 매매대금을 다음과 같이 지급키로 한다.

매매대금	금 일억오천만 원정 (₩150,000,000)
계약금	금 일천오백만 원정은 계약시 지급하고 영수함.　　　　영수자 김 미 영 (인)
중도금	금 삼천만 원정은 2022년 03월 30일에 지급한다.
융자금 등	금 구천만 원정은 융자금 칠천만 원과 보증금 이천만 원으로 승계하기로 하고 특약사항에 별도 명기한다.
잔 금	금 일천오백만 원정은 2022년 04월 20일에 지급한다.

제2조 [소유권이전등] 매도인은 매매대금의 잔금을 수령함과 동시에 매수인에게 소유권이전등기에 필요한 모든 서류를 교부하고 등기절차에 협력하며, 위 부동산에 대하여 2022년 04월 20일 인도하기로 한다.
제3조 [제한물건등의 소멸] 매도인은 위 부동산에 설정된 근저당권, 지상권, 전세권, 임차권 등 소유권의 행사를 제한하는 권리가 있거나 조세공과금 기타 부담금의 미납금 등이 있을 때는 잔금수수일 이전까지 그 권리의 하자 및 부담 등을 제거하여 완전한 소유권을 매수인에게 이전하여야 한다. 다만 승계하기로 합의한 권리나 금액에 대해서는 그러하지 아니한다.
제4조 [지방세등] 위 부동산에 관하여 발생한 수익의 귀속과 조세·공과금 등의 부담은 위 부동

산의 인도일을 기준으로 하여 그 이전까지는 매도인이, 그 이후부터는 매수인에게 귀속되고, 단 지방세의 납부 의무 및 납부책임은 지방세법의 규정에 따른다.
제5조 [계약의 해제] 매수인이 중도금(중도금약정이 없을 때는 잔금)을 지급하기 전까지 매도인은 계약금의 배액을 배상하고, 매수인은 계약금을 포기하고 본 계약을 해제할 수 있다.
제6조 [채무불이행과 손해배상] 매도인 또는 매수인은 본 계약상의 내용에 대하여 채무불이행이 있을 경우 그 상대방은 채무불이행한 상대방에 대하여 서면으로 이행을 최고하고, 이행하지 않을 경우 계약을 해제 할 수 있다. 이때 계약당사자는 계약해제에 따른 손해배상을 상대방에게 청구할 수 있으며, 손해배상에 대한 별도 약정이 없는 한 계약금상당액을 손해배상금(위약금)으로 본다.
제7조 [중개수수료] 부동산중개업자는 매도인 또는 매수인의 본 계약 불이행에 대하여 책임지지 않는다. 또한 중개수수료는 본 계약의 체결과 동시에 매도인과 매수인 쌍방이 각각 지급하며, 부동산중개업자의 고의나 과실 없이 거래당사자 사정으로 본 계약이 무효·취소 또는 해약되어도 중개수수료는 각각 지급한다.
제8조 [중개대상물 확인·설명서 교부등] 중개업자는 중개대상물 확인·설명서를 작성하고 업무보증관계증서(공제증서등) 사본을 첨부하여 거래당사자 쌍방에 교부한다.

3. 특약 사항

① 본 계약은 위 부동문자로 된 계약내용에 합의하고, 위 오피스텔은 현 시설상태로 매매하는 계약이다.

② 매수인이 오피스텔에 2015. 05. 10. 설정된 하나은행의 융자금 채권최고액 8천4백만(대출원금 7천만원)을 승계를 하나은행과 협의한 결과 가능하다고 해서 매수인이 잔금지급 시 채무인수(근저당권의 채무자 명의변경)하고 그만큼 매매대금에서 공제하고 잔금을 지급하기로 한다.

③ 매수인이 오피스텔의 임차인 홍길동[임대차내역: 보증금 2천만원, 월세 60만원(주거용으로 부가세 면세), 임대차기간 2021.07.10. ~2022.07.09.]을 승계하기로 하고, 잔금 지급 시 매매대금에서 공제 후 잔금을 지급하기로 한다.

④ 매수인은 무주택자여서 오피스텔을 주거용으로 2년만 보유하다 팔면 양도세를 비과세 받을 수 있다. 그래서 주거용도로 사용하고 있는 임차인과 협의해서 임대차 기간 동안 주민등록을 계속 유지하기로 확인을 받고, 승계하기로 했다.

⑤ 계약 이후에 매수인이 오피스텔을 인도받기 전까지 매도인의 귀책사유로 위 오피스텔에 ②항과 ③항 이외에 추가적인 권리(근저당권, 임차권, 가압류, 가처분 등)가 발생하면 매수인이 잔금지급 전까지 매도인 책임하에 말소시켜야 한다. 만일 말소시키지 못하면 매수인은 위 계약내용 제6조에 의해 계약을 해제하고 손해배상을 청구할 수 있다.

⑥ 관리비와 제세·공과금은 매도인이 잔금지급 전까지 정산해서 납부해야 한다.

⑦ 선수관리비는 매도인과 매수인 사이에 인수인계 확인서를 작성하고 관리사무소에 통지하는 방법으로 매수인이 매매대금과 별도로 매도인에게 지급하고 선수관리비를 승계하기로 한다.

본 계약에 이의가 없음을 확인하고 증명하기 위해 계약서를 작성하고 서명·날인하여 각자 1통씩 보관한다.

2022년 03월 10일

매도인	주 소	서울시 동대문구 한천로 220(장안동)				
	주민등록번호	630408-2047948	전 화	010-2222-1234	성 명	김미영 (인)
	대리인	주민등록번호		전 화		성 명
매수인	주 소	서울시 영등포구 경인로80길 50, 202호(문래동 1가, 한양연립)				
	주민등록번호	750510-2047345	전 화	010-4000-1234	성 명	이민주 (인)
	대리인	주민등록번호		전 화		성 명
중개업자	사무소소재지	서울시 종로구 동만산길 30, 105호(창신동, 오성빌딩)				
	등록번호	4254-40000		사무소명칭		종로 공인중개사사무소
	전화번호	02-5844-8949		대표자성명		박정진 (인)

> 잠깐만! "특약사항은 계약당사자 간의 사정에 따라 다르게 작성해야 되므로 이 계약서 특약사항란(아파트 매매 약정서)에서는 일반적인 내용으로 작성했으니 계약당사자 간의 사정에 따라 선택하거나 변경해서 이용하면 됩니다."

Part 7 초보투자자라면 꼭 알아야 할 **매매 계약서 작성법!**

142 개인 간에 업무용으로 오피스텔 매매 계약서 작성

앞의 026번 내용과 같이 합의한 내용을 증빙자료로 인쇄되어 있는 계약서 양식 〖네이버 카페 '김동희부사모' 에서 확인〗을 활용해서 작성한 계약서이다.

그런데 이 사례는 **오피스텔 매수인 이민주가** 기존에 주택을 보유하고 있고, 그 주택을 비과세 혜택을 보기 위해서, 오피스텔을 업무용으로 사용하여 주택 수에 포함시키지 않으려고 한다. 그래서 주거용도로 사용하고 있는 임차인을 매도인 책임하에 내 보내고, 오피스텔을 매수인에게 인도하는 계약이다. 계약서를 바르게 작성하는 방법은 314~317쪽을 참고해서 작성하면 된다.

오피스텔 매매 계약서 [업무용]

매도인과 매수인 쌍방은 아래 표시 부동산에 관하여 다음과 같이 매매계약을 체결한다.

1. 부동산의 표시

소재지	서울시 종로구 창신동 100번지 문화 오피스텔 제10층 제1004호				
토 지	지 목	대	대지권	소유권의 대지권	면 적 25.04㎡
건 물	구 조	철근콘크리트조	용 도	업무용	면 적 27.84㎡

2. 계약내용

제1조 [목적] 위 부동산의 매매에 있어 매도인과 매수인은 매매대금을 다음과 같이 지급키로 한다.

매매대금	금	일억오천만 원정 (₩150,000,000)
계약금	금	일천오백만 원정은 계약시 지급하고 영수함. 영수자 김 미 영 (인)
중도금	금	삼천만 원정은 2022년 03월 30일에 지급한다.
융자금 등	금	칠천만 원정은 승계하고 특약사항에 별도 명기한다.
잔 금	금	삼천오백만 원정은 2022년 04월 20일에 지급한다.

제2조 [소유권이전등] 매도인은 매매대금의 잔금을 수령함과 동시에 매수인에게 소유권이전 등기에 필요한 모든 서류를 교부하고 등기절차에 협력하며, 위 부동산에 대하여 2022년 04월 20일 인도하기로 한다.

제3조 [제한물건의 소멸] 매도인은 위 부동산에 설정된 근저당권, 지상권, 전세권, 임차권 등 소유권의 행사를 제한하는 권리가 있거나 조세공과금 기타 부담금의 미납금 등이 있을 때는 잔금수일 이전까지 그 권리의 하자 및 부담 등을 제거하여 완전한 소유권을 매수인에게 이전하여야 한다. 다만 승계하기로 합의한 권리나 금액에 대해서는 그러하지 아니한다.

제4조 [지방세등] 위 부동산에 관하여 발생한 수익의 귀속과 조세·공과금 등의 부담은 위 부동산의 인도일을 기준으로 하여 그 이전까지는 매도인이, 그 이후부터는 매수인에게 귀속되고, 단 지방세의 납부 의무 및 납부책임은 지방세법의 규정에 따른다.

제5조 [계약의 해제] 매수인이 중도금(중도금약정이 없을 때는 잔금)을 지급하기 전까지 매도인은 계약금의 배액을 배상하고, 매수인은 계약금을 포기하고 본 계약을 해제할 수 있다.

제6조 [채무불이행과 손해배상] 매도인 또는 매수인은 본 계약상의 내용에 대하여 채무불이행이 있을 경우 그 상대방은 채무불이행한 상대방에 대하여 서면으로 이행을 최고하고, 이행하지 않을 경우 계약을 해제 할 수 있다. 이때 계약당사자는 계약해제에 따른 손해배상을 상대방에게 청구할 수 있으며, 손해배상에 대한 별도 약정이 없는 한 계약금상당액을 손해배상금(위약금)으로 본다.

제7조 [중개수수료] 부동산중개업자는 매도인 또는 매수인의 본 계약 불이행에 대하여 책임지지 않는다. 또한 중개수수료는 본 계약의 체결과 동시에 매도인과 매수인 쌍방이 각각 지급하며, 부동산중개업자의 고의나 과실 없이 거래당사자 사정으로 본 계약이 무효·취소 또는 해약되어도 중개수수료는 각각 지급한다.

제8조 [중개대상물 확인·설명서 교부등] 중개업자는 중개대상물 확인·설명서를 작성하고 업무보증관계증서(공제증서등) 사본을 첨부하여 거래당사자 쌍방에 교부한다.

3. 특약 사항

① 본 계약은 위 부동문자로 된 계약내용에 합의하고, 위 오피스텔은 현 시설상태로 매매하는 계약이다.

② 매수인이 오피스텔에 2015. 05. 10. 설정된 하나은행의 융자금 채권최고액 8천4백만(대출원금 7천만원)을 승계를 하나은행과 협의한 결과 가능하다고 해서 매수인이 잔금지급 시 채무인수(근저당권의 채무자 명의변경)하고 그만큼 매매대금에서 공제하고 잔금을 지급하기로 한다.

③ 매수인은 기존에 주택을 보유하고 있고, 그 주택을 비과세 혜택을 보기 위해서 위 오피스텔을 업무용도로 사용하고자 한다. 그러므로 주거용도로 사용하고 있는 임차인 홍길동을 매도인 책임하에 내 보내고, 매수인이 잔금지급과 동시에 오피스텔을 인도하는 조건이다.

④ 계약 이후에 매수인이 오피스텔을 인도받기 전까지 매도인의 귀책사유로 위 오피스텔에 ②항 이외에 추가적인 권리(근저당권, 임차권, 가압류, 가처분 등)가 발생하면 매수인이 잔금지급 전까지

매도인 책임하에 말소시켜야 한다. 만일 말소시키지 못하면 매수인은 위 계약내용 제6조에 의해 계약을 해제하고 손해배상을 청구할 수 있다.
⑤ 관리비와 제세·공과금은 매도인이 잔금지급 전까지 정산해서 납부해야 한다.
⑥ 선수관리비는 매도인과 매수인 사이에 인수인계 확인서를 작성하고 관리사무소에 통지하는 방법으로 매수인이 매매대금과 별도로 매도인에게 지급하고 선수관리비를 승계하기로 한다.

본 계약에 이의가 없음을 확인하고 증명하기 위해 계약서를 작성하고 서명·날인하여 각자 1통씩 보관한다.

2022년 03월 10일

매도인	주 소	서울시 동대문구 한천로 220(장안동)					
	주민등록번호	630408-2047948	전 화	010-2222-1234	성 명	김 미 영 (인)	
	대리인	주민등록번호		전 화		성 명	
매수인	주 소	서울시 영등포구 경인로80길 50, 202호(문래동 1가, 한양연립)					
	주민등록번호	750510-2047345	전 화	010-4000-1234	성 명	이 민 주 (인)	
	대리인	주민등록번호		전 화		성 명	
중개업자	사무소소재지	서울시 종로구 동만산길 30, 105호(창신동, 오성빌딩)					
	등록번호	4254-40000		사무소명칭		종로 공인중개사사무소	
	전화번호	02-5844-8949		대표자성명		박 정 진 (인)	

143 오피스텔을 사업자가 개인에게 팔 때 계약서 작성

🏠 오피스텔을 사업자가 개인에게 주거용으로 팔 때 계약서 작성 방법

앞의 141번 내용과 같이 합의한 내용을 증빙자료로 인쇄되어 있는 계약서 양식[네이버 카페 '김동희부사모'에서 확인]을 활용해서 작성한 계약서이다. 그런데 이 사례는 오피스텔 매도인이 개인사업자로 채움 김미영(상호와 성명)과 매수인이 개인 이민주가 매매 계약서를 작성하는 방법이다. 그리고 **이 오피스텔을 주거용으로 사용하고 있는 임차인 홍길동**[임대차내역: 보증금 2천만원, 월세 60만원(주거용으로 부가세 면세), 임대차기간 2021.07.10.~2022.07.09.]을 승계하기로 하고, 잔금 지급 시 매매대금에서 공제 후 잔금을 지급하기로 하는 계약이다. **오피스텔을 이렇게 주거용으로 보유하다가 팔면** ① 주택으로 인정되어 임차인은 주임법으로 보호받으면서 월세에 대한 부가세가 면세되고, ② 매도인은 건물분 부가세가 면세되므로 건물분 부가세가 포함된 세금계산서를 작성하지 않고, 토지와 건물 전체 매매대금에 대해서 계산서만 작성하면 된다. 따라서 계약서에 매매대금을 기재하고, 매매대금에 대한 계산서를 작성해서 매수인에게 계약서와 함께 제공함과 동시에 관할 세무서에 신고하는 절차로 진행하면 된다.

※ 유의할 점은 주거용도로 사용하더라도 국민주택규모를 초과하면 건물분 부가세가 부과된다는 사실이다. 계약서를 바르게 작성하는 방법은 314~317쪽을 참고해서 작성하면 된다.

오피스텔 매매 계약서 　주거용

매도인과 매수인 쌍방은 아래 표시 부동산에 관하여 다음과 같이 매매계약을 체결한다.

1. 부동산의 표시

소재지	서울시 종로구 창신동 100번지 문화 오피스텔 제10층 제1004호					
토 지	지 목	대	대지권	소유권의 대지권	면 적	25.04㎡
건 물	구 조	철근콘크리트조	용 도	주거용	면 적	27.84㎡

2. 계약내용

제1조 [목적] 위 부동산의 매매에 있어 매도인과 매수인은 매매대금을 다음과 같이 지급키로 한다.

매매대금	금	일억오천만 원정 (₩150,000,000)
계약금	금	일천오백만 원정은 계약시 지급하고 영수함.　　영수자 채움 김 미 영　(인)
중도금	금	삼천만 원정은 2022년 03월 30일에 지급한다.
융자금	금	구천만 원정은 융자금 칠천만 원과 보증금 이천만 원으로 승계하고 특약사항에 별도 명기한다.
잔 금	금	일천오백만 원정은 2022년 04월 20일에 지급한다.

제2조 [소유권이전등] 매도인은 매매대금의 잔금을 수령함과 동시에 매수인에게 소유권이전등기에 필요한 모든 서류를 교부하고 등기제2조 [소유권이전등] 매도인은 매매대금의 잔금을 수령함과 동시에 매수인에게 소유권이전등기에 필요한 모든 서류를 교부하고 등기절차에 협력하며, 위 부동산에 대하여 2022년 04월 20일 인도하기로 한다.

제3조 [제한물건등의 소멸] 매도인은 위 부동산에 설정된 근저당권, 지상권, 전세권, 임차권 등 소유권의 행사를 제한하는 권리가 있거나 조세공과금 기타 부담금의 미납금 등이 있을 때는 잔금수수일 이전까지 그 권리의 하자 및 부담 등을 제거하여 완전한 소유권을 매수인에게 이전하여야 한다. 다만 승계하기로 합의한 권리나 금액에 대해서는 그러하지 아니한다.

제4조 [지방세등] 위 부동산에 관하여 발생한 수익의 귀속과 조세·공과금 등의 부담은 위 부동산의 인도일을 기준으로 하여 그 이전까지는 매도인이, 그 이후부터는 매수인에게 귀속되고, 단 지방세의 납부 의무 및 납부책임은 지방세법의 규정에 따른다.

제5조 [계약의 해제] 매수인이 중도금(중도금약정이 없을 때는 잔금)을 지급하기 전까지 매도인은 계약금의 배액을 배상하고, 매수인은 계약금을 포기하고 본 계약을 해제할 수 있다.

제6조 [채무불이행과 손해배상] 매도인 또는 매수인은 본 계약상의 내용에 대하여 채무불이행이 있을 경우 그 상대방은 채무불이행한 상대방에 대하여 서면으로 이행을 최고하고, 이행하지 않을 경우 계약을 해제 할 수 있다. 이때 계약당사자는 계약해제에 따른 손해배상을 상대방에게 청구할 수 있으며, 손해배상에 대한 별도 약정이 없는 한 계약금상당액을 손해배상금(위약금)으로 본다.

제7조 [중개수수료] 부동산중개업자는 매도인 또는 매수인의 본 계약 불이행에 대하여 책임지지 않는다. 또한 중개수수료는 본 계약의 체결과 동시에 매도인과 매수인 쌍방이 각각 지급하며, 부동산중개업자의 고의나 과실 없이 거래당사자 사정으로 본 계약이 무효·취소 또는 해약되어도 중개수수료는 각각 지급한다.

제8조 [중개대상물 확인·설명서 교부등] 중개업자는 중개대상물 확인·설명서를 작성하고 업무보증관계증서(공제증서등) 사본을 첨부하여 거래당사자 쌍방에 교부한다.

3. 특약 사항

① 본 계약은 위 부동문자로 된 계약내용에 합의하고, 위 오피스텔은 현 시설상태로 매매하는 계약이다.

② 매수인이 오피스텔에 2015. 05. 10. 설정된 하나은행의 융자금 채권최고액 8천4백만(대출원금 7천만원)을 승계를 하나은행과 협의한 결과 가능하다고 해서 매수인이 잔금지급 시 채무인수(근저당권의 채무자 명의변경)하고 그만큼 매매대금에서 공제하고 잔금을 지급하기로 한다.

③ 매수인이 오피스텔의 임차인 홍길동[임대차내역: 보증금 2천만원, 월세 60만원(주거용으로 부가세 면세), 임대차기간 2021.07.10. ~2022.07.09.]을 승계하기로 하고, 잔금 지급 시 매매대금에서 공제 후 잔금을 지급하기로 한다.

④ 개인사업자가 매도하는 것이지만 주거용으로 보유하다가 팔아서 건물분 부가세가 면세된다. 따라서 위 매매대금 1억5,000만원에 대한 계산서만 잔금지급 시에 발행하여 교부하기로 했다.

※ 유의할 점은 주거용도로 사용하더라도 국민주택규모를 초과하면 건물분 부가세가 부과된다는 사실이다.

⑤ 계약 이후 매수인이 오피스텔을 인도받기 전까지 매도인의 귀책사유로 위 오피스텔에 ②항과 ③항 이외에 추가적인 권리(근저당권, 임차권, 가압류, 가처분 등)가 발생하면 매수인이 잔금지급 전까지 매도인 책임하에 말소시켜야 한다. 만일 말소시키지 못하면 매수인은 위 계약내용 제6조에 의해 계약을 해제하고 손해배상을 청구할 수 있다.

⑥ 관리비와 제세·공과금은 매도인이 잔금지급 전까지 정산해서 납부해야 한다.

⑦ 선수관리비는 매도인과 매수인 사이에 인수인계 확인서를 작성하고 관리사무소에 통지하는 방법으로 매수인이 매매대금과 별도로 매도인에게 지급하고 선수관리비를 승계하기로 한다.

본 계약에 이의가 없음을 확인하고 증명하기 위해 계약서를 작성하고 서명·날인하여 각자 1통씩 보관한다.

2022년 03월 10일

매도인	주 소	서울시 동대문구 한천로 220(장안동)				
	주민등록번호	630408-2047948	전 화	010-2222-1234	성 명	채움 김미영(인)
	대리인	주민등록번호		전 화		성 명
매수인	주 소	서울시 영등포구 경인로80길 50, 202호(문래동 1가, 한양연립)				
	주민등록번호	750510-2047345	전 화	010-4000-1234	성 명	이 민 주 (인)
	대리인	주민등록번호		전 화		성 명

중개업자	사무소소재지	서울시 종로구 동만산길 30, 105호(창신동, 오성빌딩)		
	등록번호	4254-50000	사무소명칭	종로 공인중개사사무소
	전화번호	02-5844-8949	대표자성명	박 정 진 (인)

> 잠깐만! "특약사항은 계약당사자 간의 사정에 따라 다르게 작성해야 되므로 이 계약서 특약사항란(아파트 매매 약정서)에서는 일반적인 내용으로 작성했으니 계약당사자 간의 사정에 따라 선택하거나 변경해서 이용하면 됩니다."

🏠 오피스텔을 사업자가 개인에게 업무용으로 팔 때 계약서 작성 방법

(1) 오피스텔 계약내용 핵심 요약정리

이 사례는 오피스텔 매도인이 개인사업자로 채움 김미영(상호와 성명)과 매수인은 개인 이민주가 매매 계약서를 작성하는 방법이다. 그리고 이 오피스텔을 업무용으로 사용하고 있는 임차인 홍길동[임대차내역 : 보증금 2천만원, 월세 60만원(부가세별도), 임대차기간 2021.07.10. ~2022.07.09.]을 승계하기로 하고, 잔금 지급 시 매매대금에서 공제 후 잔금을 지급하기로 하는 계약이다. 그래서 매매대금을 건물 매매대금과 토지 매매대금으로 나누고, 건물 매매대금은 세금계산서(부가세 포함), 토지 매매대금은 부가세가 면세되므로 계산서만 작성하는 방법으로 계약서에 매매대금을 기재하고, 건물 세금계산서와 토지 계산서를 작성해서 매수인에게 계약서와 함께 제공함과 동시에 관할 세무서에 신고 납부하는 절차로 진행하면 된다.

(2) 사업자간의 거래에서는 계산서와 세금계산서를 발행할 의무가 있다

계약당사자간에 매매대금을 1억5,000만원으로 정했다면 토지매매대금과 건물매매대금으로 안분해서 건물 부가세를 구하고, 그 금액이 매도인과 매수인이 주고 받게 되는 금액이 된다.

계산방법은 건물 매매대금 = 매매대금 1억5,000만원×건물 기준시가(46,509,000원)/[건물기준시가(46,509,000원)+토지공시지가(45,305,000원)]=75,983,510원이고, 토지 매매대금 = 1억5,000만원×토지 공시지가/(건물기준시가 + 토지공시지가)=74,016,490원이 된다. 따라서 토지매매대금 74,016,490원 + 건물 매매대금 75,983,510원 + 건물분 부가세 7,598,351원으로 토지 매매대금 계산서와 건물 매매대금 세금계산서를 잔금지급 시에 발행하여 교부하기로 합의해서 매수인이 매도인에게 지급해야 할 총 금액은 157,598,351원이라는 내용을 특약사항란에 명기하기로 했다.

(3) 문화 오피스텔 매매 계약서를 바르게 작성하는 방법

오피스텔 매매 계약서 (업무용)

매도인과 매수인 쌍방은 아래 표시 부동산에 관하여 다음과 같이 매매계약을 체결한다.

1. 부동산의 표시

소재지	서울시 종로구 창신동 100번지 문화 오피스텔 제10층 제1004호				
토 지	지 목	대	대지권	소유권의 대지권	면 적 25.04㎡
건 물	구 조	철근콘크리트조	용 도	업무용	면 적 27.84㎡

2. 계약내용
제1조 [목적] 위 부동산의 매매에 있어 매도인과 매수인은 매매대금을 다음과 같이 지급키로 한다.

매매대금	금	일억오천칠백오십구만팔천삼백오십일 원정 (₩157,598,351)(건물분 부가세 7,598,351원 포함 금액)
계약금	금	일천오백만 원정은 계약시 지급하고 영수함. 영수자 채움 김 미 영 (인)
중도금	금	삼천만 원정은 2022년 03월 30일에 지급한다.
융자금	금	칠천만 원정은 승계하고 특약사항에 별도 명기한다.
잔 금	금	사천이백오십구만팔천삼백오십일 원정은 2022년 04월 20일에 지급한다.

제2조 [소유권이전등] 매도인은 매매대금의 잔금을 수령함과 동시에 매수인에게 소유권이전등기에 필요한 모든 서류를 교부하고 등기절차에 협력하며, 위 부동산에 대하여 2022년 04월 20일 인도하기로 한다.

제3조 [제한물건등의 소멸] 매도인은 위 부동산에 설정된 근저당권, 지상권, 전세권, 임차권 등 소유권의 행사를 제한하는 권리가 있거나 조세공과금 기타 부담금의 미납금 등이 있을 때는 잔금수수일 이전까지 그 권리의 하자 및 부담 등을 제거하여 완전한 소유권을 매수인에게 이전하여야 한다. 다만 승계하기로 합의한 권리나 금액에 대해서는 그러하지 아니한다.

제4조 [지방세등] 위 부동산에 관하여 발생한 수익의 귀속과 조세·공과금 등의 부담은 위 부동산의 인도일을 기준으로 하여 그 이전까지는 매도인이, 그 이후부터는 매수인에게 귀속되고, 단 지방세의 납부 의무 및 납부책임은 지방세법의 규정에 따른다.

제5조 [계약의 해제] 매수인이 중도금(중도금약정이 없을 때는 잔금)을 지급하기 전까지 매도인은 계약금의 배액을 배상하고, 매수인은 계약금을 포기하고 본 계약을 해제할 수 있다.

제6조 [채무불이행과 손해배상] 매도인 또는 매수인은 본 계약상의 내용에 대하여 채무불이행이 있을 경우 그 상대방은 채무불이행한 상대방에 대하여 서면으로 이행을 최고하고, 이행하지 않을 경우 계약을 해제 할 수 있다. 이때 계약당사자는 계약해제에 따른 손해배상을 상대방에게 청구할 수 있으며, 손해배상에 대한 별도 약정이 없는 한 계약금상당액을 손해배상금(위약금)으로 본다.

제7조 [중개수수료] 부동산중개업자는 매도인 또는 매수인의 본 계약 불이행에 대하여 책임지지 않는다. 또한 중개수수료는 본 계약의 체결과 동시에 매도인과 매수인 쌍방이 각각 지급하며, 부동산중개업자의 고의나 과실 없이 거래당사자 사정으로 본 계약이 무효·취소 또는 해약되어도 중개수수료는 각각 지급한다.

제8조 [중개대상물 확인·설명서 교부등] 중개업자는 중개대상물 확인·설명서를 작성하고 업무보증관계증서(공제증서등) 사본을 첨부하여 거래당사자 쌍방에 교부한다.

3. 특약 사항

① 본 계약은 위 부동문자로 된 계약내용에 합의하고, 위 오피스텔은 현 시설상태로 매매하는 계약이다.

② 매수인이 오피스텔에 2015. 05. 10. 설정된 하나은행의 융자금 채권최고액 8천4백만(대출원금 7천만원)을 승계를 하나은행과 협의한 결과 가능하다고 해서 매수인이 잔금지급 시 채무인수(근저당권의 채무자 명의변경)하고 그만큼 매매대금에서 공제하고 잔금을 지급하기로 한다.

③ 매수인이 오피스텔의 임차인 홍길동[임대차내역: 보증금 2천만원, 월세 60만원(업무용으로 부가세별도), 임대차기간 2021.07.10. ~2022.07.09.]을 승계하기로 하고, 잔금 지급 시 매매대금에서 공제 후 잔금을 지급하기로 한다.

④ 개인사업자가 매도하는 것으로 위 매매대금을 토지매매대금 74,016,490원 + 건물 매매대금 75,983,510원 + 건물분 부가세 7,598,351원으로 정하고, 토지 매매대금 계산서와 건물 매매대금 세금계산서를 잔금지급 시에 발행하여 교부하기로 합의해서, 매수인이 매도인에게 지급해야

할 총금액은 157,598,351원이다.

⑤ 계약 이후에 매수인이 오피스텔을 인도받기 전까지 매도인의 귀책사유로 위 오피스텔에 ②항과 ③항 이외에 추가적인 권리(근저당권, 임차권, 가압류, 가처분 등)가 발생하면 매수인이 잔금지급 전까지 매도인 책임하에 말소시켜야 한다. 만일 말소시키지 못하면 매수인은 위 계약내용 제6조에 의해 계약을 해제하고 손해배상을 청구할 수 있다.

⑥ 관리비와 제세·공과금은 매도인이 잔금지급 전까지 정산해서 납부해야 한다.

⑦ 선수관리비는 매도인과 매수인 사이에 인수인계 확인서를 작성하고 관리사무소에 통지하는 방법으로 매수인이 매매대금과 별도로 매도인에게 지급하고 선수관리비를 승계하기로 한다.

본 계약에 이의가 없음을 확인하고 증명하기 위해 계약서를 작성하고 서명·날인하여 각자 1통씩 보관한다.

2022년 03월 05일

매도인	주 소	서울시 동대문구 한천로 220(장안동)				
	주민등록번호	630408-2047948	전 화	010-2222-1234	성 명	채움 김미영(인)
	대리인	주민등록번호		전 화		성 명
매수인	주 소	서울시 영등포구 경인로80길 50, 202호(문래동 1가, 한양연립)				
	주민등록번호	750510-2047345	전 화	010-5555-1234	성 명	이 민 주 (인)
	대리인	주민등록번호		전 화		성 명
중개업자	사무소소재지	서울시 종로구 동만산길 30, 105호(창신동, 오성빌딩)				
	등록번호	4254-40000		사무소명칭		종로 공인중개사사무소
	전화번호	02-5844-8949		대표자성명		박 정 진 (인)

144 임대사업자간 상가건물 매매 계약서 작성방법

🏠 임대사업자간에 작성한 상가건물 매매 계약서

상가건물 매매 계약서 [일반건물]

임대인과 임차인 쌍방은 아래 표시 부동산에 관하여 다음과 같이 임대차계약을 체결한다.

1. 부동산의 표시

소재지	경기도 성남시 수정구 신흥동 440번지				
토 지	지목	대		면 적	195㎡
건 물	구조	철근콘크리트조	용 도	근린생활시설	전용면적 317.30㎡

2. 계약내용

제1조 [목적] 위 부동산의 임대차에 있어 임대인과 임차인은 보증금을 다음과 같이 지급키로 한다.

매매대금	금	육억구백육십오만팔천일백 원정(건물분 부가세 9,658,100원 포함금액)
계약금	금	육천만 원정은 계약시 지급하고 영수함. 영수자 정 한 수 (인)
중도금	금	일억 원정은 2021년 02월 20일에 지급한다.
융자금 등	금	삼억사천만 원정은 융자금 이억 원과 보증금 일억사천만 원으로 승계하고 특약사항에 별도 명기한다.
잔 금	금	일억구백육십오만팔천일백 원정은 2021년 03월 10일에 지급한다.

제2조 [소유권이전등] 매도인은 매매대금의 잔금을 수령함과 동시에 매수인에게 소유권이전등기에 필요한 모든 서류를 교부하고 등기절차에 협력하며, 위 부동산에 대하여 2021년 03월 10일 인도하기로 한다.

제3조 [제한물건등의 소멸] 매도인은 위 부동산에 설정된 근저당권, 지상권, 전세권, 임차권 등 소유권의 행사를 제한하는 권리가 있거나 조세공과금 기타 부담금의 미납금 등이 있을 때는 잔금수일 이전까지 그 권리의 하자 및 부담 등을 제거하여 완전한 소유권을 매수인에게 이전하여야 한다. 다만 승계하기로 합의한 권리나 금액에 대해서는 그러하지 아니한다.

제4조 [지방세등] 위 부동산에 관하여 발생한 수익의 귀속과 조세·공과금 등의 부담은 위 부동산의 인도일을 기준으로 하여 그 이전까지는 매도인이, 그 이후부터는 매수인에게 귀속되고, 단 지방세의 납부 의무 및 납부책임은 지방세법의 규정에 따른다.

제5조 [계약의 해제] 매수인이 중도금(중도금약정이 없을 때는 잔금)을 지급하기 전까지 매도인은 계약금의 배액을 배상하고, 매수인은 계약금을 포기하고 본 계약을 해제할 수 있다.

제6조 [채무불이행과 손해배상] 매도인 또는 매수인은 본 계약상의 내용에 대하여 채무불이행이 있을 경우 그 상대방은 채무불이행한 상대방에 대하여 서면으로 이행을 최고하고, 이행하지 않을 경우 계약을 해제 할 수 있다. 이때 계약당사자는 계약해제에 따른 손해배상을 상대방에게 청구할 수 있으며, 손해배상에 대한 별도 약정이 없는 한 계약금상당액을 손해배상금(위약금)으로 본다.

제7조 [신의성실] ① 매도인과 매수인은 위 각 조항을 확인하고, 신의성실의에 따라 그 이행을 준수한다(민법 제2조). ② 중개업자 역시 부동산 전문가로서 책임감을 갖고 계약서를 작성해야 한다.

제8조 [중개수수료] 부동산중개업자는 매도인 또는 매수인의 본 계약 불이행에 대하여 책임지지 않는다. 또한 중개수수료는 본 계약의 체결과 동시에 매도인과 매수인 쌍방이 각각 지급하며, 부동산중개업자의 고의나 과실 없이 거래당사자 사정으로 본 계약이 무효·취소 또는 해약되어도 중개수수료는 각각 지급한다.

제9조 [중개대상물 확인·설명서 교부등] 중개업자는 중개대상물 확인·설명서를 작성하고 업무보증 관계증서(공제증서등) 사본을 첨부하여 거래당사자 쌍방에 교부한다.

3. 특약 사항 – 계약당사자간에 합의한 내용을 다음과 같이 특약으로 기재한다.

① 본 계약은 계약당사자들이 계약내용에 합의하고, 중개업자 입회하에 부동문자로 된 계약내용까지 정독하고 계약한 것이다.

② 위 상가건물은 현 시설상태로 매매하는 계약이다.

③ 본 계약은 임대사업자간의 매매계약이므로 위 매매대금 609,658,100원은 토지 매매대금 503,419,000원 + 건물 매매대금 96,581,000원(국세청건물기준시가기준) + 건물분 부가세 9,658,100원으로 정하고, 토지 매매대금 계산서와 건물 매매대금 세금계산서를 잔금지급 시에 발행하여 교부하기로 한다(매도인은 환급받은 건물분 부가세를 세무서에 납부하고, 매수인은 부가세를 환급받으면 된다).

(그렇지만 정확한 계산방법은 건물 매매대금=매매대금 6억원×건물기준시가(96,581,000원) / [건물기준시가(96,581,000원)+토지공시지가(295,108,000원)]=147,945,400원이고, 토지 매매대금=매매대금 6억원×토지 공시지가/(건물기준시가+토지공시지가)=452,054,600원이다. 따라서 토지 매매대금 계산서(452,054,600원)와 건물매매대금 세금계산서(건물 세금계산서 본세 147,945,400원, 부가세 14,794,540원)로 총 매매대금은 614,794,450원으로 해야 한다.)

④ 매수인이 상가건물에 2008. 04. 22. 설정된 국민은행의 융자금 채권최고액 2억4천만원(대출원금 2억원)과 임차보증금 1억4천만원(지1층 이상수 보증금 3천만원(월세30만원) + 1층 김민기 보증금 5천만원(월세120만원) + 2층 이영준 보증금 3천만원(월세50만원) + 3층 박정기 보증금 3천만원(월세50만원)을 승계하고, 매수인이 매매대금에서 공제하고 잔금을 지급하기로 한다.

⑤ 매도인은 상가건물에 등기된 2010년 05월 25일 가압류 2천2백만원(채권자 우기선)을 매수인이 잔금지급 이전까지 말소하기로 한다.

⑥ 계약 이후에 매수인이 소유권을 이전받기 전까지 매도인의 귀책사유로 위 상가건물에 ④항 이외에 추가적인 권리(근저당권, 임차권, 가압류, 가처분 등)가 발생하면 매수인이 잔금지급 전까지 매도인 책임하에 말소시켜야 한다. 만일 말소시키지 못하면 매수인은 위 계약내용 제6조에 의해 계약을 해제하고 손해배상을 청구할 수 있다.

⑦ 관리비와 제세·공과금은 매도인이 잔금지급 전까지 정산해서 납부해야 한다.

⑧ 매수인은 ④항의 승계를 위해서 잔금지급과 동시에 우리은행 근저당권의 채무자 명의를 변경하고, 임차인들의 임대차계약을 승계(임차인에게 임대차내역을 확인하고 임대차계약서를 인도)받기로 한다.

본 계약에 이의가 없음을 확인하고 증명하기 위해 계약서를 작성하고 서명·날인하여 각자 1통씩 보관한다.

2021년 02월 01일

매도인	주 소	서울시 송파구 마천로39길 38-10, 202호(마천동, 한양연립)					
	주민등록번호	620704-1234567	전 화	010-7788-1234	성 명	정한수 (인)	
	대리인	주민등록번호		전 화		성 명	
매수인	주 소	경기도 성남시 분당구 새마을로83번길 30, 102동 1004호(서현동, 한양아파트)					
	주민등록번호	650307-1275175	전 화	010-5555-1234	성 명	김정민 (인)	
	대리인	주민등록번호		전 화		성 명	

> **잠깐만!!** 상가주택에서 건물분 부가세 계산방법?
>
> 상가주택은 주택과 상가가 혼합되어 있는 건물을 말한다. **상가주택 중 상가분 건물가액 산출하기하는 방법은** 상가건물가액 = 양도가액 × 상가분(토지공시지가액+건물 기준시가액) / 상가분(토지공시지가액+건물 기준시가액) + 개별주택가격으로 상가분 건물가액을 계산해서 10% 부가세를 계산하면 된다. 반대로 주택가액을 계산할 때에는 분자에 개별주택가격을 입력해서 계산하면 된다.

🏠 계약서 작성 이후에 이렇게 대응해라

"매매계약서와 중개대상물·확인설명서가 작성되었다면… ➊ '부동산 실거래가격의 신고'를 계약일로부터 30일 이내에 해야 하며, ➋ 계약 이행완료를 위해서 매수인은 매매대금의 잔금지급과 동시에 매도인은 소유권 이전 서류와 부동산을 인도. ➌ 매수인은 소유권이전등기를 본인이 직접 또는 법무사 등을 통해서, 등기소에 소유권이전등기를 신청하는 순으로 매매 절차를 마무리하게 됩니다."

145 법인명의의 상가건물을 법인이 매수할 때 올바른 계약서 작성 비법

🏠 상가건물(집합건물, 일반건물) 매매 계약할 때 알고 있어야 할 내용

(1) 상가나 오피스텔 등은 건물분 부가세와 상임법의 적용대상이다

– 앞의 136 상가와 오피스텔을 개인 또는 사업자명의로 구입할 때 꼭 알아야 할 내용(359쪽)과 138 상가나 오피스텔 등을 법인사업자로 취득해 매도 시에 유의할 사항(364쪽)을 참고하면 된다.

(2) 업무용 오피스텔은 상가와 다르게 적용되고 있다

– 앞의 137 업무용 오피스텔은 상가와 다르게 적용되고 있다(363쪽)을 참고하면 된다.

🏠 상가나 오피스텔 등을 법인사업자로 취득해 매도 시에 유의할 사항

(1) 사업자간의 거래에서는 계산서와 세금계산서를 발행할 의무가 있다

사업자 등이 매도하는 경우에 매매대금에서 건물분 부가세 10%를 포함해서 받아서 납부해야 한다. 그래서 매매 계약서를 작성할 때 잊지 말아야 할 사항이 매매대금 000만원(건물분 부가세 00만원을 포함한 금액임)으로 매매하는 조건이다. 또는 매매대금 000만원(건물분 부가세 00만원 별도임)으로 괄호안의 금액은 매매대금과 별도로 매수인이 부담하기로 한다는 것으로 약정하면 된다. 그리고 그러한 사실을 특약사항란에 명기함과 동시에 건물분 세금계산서(건물분 부가세가 포함된 세금계산서)와 토지분 계산서(토지는 부가세가 면세되므로 계산서로)를 작성하면 된다.

(2) 법인명의로 취득해 매도 시에 유의할 점

① 법인명의로 취득하면 취득세, 등록세 부담은 얼마나 되나?

대도시내 법인설립 등의 중과세(지방세법 제13조 2항)는 ❖ 5년 미만 법인이 주택을 취득시 중과세율 적용은 표준세율과 중과기준세율의 100분의 200을 합한 세율

❖ 5년 미만 법인이 상가건물과 오피스텔을 취득시 중과세율 적용은 표준세율의 100분의 300에서 중과기준세율의 100분의 200을 뺀 취득세율[즉, 표준세율×3 − 중과기준세율(2%)×2]을 적용한다(지방세법제13조 제2항 제1호 참조).

따라서 상가건물과 오피스텔을 취득할 때 납부하게 되는 총거래세는 ❶ 취득세율 : 4%×3배 − 중과기준세율(2%)×2배 = 8%이고, ❷ 지방교육세 = 2%×3배×20% = 1.2%이고, ❸ 농어촌특별세 = 2%×10% = 0.2%로 합계는 9.4%가 된다.

② 법인세율과 지방소득세 그리고 추가되는 법인세가 있나?

법인이 주택 및 비사업용 토지를 양도한 경우에는 기본 법인세율 + 법인세할 지방소득세(법인세액의 10%) + 추가법인세(양도가액 − 장부가액)가 있으나 상가건물과 오피스텔 등은 추가법인세가 없어서 기본 법인세율 + 법인세할 지방소득세(법인세액의 10%)만 납부하면된다.

(3) 법인명의의 아파트를 법인이 매수할 때 올바른 계약서 작성 방법

– 138 상가나 오피스텔 등을 법인사업자로 취득해 매도 시에 유의할 사항(364쪽)을 참고하면 된다.

🏠 법인사업자간에 합의한 내용으로 상가건물 매매 계약서를 작성하는 방법

(1) 법인사업자간에 계약내용 합의 핵심 요약정리

본 계약은 법인사업자간(법인임대사업자간, 법인일반사업자간)의 매매계약이므로 계약당사자간에 매매대금을 6억원으로 정했다면 토지 매매대금과 건물 매매대금으로 안분해서 건물 부가세를 구하고, 그 금액이 매도인과 매수인이 주고 받게 되는 금액이 된다.

계산방법은 건물 매매대금 = 매매대금 6억원×건물기준시가(96,581,000원)/[건물기준시가(96,581,000원원)+토지공시지가(295,108,000원)] = 147,945,400원이고, 토지 매매대금 = 6억원×토지 공시지가/(건물기준시가+토지공시지가) = 452,054,600원이 된다. 따라서 토지 매매대금 452,054,600원+건물 매매대금 147,945,400원+건물분 부가세 14,794,540원으로 토지 매매대금 계산서와 건물 매매대금 세금계산서를 잔금지급 시에 발행하여 교부하기로 합의해서 매수인이 매도인에게 지급해야 할 총 금액은 614,794,450원이라는 내용을 특약사항란에 명기하기로 했다.

(2) 법인사업자간에 상가건물 매매계약서 작성

상가건물 매매 계약서 [일반건물]

매도인과 매수인 쌍방은 아래 표시 부동산에 관하여 다음과 같이 매매계약을 체결한다.

1. 부동산의 표시

소재지	경기도 성남시 수정구 신흥동 440번지				
토 지	지 목	대		면 적	195㎡
건 물	구 조	철근콘크리트조	용 도 근린생활시설	전용면적	317.30㎡

2. 계약내용

제1조 [목적] 위 부동산의 임대차에 있어 임대인과 임차인은 보증금을 다음과 같이 지급키로 한다.

매매대금	금 육억구백육십오만팔천일백 원정(건물분 부가세 9,658,100원 포함 금액)
계약금	금 육천만 원정은 계약시 지급하고 영수함. 영수자 정 한 수 (인)
중도금	금 일억 원정은 2021년 02월 20일에 지급한다.
융자금 등	금 삼억사천만 원정은 융자금 이억 원과 보증금 일억사천만 원으로 승계하고 특약사항에 별도 명기한다.
잔 금	금 일억구백오십오만팔천일백 원정은 2021년 03월 10일에 지급한다.

제2조 [소유권이전등] 매도인은 매매대금의 잔금을 수령함과 동시에 매수인에게 소유권이전등기에 필요한 모든 서류를 교부하고 등기절차에 협력하며, 위 부동산에 대하여 2021년 03월 10일 인도하기로 한다.

  : 〈생략〉   : 〈생략〉

제9조 [중개대상물 확인·설명서 교부등]──〈생략〉

3. 특약 사항 - 계약당사자간에 합의한 내용을 다음과 같이 특약으로 기재한다.

① 본 계약은 계약당사자들이 계약내용에 합의하고, 중개업자 입회하에 부동문자로 된 계약내용까지 정독하고 계약한 것이다.

② 위 상가건물은 현 시설상태로 매매하는 계약이다.

③ 본 계약은 법인사업자간의 매매계약이므로 위 매매대금 609,658,100원은 토지 매매대금 503,419,000원 + 건물 매매대금 96,581,000원(국세청건물기준시가기준) + 건물분 부가세 9,658,100원으로 정하고, 토지 매매대금 계산서와 건물 매매대금 세금계산서를 잔금지급 시에 발행하여 교부하기로 한다(매도인은 환급받은 건물분 부가세를 세무서에 납부하고, 매수

인은 부가세를 환급받으면 된다).

(그렇지만 정확한 계산방법은 건물 매매대금=매매대금 6억원×건물기준시가(96,581,000원) / [건물기준시가(96,581,000원)+토지공시지가(295,108,000원)]=147,945,400원이고, 토지 매매대금=매매대금 6억원×토지 공시지가/(건물기준시가+토지공시지가)=452,054,600원 이다. 따라서 토지 매매대금 계산서(452,054,600원)와 건물매매대금 세금계산서(건물 세금계산서 본세 147,945,400원, 부가세 14,794,540원)로 총매매대금은 614,794,450원으로 해야 한다.)

④ 매수인은 과밀억제권내에서 5년 이상된 법인으로 중과되지 않는 법인임을 알고 매수하는 것이다.

(또는 매수인은 과밀억제권내에서 5년 미만된 법인이므로 등록세분(구등록세 + 구등록세의 20%에 해당하는 교육세)의 3배중과되고 상가라 취득세(교육세농특세 포함)가 9.4%라는 사실을 알고 계약함)

⑤ 매수인이 상가건물에 2008. 04. 22. 설정된 국민은행의 융자금 채권최고액 2억4천만원(대출원금 2억원)과 임차보증금 1억4천만원(지1층 이상수 보증금 3천만원(월세30만원) + 1층 김민기 보증금 5천만원(월세120만원) + 2층 이영준 보증금 3천만원(월세50만원) + 3층 박정기 보증금 3천만원(월세50만원)을 승계하고, 매수인이 매매대금에서 공제하고 잔금을 지급하기로 한다.

⑥ 매도인은 상가건물에 등기된 2010년 05월 25일 가압류 2천2백만원(채권자 우기선)을 매수인이 잔금지급 이전까지 말소하기로 한다.

⑦ 계약 이후에 매수인이 소유권을 이전받기 전까지 매도인의 귀책사유로 위 상가건물에 ④항 이외에 추가적인 권리(근저당권, 임차권, 가압류, 가처분 등)가 발생하면 매수인이 잔금지급 전까지 매도인 책임하에 말소시켜야 한다. 만일 말소시키지 못하면 매수인은 위 계약내용 제6조에 의해 계약을 해제하고 손해배상을 청구할 수 있다.

⑧ 관리비와 제세·공과금은 매도인이 잔금지급 전까지 정산해서 납부해야 한다.

⑨ 매수인은 ⑤항의 승계를 위해서 잔금지급과 동시에 우리은행 근저당권의 채무자 명의를 변경하고, 임차인들의 임대차계약을 승계(임차인에게 임대차내역을 확인하고 임대차계약서를 인도)받기로 한다.

본 계약에 이의가 없음을 확인하고 증명하기 위해 계약서를 작성하고 서명·날인하여 각자 1통씩 보관한다.

2021년 02월 01일

매도인	주 소	경기도 성남시 수정로 50-10, 304호(신흥동, 신일빌라)				
	주민등록번호	110111- ******	전 화	031-574-1234	성 명	한성투자 대표 정한수 (인)
	대리인	주민등록번호		전 화		성 명
매수인	주 소	서울시 서초구 동광로 30-10, 302호(서초동, 서초연립)				
	주민등록번호	110111- ******	전 화	02-555-7788	성 명	제일투자 대표 김정민 (인)
	대리인	주민등록번호		전 화		성 명
중개업자	사무소소재지	경기도 성남시 수정로 30, 101호(신흥동, 오성빌딩)				
	등록번호	7235-80000		사무소명칭		삼성 공인중개사사무소
	전화번호	031-934-8949		대표자성명		이 철 민 (인)

Part 7 초보투자자라면 꼭 알아야 할 매매 계약서 작성법!

146 중개수수료는 임대인과 임차인 중 누가 부담하나?

원칙적으로 중개수수료는 임대차 기간이 만료되거나 만료 전이라도 임대인과 새로운 임차인이 부담하는 것이 원칙이다.

🏠 임대차 계약기간이 만료된 경우와 묵시적 갱신된 경우

중개실무에서는 임대기간이 만료된 경우와 묵시적인 갱신이 이루어진 경우에는 임대인이 부담하는 것으로 판단하고 있다.

🏠 계약기간의 만료 전에 임차인이 다른 곳으로 이사를 가게 되는 경우

중개실무에서는 임차인이 계약기간 만료 전에 이사를 나가는 경우 임차인이 부담하게 되는 경우가 대부분이다. 이런 이유는 임대인이 임대기간이 남아 있음을 전제로 새로운 임차인과의 계약에 동의하지 않을 것을 염려해서 임차인이 중개수수료를 지급할 것을 임대인에게 이야기하고 새로운 임차인을 구해서 이사를 가게 되기 때문이다.

🏠 판례와 국토해양부 해석, 공인중개사협회의 실무처리지침

(1) 서울중앙지방법원 1998.7.1 선고, 97나55316 판결

1년을 약정한 임차인이 잔여기간 3개월을 남기고 나갈 경우에 임대인이 새 임차인과 임대차계약을 맺으면서 지출한 중개수수료는 특별약정이 없는 한 임차인이 부담할 성질의 것이 아니라고 판결했다.

(2) 국토해양부의 유권해석

임대차 기간 만료 전에 중개 의뢰한 경우 중개수수료의 지급 주체는 거래당사자로서 전 임차인이 될 수 없다. 다만 전 임차인이 임대인을 대신해 중개수수료를 부담하는 것은 당사자가 사적 관계로 봐야 하므로 양 당사자 간 서로 협의해서 정할 사항으로 보고 있다(법제처 09-0384, 2009. 12. 24. 국토해양부 부동산산업과).

(3) 한국공인중개사협회의 실무처리지침

위의 사례에 대한 판례와 유권해석을 볼 때, 기간을 채우지 못하고 나가는 임차인에게 중개수수료를 부담시키는 관행을 실무에서는 조심스럽게 다루어야 한다. 즉, 나가는 임차인이 부담하겠다고 사전에 합의했거나, 합의는 없었지만 임대인의 요구에 응해 임차인이 부담하겠다고 동의하는 경우가 아니라면, 공인중개사는 중개수수료를 임대인에게 청구해야 할 것으로 판단해야 한다.

147 부동산 매매 및 임대차 계약할 때 중개수수료 계산방법

🏠 주택(주택의 부속토지, 주택분양권 포함)의 중개보수 요율

(1) 매매나 교환에서 중개보수 요율

(서울특별시 주택중개보수 등에 관한 조례 제2조 별표1) (2021. 12. 30 시행)

거래금액	상한요율	한도액	중개보수 요율 결정	거래금액 산정
5천만원 미만	1천분의 6	25만원	• 중개보수는 거래금액× 상한요율 이내에서 결정 (단, 이때 계산된 금액은 한도액을 초과할 수 없음)	• 매매 : 매매가격 • 교환 : 교환대상 중 가격이 큰 중개대상 물 가격 • 매매 : 매매가격
5천만원 이상 ~2억원 미만	1천분의 5	80만원		
2억원 이상 ~9억원 미만	1천분의 4	없음		
9억원 이상 ~12억원 미만	1천분의 5	없음		
12억원 이상 ~15억원 미만	1천분의 6	없음		
15억원 이상	1천분의 7	없음		

(2) 임대차 등에서 중개보수 요율

(서울특별시 주택중개보수 등에 관한 조례 제2조 별표1) (2021. 12. 30 시행)

거래금액	상한요율	한도액	중개보수 요율 결정	거래금액 산정
5천만원 미만	1천분의 5	20만원	• 중개보수는 거래금액 ×상한요율 이내에서 결정 (단, 이때 계산된 금액은 한도액을 초과할 수 없음)	• 전세 : 전세금 • 월세 : 보증금+(월차임액×100) 단, 이때 계산된 금액이 5천만원 미만일 경우 : 보증금+(월차임액×70) • 전세 : 전세금
5천만원 이상 ~1억원 미만	1천분의 4	30만원		
1억원 이상 ~6억원 미만	1천분의 3	없음		
6억원 이상 ~12억원 미만	1천분의 4	없음		
12억원 이상 ~15억원 미만	1천분의 5	없음		
15억원 이상	1천분의 6	없음		

🏠 오피스텔 중개보수 요율

(공인중개사법 시행규칙 제20조제4항) (2015. 1. 6.)

적용대상	구 분	상한요율	보수 요율 결정 및 거래금액 산정
전용면적 85㎡이하, 전용 입식부엌, 전용수세식 화장실, 목욕시설 등을 모두 갖춘 경우	매매 · 교환	1천분의 5	「주택」과 같음
	임대차 등	1천분의 4	
위 외의 경우	매매 · 교환 · 임대차	1천분의 ( ) 이내에서 협의	상한요율 1천분의 9 이내에서 개업공인중개사가 정한 좌측의 상한요율 이내에서 중개의뢰인과 개업공인중개사가 협의하여 요율 결정함.

※ 분양권의 거래금액 계산 : [거래 당시까지 불입한 금액(융자포함)+프리미엄] × 상한요율

🏠 주택 이외(토지, 상가 등)의 중개보수 요율

(공인중개사법 시행규칙 제20조제4항) (2015. 1. 6.)

거래내용	상한요율	중개보수 요율 결정	거래금액 산정
매매·교환·임대차 등	1천분의 (9) 이내에서 협의	상한요율 1천분의 9 이내에서 개업공인중개사가 정한 좌측의 상한요율 이내에서 중개의뢰인과 개업공인중개사가 협의하여 요율 결정함.	「주택」과 같음

🏠 사무실 임대차계약 중개의 경우는?

■ 주택 이외(토지, 상가 등)의 중개보수 요율표를 따른다. 따라서 상한요율 1천분의 9(0.9%) 이내에서 공인중개사와 중개의뢰인이 협의하여 요율을 결정한다.

거래금액 계산은 보증금 000원+000원(임대료 × 100)으로 해서 결정한다.

■ 오피스텔 거래의 경우는 면적, 화장실, 부엌 등이 내부에 있는지 없는지에 따라 적용 요율이 다르므로 주의 깊게 살펴볼 필요가 있다.

■ 중개보수(중개수수료)는 부가가치세를 별도로 청구해야 한다.
중개보수(중개수수료) = 거래금액 × 수수료율(부가가치세 별도)

🏠 공인중개사법 제32조(중개보수 등)

① 개업공인중개사는 중개업무에 관하여 중개의뢰인으로부터 소정의 보수를 받는다. 다만 개업공인중개사의 고의 또는 과실로 인하여 중개의뢰인 간의 거래행위가 무효, 취소 또는 해제된 경우에는 그러하지 아니하다.

② 개업공인중개사는 중개의뢰인으로부터 제25조 제1항에 따른 중개대상물의 권리관계 등의 확인 또는 제31조에 따른 계약금등의 반환채무이행 보장에 소요되는 실비를 받을 수 있다.

③ 제1항에 따른 보수의 지급시기는 대통령령으로 정한다.

④ 주택(부속토지를 포함한다)의 중개에 대한 보수와 제2항에 따른 실비의 한도 등에 관하여 필요한 사항은 국토교통부령으로 정하는 범위 안에서 특별시·광역시·도 또는 특별자치도의 조례로 정하고, 주택 외의 중개대상물의 중개에 대한 보수는 국토교통부령으로 정한다.

148 Q 상가권리금 중개수수료는 어떻게 계산하나?

주택과 달리 상가를 임대차 계약할 때에 상가건물 임대차 계약과 별도로 권리금 양도·양수 계약서를 함께 작성한다. 권리금은 점포의 위치나 영업의 노하우, 거래처, 시설, 비품 등 유무형의 재산 가치를 넘기면서 주고받는 금액이다.

중개수수료는 ① 건물주인 임대인과 상가건물 임대차 계약서를 작성하면서 발생하는 중개수수료와 ② 임차인과 새로운 임차인이 권리금 양도·양수 계약서를 작성하면서 발생하는 중개수수료는 별도이므로, 두 개의 중개수수료를 지급해야 한다.

(1) 상가건물 임대차 계약서에 대한 중개수수료

임대금액에 따라서 법정 중개수수료 요율 내에서 협의해서 금액을 정하면 된다. 이때 법정 중개수수료를 초과할 수 없다.

(2) 권리금 양도·양수 계약서에 대한 중개수수료

정해진 요율이 없기 때문에 중개업자와 중개의뢰인이 협의해서 정하고 있다. 실무에서는 약 5~15% 정도 범위에서 협의하여 결정한다.

지급하는 사람도 보통 권리금을 주고받는 기존임차인과 새로운 임차인이 공동으로 지급하기도 하고, 권리금을 받는 기존임차인이 지급하기도 한다.

권리금에 대한 중개수수료에 대해서 계약당사자와 중개업자간에 계약하기 전에 협의가 먼저 이루어져야 한다. 실무에서는 "계약서 한 장 더 쓰는 것인데"라고 생각하는 분들이 많아서, 임대차계약에 대한 수수료 외에 초과 중개수수료를 요구하는 것이 아니냐고 묻는 사례가 많다.

하지만, 임대차계약과 권리 양도·양수 계약은 2가지를 하는 것이고, 그에 따라 중개수수료가 각각 발생하는 것이라고 사전에 협의하고 계약해야 한다. 이렇게 협의만 된다면 법으로 정해진 요율이 없기 때문에 얼마를 주고받아도 초과수수료가 되지 않는다.

PART 8

중개사고 발생 시, 꼭 알아야 할 20가지 실전노하우!

149  떼인 보증금, 중개업소 100% 책임에 대한 오해와 진실!

질문 중개업소에서 계약하면 떼인 보증금 100% 보장받을 수 있을까?

부동산중개업소에서 계약서를 작성하면 경매나 공매로 전세보증금을 떼이면, 부동산중개협회의 공제보험에서 100%를 보장해 준다고 하는데, 그것이 사실일까?

부동산중개업소에서 계약서를 작성하면 부동산중개협회의 공제보험에서 100%를 보장해 준다고 하는데, 그것이 사실일까? 한번 생각을 해보자! 임차보증금은 상당한 금액이고, 중개업소가 과실이 없거나 있더라도 적다면 어떻게 될 것인가를, 그리고 그 과실이 있더라도 어떻게 증명할 것인가?

솔직히 말하자면 보상받기가 쉽지 않다. 왜냐하면 부동산중개업소에서 기본적으로 하자가 있는 물건을 소개해서 계약서를 작성하는 경우가 많지 않기 때문이다. 설령 있다고 하더라도 책임 소재를 증명하기도 어렵고, 한다고 하더라도 다음 판례들과 같이 개업공인중개사의 과실로 인한 책임은 적고, 떼인 보증금의 대부분은 계약당사자인 임차인의 과실 책임으로 남게 된다.

 **알아두면 좋은 내용**

공인중개사법 제30조(손해배상책임의 보장)
제1항 개업공인중개사는 중개행위를 함에 있어서 고의 또는 과실로 인하여 거래당사자에게 재산상의 손해를 발생하게 한 때에는 그 손해를 배상할 책임이 있다. 개업공인중개사는 공인중개사법 제25조에 따라 중개의뢰인에 대해 적절한 확인·설명의무가 있는데, 이를 다하지 못하면 동법 제30조에 따른 고의, 과실 책임이 인정되어 배상책임이 따른다.

 전세금을 떼인 경우 임대인에게 100% 보상청구가 가능하다?

기본적으로 경매나 공매절차 등에서 떼인 보증금은 채무자인 임대인이 100% 책임져야 한다. 그래서 법원의 판단도 임대인에게는 100% 보상 책임을 묻고, 중개업자에게는 임차인의 과실 책임을 제외한 부분만 보상청구가 가능하다고 판결하고 있다.

경매 등으로 임차보증금을 떼이거나 반환받지 못할 때 임대인에게 대응방법은 다음과 같이 하면 될 것이다.

(1) 임대인의 동의를 얻어 약속어음공정증서를 작성해라!

약속어음공정증서는 당사자 간 합의문건을 바탕으로 약속어음을 만든 뒤 공증사무실에서 공증절차를 밟는 것으로 임대인(집주인)과 임차인 모두 신속하고 간편하게 분쟁을 해결할 수 있다. 이 방법은 경매로 떼인 보증금을 해결하는 방법 이외에도 전세금을 반환 받지 못하고 있는 상황에서도 좋은 방법이다.

약속한 날짜가 지나서도 지급하지 않으면 약속어음공정증서에 집행문을 부여받아서 임대인 소유부동산이나 동산 등에 대하여 강제집행절차(강제경매 등)를 진행해서 회수할 수 있다.

(2) 임대인이 동의하지 않으면 지급명령 제도를 활용해라!

임대인이 동의를 하지 않는 경우와 살고 있는 주택 등이 경매로 매각되어 보증금의 전부 또는 일부를 돌려받지 못한 경우, 임대인(전소유자)을 상대로 법원에 임차보증금 지급명령을 신청하고, 그 결정문으로 임대인의 재산(부동산, 동산, 예금 등)에 강제집행절차(강제경매 등)를 진행해서 회수하는 방법이다.

그러나 경매로 매각되면 임대인(전소유자)이 무자력자(빚을 갚을 수 능력이 없는 사람)인 경우가 대부분이어서 임대인에게 청구가 어렵다. 그래서 떼인 보증금을 다음과 같이 중개업자를 상대로 청구하게 되는 것이다.

> **질문** 떼인 보증금을 개업공인중개사에게 어떻게 청구하면 되나?

(1) 개업공인중개사의 고의·과실로 발생한 보증금 보상청구 방법은?

<u>떼인 보증금을 보상 청구하는 방법은</u> 임대인에게는 앞에서와 같이 100% 지급명령을 신청하면 된다. 그러나 임대인에게 채무상환능력이 없다면, 개업공인중개사를 상대로 법원에 손해배상청구 소송을 진행하면 된다. 이때 소장에는 피고 1 개업공인중개사 OOO와 피고 2 한국공인OOO협회를 기재하고 (또는 피고에 임대인까지 포함해서 청구하기도 한다), 손해배상판결을 얻어서, 그 판결문을 가지고 부동산중개협회에 청구하면 된다. 부동산중개협회는 협회공제보험으로 지급하고, 개업공인중개사의 과실비율이 높은 경우에 한해서만 개업공인중개사에게 직접 구상권을 청구하기도 한다.

(2) 법원의 실무관행상 인정되는 중개의뢰인의 과실 참작비율은?

선순위근저당권으로 인해 경매가 진행되어 손해를 입게 된 임차인의 경우에, 법원실무는 임차인의 과실을 참작함에 있어 대략 30-40%의 비율로 판단하고 있다. 그런데 개업공인중개사의 과실을 증명하기 어려운 상황이 되면 그 보상비율은 더 낮아져 10~20% 정도이거나 아예 없을 수도 있다.

<u>이러한 법원의 판단 근거는</u> 계약당사자인 임차인에게 과실 책임이 크고, 받은 중개수수료에 비해 수백 배 이상의 손해배상책임을 부담하게 되는 개업공인중개사의 입장까지 고려한 것이라는 점에서 이해는 가지만, 전문자격자를 신뢰하고 계약한 임차인 입장도 고려해 본다면 과실 책임비율이 임차인에게 너무 높은 것이 사실이다. 그래서 개업공인중개사에게 의뢰를 했더라도 이를 너무 신뢰하지 말고, 기본적인 문제점 등을 스스로 확인할 수 있어야만 전세보증금을 안전하게 지킬 수 있다.

 알아두면 좋은 내용

공인중개사법 시행령 제24조(손해배상책임의 보장)
개업공인중개사는 법 제30조제3항에 따라 다음 각 호에 해당하는 금액을 보장하는 보증보험 또는 공제에 가입하거나 공탁을 하여야 한다(1항). 1. 법인인 개업공인중개사 : 4억원 이상. 다만, 분사무소를 두는 경우에는 분사무소마다 2억원 이상을 추가로 설정하여야 한다. 2. 법인이 아닌 개업공인중개사 : 2억원 이상

150 개업공인중개사의 과실 책임이 크다고 법원이 판단한 사례

질문 소유자가 아닌 자와 임대차계약을 중개한 경우 손해배상 책임은?

　서울중앙지법 2008. 11. 20. 선고 2008가합50528은 개업공인중개사의 과실 책임을 70%로 다음과 같이 판결했다.

　앞서 본 전제사실에 따르면, 원고는 위장매도인에게 지급한 계약금 7,600만원(500만원+7,100만원)과 중도금 3억3,000만원 등 합계 4억600만원의 손해를 입었으므로 피고들이 연대하여 원고에게 지급하여야 할 손해배상액은 합계 4억600만원이 된다.

　원고도 매매계약의 당사자로서 위장매도인에게 등기권리증을 보여줄 것을 요구하지 않았고, 임대차계약을 승계하기로 하였음에도 위장매도인으로부터 임대차계약서를 교부받아 확인하지 않았으며, 이와 같은 사정도 원고의 손해의 발생과 확대의 한 원인이 되었으므로 이를 참작하기로 하되 그 내용에 비추어 피고들의 손해배상책임을 70%로 제한함이 상당하다. 그렇다면 <u>피고들은 연대하여 원고에게 손해배상금 284,200,000원(4억600만원×70%)</u>과 이 판결 선고일인 2008. 11. 20.까지는 민법에 정해진 연 5%의, 그 다음날부터 다 갚는 날까지는 소송촉진 등에 관한 특례법에 의한 연 20%의 비율에 따른 지연손해금을 지급할 의무가 있다.

근저당권 설정 사실을 고지하지 않은 개업공인중개사의 과실 책임은?

　임차목적물의 근저당권 설정 사실을 고지하지 아니한 개업공인중개사의 기망행위로 인한 손해배상에 있어, 원고도 그 등기부를 열람하여 보지 아니한 과실 또한 이 사건 손해의 발생에 있어 하나의 원인이 되어, 피고의 손해배상책임 범위를 정함에 있어 참작하여야 할 것인바, 그 과실비율은 위 인정사실관계에 비추어 <u>원고가 20%로 하고, 피고인 개업공인중개사가 80%의 손해배상책임을 판단한 판례</u>이다(서울지법 95가합113894 손해배상 판결).

 토지별도등기로 인해서 임차인이 보증금을 손해 본 사례

　<u>서울동부지방법원 2010나189호에서 손해배상판결에서</u> 아파트에 관한 임의경매절차의 배당기일에서 실제 배당할 금액 236,773,575원 중 토지 부분에 해당하는 71,042,991원은 토지의 근저당권자인 OO은행에, 건물 부분에 해당하는 165,766,980원은 1순위로 330,440원(당해세 교부권자인 강동구), 2순위로 129,120,000원(근저당권자인 OO은행), 3순위로 36,280,144원은 임차권자인 원고에게 각 배당하는 내용의 배당표가 작성되었다. 이로 말미암아 원고는 배당절차에서 이 사건 토지의 근저당권보다 배당순위에서 밀려 배당을 적게 받는 재산상 손해(신한은행 앞으로 배당된 71,042,991원 상당)를 입게 되었다. 다만 원고에게도 이 사건 아파트의 등기부등본을 제대로 확인하지 않은 채 경솔하게 이 사건 아파트에 관한 임대차계약을 체결한 잘못이 있었고, 원고의 이러한 잘못도 이 사건 손해발생의 한 원인이 되었으므로, <u>피고 김OO가 배상하여야 할 손해액을 정하면서 이를 참작하기로 하여, 위 피고의 책임비율을 70%</u>로 정한다.

신탁 부동산에 계약해서 보증금을 떼였다면 보상청구 범위는?

답변

신탁회사 앞으로 신탁등기가 되어 있는 상태에서는 신탁회사의 동의 없는 수탁자의 처분행위(매매, 임대차 등)는 무효가 된다

이 사건에서 수원지방법원 2009가단18799 손해배상사건 1심(판결 내용 생략함)과 2심인 서울고등법원 2010나8039호 손해배상은 다음과 같이 판결하였다.

~ 앞서 본 바와 같이 원고도 황○○ 등으로부터 이 사건 아파트가 케이비신탁에 신탁되어 있다는 사실은 들었으므로 피고 문○○나 양○○에게 그 정확한 법률적 의미나 효과에 대하여 묻고 위험성을 주의 깊게 생각하여 이 사건 임대차계약의 체결 여부를 신중하게 결정했어야 하는데도 이를 소홀히 한 잘못이 있으므로, 피고 문○○, 양○○의 손해액을 정함에 있어 이를 참작하기로 하되, <u>그 과실 비율은 앞서 인정한 사정에 비추어 50%로 정함이 상당하고, 따라서 피고 문○○, 양○○의 책임 범위를 나머지 50%로 제한한다.</u> 따라서 원고가 피고 문○○, 양○○로부터 배상받을 총 손해액은 5,000만원이므로 피고 협회는 원고에게 피고 문○○, 양○○와 각자 5,000만원 및 그에 대한 지연손해금을 지급할 의무가 있다.

 선순위 임차인의 존재를 확인하지 않고 중개해서 손해를 보았다면?

답변

부동산중개업자가 의뢰인에게 선순위 임차인의 존재를 확인·설명하지 아니한 채 전세권만 설정하면 임차보증금을 확보할 수 있다고 잘못 설명을 하여 이를 믿고 의뢰인이 임대차계약을 체결하였으나 해당 주택의 경매 시 임차보증금을 전혀 배당받지 못한 경우, 부동산중개업자에게 중개대상물의 확인·설명의무 위반으로 인한 손해배상책임이 있다고 한 사례.

"원고로서도 건물 소유주인 박점례를 통하여 임대차관계를 좀 더 확인하여 보거나 근저당권 및 소액임차인 등의 존재가 원고의 임차보증금반환채권에 미칠 영향 등을 확인하고 임대차계약을 체결하지 않은 잘못이 있다. 따라서 <u>원고의 과실은 피고의 책임을 면하게 할 정도에 이르지 못하므로, 피고의 손해배상의 범위를 정함에 있어서 이를 참작하기로 하되, 그 비율은 50% 정도로 봄이 상당하다.</u>"

피고는 원고에게 금 30,000,000원(60,000,000원×0.5) 및 이에 대한 경락대금 배당확정일인 1999. 6. 11.부터 이 사건 판결 선고일인 2000. 2. 11. 까지는 민법에 정한 연 5%의, 그 다음날부터 완제일까지는 연 25%의 각 비율에 의한 금원을 지급할 의무가 있다(서울남부지원 99가합11831 손해배상 판결).

151 Q 임차인의 과실 책임이 많다고 법원이 판단한 사례

🏠 **깡통전세로 1억 손해…법원 "위험 안 알린 중개사 4,000만원 배상해야"**

서울중앙지법 민사87단독 반정우 부장판사는 임차인 A가 공인중개사 B와 서울보증보험을 상대로 낸 손해배상 청구 소송에서 원고 일부 승소 판결했다.

A씨는 2015년 8월 공인중개사 B의 중개로 서울 구로구 빌딩의 방을 보증금 1억원에 2년간 임차했다. 당시 이 빌딩에는 70개의 방이 있었는데 A씨가 계약할 때는 법인 명의로 22억2000만원 근저당권이 설정돼 있었다. A씨보다 먼저 확정일자를 받은 임차인들의 임대차 보증금도 29억2810만원이나 됐다. 해당 빌딩은 2018년 경매에 넘어가 약 49억원에 매각됐다. 그러나 매각대금이 근저당권자와 선순위 임차인에게 모두 배당돼 임차인 A는 한 푼도 돌려받지 못했다.

<u>원고 임차인 A는 피고 공인중개사 B가 임대차 계약을 중개하면서 이 같은 위험성을 알리지 않았다며 손해배상 소송을 제기했다.</u>
이에 공인중개사 B는 재판에서 건물주가 관련 자료를 제공하지 않아 실상을 정확히 알기 어려웠다고 항변했으나 반 부장판사는 B의 주장을 받아들이지 않았다.

반 부장판사는 "피고(B)는 빌딩 호실 수에 비춰 원고(A)보다 먼저 확정일자를 받은 임차인들의 보증금 합계액이 큰 액수일 수 있고, 앞으로 상당수의 소액임차인이 발생할 수 있다는 것 정도는 충분히 알 수 있었다"며 B가 성실하게 중개해야 할 의무를 위반했다고 봤다.

이어 "중개대상물 확인·설명서에 선순위임차인의 보증금이나 소액임차인 발생 가능성에 관해 전혀 기재하지 않은 이상 원고에게 그릇된 정보를 전달한 것"이라며 "이를 알았다면 원고가 계약을 체결하지 않았을 개연성이 충분하다"고 설명했다.

<u>다만 반 부장판사는 A도 건물의 시가나 권리관계 등을 소홀히 조사한 책임이 인정된다며 A의 과실 책임을 60%로 판단하고, B의 배상 책임을 40%로 제한했다. 그러면서 B와 서울보증보험이 A에게 임대차보증금의 40%에 해당하는 4,000만원을 공동으로 지급하라고 판결했다.</u>

현관문엔 303호, 등기부엔 302호일 때 중개업자의 과실 책임은?

재판부는 "B씨는 임대차계약을 중개하면서 건축물대장과 부동산등기부 상의 표시(302호)와 현관 등에 부착된 현황상 표시(303호)가 다름에도 이를 간과한 채 임대차계약서상 임대차 목적물의 표시를 '303호'로 기재해 중개업자의 확인·설명의무를 제대로 이행하지 못한 과실이 있다"고 밝혔다. 이어 "이 때문에 A씨는 전입신고 및 확정일자를 303호로 하게 됐고, 그로 인해 부동산 및 공부상 '303호' 어느 쪽에도 임대차보증금반환채권의 우선변제권을 갖추지 못했다"며 "B씨와 협회는 A씨가 돌려받지 못한 임대차보증금을 배상할 책임이 있다"고 설명했다. 다만 "A씨도 계약 당사자로서 임차목적물의 현황을 스스로 확인할 필요가 있는 점, 부동산의 현황과 공부상 표시가 뒤바뀌는 일이 흔한 예는 아닌 점 등을 고려해 B씨와 협회의 책임을 40%로 제한한다."고 판시했다(서울중앙지방법원 2015가단5003368호 손해배상).

따라서 <u>피고 중개업자 이○○는 손해배상금으로, 피고 한국공인중개협회는 공제금으로서 각자 위 38,000,000원(9,500만원×40%)</u> 및 이 판결 선고일인 2016. 8. 11.까지는 민법 소정의 연 5%의, 각 그 다음날부터 다 갚는 날까지는 소송촉진 등에 관한 특례법 소정의 연 15%의 각 비율에 의한 지연손해금을 지급할 의무가 있다.

 다른 임차인의 보증금 등을 확인·설명하지 않았다면 손해배상은?

중개업자 갑이 다가구주택 일부에 관하여 임대의뢰인 을과 임차의뢰인 병의 임대차계약을 중개하면서 병에게 다른 임차인의 임대차보증금 등에 관한 사항을 확인하여 설명 등을 하지 않았는데, 그 후 개시된 경매절차에서 병이 다른 소액임차인 등보다 후순위에 있어서 임대차보증금을 배당받거나 반환받지 못한 사안에서, 갑 및 갑과 공제계약을 체결한 한국공인중개사협회의 손해배상책임을 인정한 사례(서울중앙지방법원 2011나13219호에서 손해배상의 범위).

<u>원고(임차인)의 과실 책임을 70%로 하고 피고(중개업자)의 손해배상책임을 30%로 판결</u>한 것으로 그 내용은, 원고의 이러한 과실은 이 사건 손해 발생의 상당한 원인으로 작용하였다 할 것이므로, 피고들이 배상하여야 할 손해액을 30%로 제한한다.

<u>대법원 2011다63857호도</u> 위 원심의 판단은 정당하고, 거기에 상고이유의 주장과 같은 불법행위의 인과관계에 관한 법리오해의 위법이 없다고 판결했다.

질문 선순위임차인을 중개업자가 설명하지 않아서 보증금을 떼인 사례

이 사례에서 서울중앙지방법원 2014가합543076 보증금반환 청구소송에서 법원은 다음과 같이 판단했다.

원고(임차인)는 피고 이OO(임대인)로부터 서울 관악구 신림동 000-00 지상 다가구주택 건물 중 5층을 보증금 1억8,000만원에 임차하는 계약을 체결하였다. 계약당시에 이 건물에 다수의 임대차계약이 체결되어 있었고, 그 보증금 합계액이 이 건물 가치의 2/3에 이르는 규모이며, 임대차계약을 체결 후 얼마 지나지 않은 시점에 이 사건 건물 및 대지에 관하여 강제집행을 신청할 정도로 피고 이OO의 재정상태가 악화되어 있었다는 점을 알았더라면, 사회통념상 이 사건 임대차계약을 체결하지 않았을 것이라고 봄이 타당하다. 결국, 원고는 이 사건 강제경매절차에서 임대차보증금 1억8,000만원을 배당받지 못하는 손해를 입게 되었다.

법원의 피고 윤OO, 정OO, 정OO에 대한 손해배상청구에 관한 판단

위와 같은 사정들과 더불어 중개업자 및 보조원인 피고 윤OO, 정OO, 정OO이 지급받은 중개수수료의 규모 기타 이 사건 변론 과정에서 나타난 제반 사정들을 고려하여 **피고 윤OO, 정OO, 정OO의 책임 비율을 40%(1억8,000만원 × 40%)로 제한**한다. 결국 임차인인 원고의 과실 책임을 60%로 인정한 사례이다.

 건축물대장과 다른 구분호수로 전입신고해서 손해를 본 임차인들!

① 원고 민OO은 2003. 10. 18. 피고 이OO의 중개로 송OO 소유의 서울 관악구 신림동 000, 지상 8층 OO오피스텔 제6층 제000호를 임차하면서 임대차보증금을 7,000만원으로 24개월 약정하고, 송OO에게 위 보증금을 지급한 후 2003. 11. 24. 전입신고를 하였다.

② 원고 박OO은 2003. 8. 30. 피고 이OO의 중개로 송OO로부터 이 사건 오피스텔 제5층 제000호를 임차하면서 임대차보증금을 7,000만원으로 12개월 약정하고, 송OO에게 위 보증금을 지급한 후 2003. 11. 29. 전입신고와 확정일자를 부여 받았다.

③ 원고들이 임차한 오피스텔 제000호와 제000호가 근저당권자인 OO조합의 신청에 의한 임의경매개시결정에 의해 경매가 진행되었는데, 그 배당기일에 원고들은 배당금을 받을 수 없었다.

이 사례에서 서울중앙지방법원 2006나81907호는 다음과 같이 판단했다.

앞에서 인정한 사실관계에 의하면, 원고들로서도 이 사건 임대차계약을 체결하거나 송○○에게 잔금을 지급할 당시 및 그 후 이 사건 임차건물에 관하여 근저당권이 설정되기 전까지 집합건축물대장과 등기부를 통하여 자신이 임차한 이 사건 임차건물의 정확한 호수를 확인하는 등의 노력을 게을리한 사실이 인정되고, 이러한 원고들의 잘못 또한 이 사건 손해의 발생 또는 확대의 한 원인이 되었다고 할 것이므로, 이를 참작하여 <u>피고 이○○의 손해배상책임을 전체 손해액의 40%로 제한함이 상당하다</u>고 할 것이다. 따라서 피고 이○○은 원고들에게 각 2,800만원(7,000만원×0.4)과 이에 대한 지연손해금을 지급할 의무가 있다. 결국 임차인인 원고의 과실 책임을 60%로 인정한 사례이다.

152 중개하지 않고 계약서만 작성·교부한 경우 손해배상 책임은?

 공동중개에서 중개를 하지 않은 다른 중개업자의 책임은?

(1) 공동중개에서 중개업자가 아닌 사람도 동일한 주의의무

 (1) 공동중개에서 중개업자가 아닌 사람도 동일한 주의의무

 중개행위 속에 중개업자가 거래의 쌍방 당사자로부터 중개 의뢰를 받은 경우뿐만 아니라 거래의 일방 당사자의 의뢰에 의하여 중개 대상물의 매매·교환·임대차 기타 권리의 득실·변경에 관한 행위를 알선, 중개하는 경우도 포함되는 점(대법원 94다47261 판결)에 비추어 볼 때, 중개업자와 중개업자가 아닌 사람이 공동하여 부동산 거래를 알선, 중개하는 경우, 중개업자가 아닌 사람도 공동중개인에 해당하여 중개업자와 동일한 내용의 주의의무를 부담한다.

(2) 손해배상책임의 범위

 원고는 매도인의 대리인인 위 C와 중개인들인 피고들의 말만 믿고 이 사건 부동산에서 진행 중인 소송과 자료를 확인하지 않은 점, 매매계약 체결 이후에도 중도금 지급일 전에 소외 김OO 등의 명의로 이 사건 부동산에 관한 처분금지가처분 등기가 경료되었으므로 이를 확인하여 추가 대금의 지급을 거절하는 등으로 손해를 방지할 수 있었음에도 아무런 확인 없이 중도금

을 지급한 점 등이 있고, 한편 이 사건 매매계약의 중개로 얻게 된 피고들의 이익 등을 고려하면, 이 사건에 대한 책임은 피고들보다는 원고가 더 많이 부담해야 한다. 이러한 여러 사정과 신의칙 또는 손해부담의 공평이라는 손해배상의 이념에 비추어 볼 때 피고들의 책임을 15% 정도로 제한함이 상당하다(서울고등법원 2006나50187호 판결). 결국 임차인인 원고의 과실 책임을 85%로 인정한 사례이다.

 중개하지 않고 계약서만 작성한 경우 손해배상 책임은?

(1) 대법원 2009다78863호 손해배상 판결

부동산 중개업자가 자신의 중개로 전세계약이 체결되지 않았음에도 실제 계약당사자가 아닌 자에게 전세계약서와 중개대상물 확인설명서 등을 작성·교부해 줌으로써 이를 담보로 제공받아 금전을 대여한 대부업자가 대여금을 회수하지 못하는 손해를 입은 사안에서, 중개업자로서는 일반 제3자가 그 전세계약서에 대하여 중개업자를 통해 그 내용과 같은 전세계약이 체결되었음을 증명하는 것으로 인식하고 이를 전제로 그 전세계약서를 담보로 제공하여 금전을 차용하는 등의 거래관계에 들어갈 것임을 인식할 수 있었다고 보아, 중개업자의 주의의무 위반에 따른 손해배상책임을 인정한 사례.

(2) 수원지방법원 성남지원 2010가단38693 판결

법원은 평소 친분이 있다 하더라도 권리관계 확인을 소홀히 한 중개사에게 손해배상 책임이 있다. 다만 대부금 회수를 위하여 담보물의 하자 여부를 확인하지 않은 대부업자의 잘못도 있고, 중개사가 대필 계약을 하면서 세입자에게 대필료외 별도의 대가를 받지는 않았기 때문에 손해배상액의 15%만 배상하라고 판결했다.

(3) 인천지방법원2015가단234748 판결

공인중개사인 피고가 주택에 관한 임대차계약이 체결되었다고 하며 계약서를 써 달라고 하는 당사자들의 말만 듣고, 임대차계약서를 작성한 피고에 대하여 실제로 임대차계약이 체결되었는지, 임대차보증금의 지급방법은 무엇인지, 계약금이 실제로 지급되었는지 등을 제대로 확인하지 않은 채 마치 자신이 이 사건 주택을 알선하고, 중개대상물을 확인·설명한 것처럼 이 사건 임대차계약서를 작성한 잘못이 있다고 보아 **대출금의 20% 상당의 손해배상책임을 인정한 사례**이다.

153. 임대차기간 중에 경매나 공매 통지 받았을 때 대처 방법은?

 대항력 있는 임차인과 대항력 없는 임차인의 대응방법

　대항력 있는 임차인은 경매나 공매 등의 매각절차에서 말소기준권리(등기부에 가장 먼저 등기된 채권 즉 근저당권, 가압류, 압류, 담보가등기, 집합건물 전세권, 강제경매기입등기)보다 먼저 상임법상 대항요건(사업자등록+건물인도), 또는 주임법상 대항요건(전입신고+주택인도)과 계약서에 확정일자를 갖춘 임차인으로 대항력과 우선변제권이 있어 계속 영업(또는 거주)하거나 또는 법원에 배당요구해서 배당받고 이사를 나가는 방법 중 자유롭게 선택할 수 있다. 배당요구해서 보증금을 전액 배당받지 못하면 낙찰자의 부담으로 남아 전액 회수될 때까지 건물인도를 거부할 수 있는 권리가 있다.

　말소기준권리보다 나중에 대항요건을 갖춘 임차인은 대항력이 없어서 소멸대상(경매로 임차권은 소멸된다)이므로 배당요구해서 배당받고 건물을 비워주고 이사 나가야 한다. 설령 임차보증금을 배당받지 못한다 해도 채무자(종전 임대인)에게만 주장이 가능해서 임차보증금의 손실이 예상된다.

질문 임차인이 임차보증금으로 배당요구하는 방법은?

답변

① 임차인이 상임법 또는 주임법상 최우선변제금과 확정일자부 우선변제금을 배당받기 위해서는 반드시 배당요구종기 이전에 권리신고 및 배당요구를 해야만 배당에 참여가 가능하다. 배당요구를 하지 않으면 배당에 참여할 수 없으므로 주의해야 한다.

② 임차인이 배당요구를 위해서는 신분증과 도장을 준비하고 법원에 비치된 "권리신고 및 배당요구신청서"를 작성한 후 임대차계약서 사본 1부와 주민등록등본 1부를 첨부해서 배당요구종기일까지만 배당요구하면 된다. 그런데 임차인이 보증금 증액으로 계약을 갱신했다면, 증액전의 계약서(확정일자가 부여된)와 증액후 계약서(확정일자가 부여된) 두 가지 모두를 가지고 권리신고 및 배당요구해야 한다.

154. 경매절차에서 언제 배당금 받고, 언제 건물을 인도해야 할까?

질문 경매에서 임차인에게 배당금을 지급하는 절차는?

배당금 지급 절차는 다음과 같다. 배당기일 지정 및 통보(대금 납부 후 3일 이내에 지정하고, 통지는 대금 납부 후 2주 이내) ➡ 배당표원안의 작성 후 비치 열람(배당기일 3일 전까지) ➡ 배당기일(이해관계인 열람 및 그들을 심문하여 의견청취) ➡ (이후 절차는 다음 도표 참조)

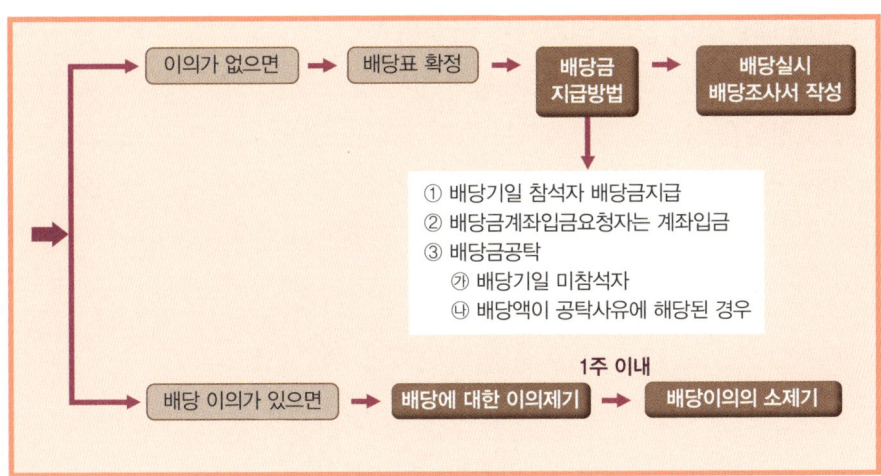

경매당할 때 임차인의 건물인도 시기와 부당이득 발생 시기?

첫 번째 대항력 있는 임차인이 배당요구를 하지 않은 경우

임차인은 대항력을 주장하는 것이므로, 잔존 계약기간 동안 그 임차건물에서 영업을 할 수 있고, 계약기간이 만료되면 임차보증금 반환과 건물인도가 동시 이행관계에 놓이게 된다.

두 번째 대항력 있는 임차인이 배당요구를 한 경우

임차인이 우선변제권으로 배당요구한 경우에는 전액 배당받게 되는 시기(배당표가 확정되어 배당금을 전액 지급받을 수 있는 시기)까지 임차건물에 대한 인도를 거절할 수 있다(대법97다11195). 미배당금이 있으면 낙찰자가 지급할 때까지 건물인도를 거부할 수 있다.

세 번째 대항력이 없는 임차인은 어떨까?

경매나 공매의 매각절차에서 대항력 없는 임차권은 소멸하게 되므로, 매수인은 임차인을 상대로 경매에서는 인도명령을, 공매의 경우에는 명도소송을 신청할 수 있다. 이러한 임차인은 낙찰자가 잔금을 납부하여 소유권을 취득하면 이때부터 건물을 인도할 때까지 건물 사용에 상당하는 사용료를 부당이득금으로 반환해야 한다.

155 Q. 서울시 상가임대차 상담센터와 상가임대차 분쟁조정위원회

🏠 서울시 상가임대차 상담센터

제도 소개 >>

서울특별시 상가임대차 상담센터는 전화·방문·온라인 상담 방식으로 임대차에서 **발생하는** 다양한 **고민을** 전문상담위원이 상담해드리는 한편 상가 임대차 법령 지식을 제공하고 있다. 2002년 11월 개소 이후, 상가임대차 전문 상담센터로서 전국의 임차인·임대인이 겪는 임대차 문제에 **올바른 기준을** 제시하며 임대차 당사자의 권익보호와 안정적인 영업환경 조성에 기여하고 있다.

상담 내용 >>

- 계약 및 계약해지
- 권리금 회수
- 관리비
- 임대차 기간
- 법령 적용 해석
- 전대
- 임대료 인상
- 보증금
- 양도 등

상담센터 이용방법 >>

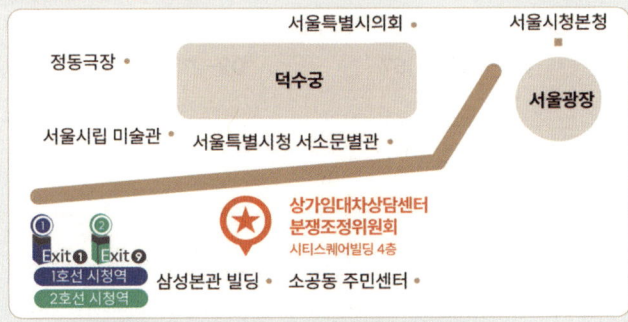

위   치 : 서울특별시 중구 서소문로 124, 시티스퀘어빌딩 4층
교통편 : 지하철 1호선 시청역 1번출구, 2호선 시청역 9번출구

🏠 상가임대차 분쟁조정위원회

제도 소개 >>

<상가건물임대차분쟁조정위원회>는 「상가건물임대차보호법」 및 「서울특별시 상가임차인 보호를 위한 조례」에 근거하여 구성되었다. 전문성과 공정성을 갖춘 조정위원은 당사자 면담, 현장 조사 등을 진행하고 분쟁 당사자 간 대화와 타협을 유도하는 동시에 대안을 제시한다. 복잡한 소송 절차를 거치지 않고 간편하고 신속하게 임대차 분쟁이 해결될 수 있도록 지원하고 있다.

분쟁조정 사항 >> 「상가건물임대차보호법」 제20조

- 차임 또는 보증금의 증감에 관한 분쟁
- 임대차 기간에 관한 분쟁
- 보증금 또는 임차상가건물의 반환에 관한 분쟁
- 임차상가건물의 유지·수선 의무에 관한 분쟁
- 권리금에 관한 분쟁 등

신청방법 >>

- 분쟁조정신청서를 작성하여 서울시 소상공인담당관으로 제출

 신청서 접수 문의
02-2133-5157

 분쟁 관련 상담
02-2133-1211

조정절차

신청서 작성	접수	분쟁조정 신청의 통지(상대방)	조사 및 의견 청취	조정전 합의 또는 조정
신청인	분쟁조정위원회	분쟁조정위원회	분쟁조정위원회	분쟁조정위원회

PART 9

상가와 오피스텔 투자로 부족한 연봉 만들기

156 상가투자 방법과 실제 투자해서 성공한 사례

🏠 상가는 어떻게 접근해서 투자해야 하나?

(1) 상가 매수의 목적은 세 가지로 정리할 수 있다!

첫째, 자가 사업으로 운영하기 위해 구입하는 것이고, 둘째, 임대수익을 목적으로 하는 것, 셋째, 단기적인 매도로 투자수익을 올리고자 매수하는 경우 등이다. 이 세 가지 측면 모두 중요한 점은 모두가 기본적으로 상가가 잘 되어야만 상가가치가 오르고, 그 반대의 경우에는 상가 가치를 하락시키게 된다.

(2) 상가로 성공할 수도, 공실로 손해 볼 수도 있다!

매수시점에서 임대수익률이 적정한가! 공실로 손해보고 있는가!를 분석하는 것도 중요하지만, 앞으로의 주변변화 즉 주변에 비슷한 상가나 대형 유통점 등의 입점 등으로 상권변화가 발생할 수 있나? 까지 꼼꼼히 체크해야 한다.

공실은 점포를 임대하는 분들에게 가장 큰 고민이다. 관리비와 은행 대출이자도 감당하기가 어렵다. 이런 상가점포는 가격하락으로 이어지기 때문에 현재 임대수익뿐만 아니라 앞으로 발생할 주변현황에 따른 임대수익의 변화에도 적절하게 대처가 필요하다.

상가 입지나 상권을 제대로 분석하기 위해선 상가 공실 발생의 원인 등을 정확히 분석할 수 있어야 한다.

상가투자로 성공하는 방법은 적정한 임대수익이 보장되는 좋은 입지의 상가를 좋은 가격(주변 상가보다 싼 가격)에 사서, 좋은 가격(매수 당시보다 높은 가격)으로 팔아야 한다.

그런데, 간혹 간혹 상권이 우수한 데도 잘못된 업종 선택으로 상가 가치가 떨어진 곳이 있다. 이 상가는 입지와 상권에 맞는 업종 선택만으로도 상가 가치의 증가를 가져 올 수 있다. 상가 고수들이 자주 활용하는 방법이다.

구분상가를 매수해서 임대수익을 올린 사례

얼마 전 필자가 지인에게 역세권 구분상가를 사준 사례를 소개하고자 한다. 이 구분상가는 강남역 5번 출구에 있어서 주변이 업무중심지역과 주거지역이 혼잡해 있다. 그래서 임대수요가 보장된 상가로 볼 수 있다. 그런데 신종 코로나 영향으로 임차인이 3개월치 월세를 납부하지 않아서 임대인이 어려워하고 있었다.

필자는 업종만 바꾸면 영업이 활성화될 수 있을 것으로 판단해서 소개한 것이다.

(1) 건물사진과 주변현황도

(2) 상가에 맞는 업종 변경으로 성공한 사례

이 상가는 종전 임차인이 과거 6년 동안 운영해 왔던 사업이 신종코로나 영향으로 사업을 포기하게 되었고, 그로 인해서 임대인이 어려움을 겪고 있었다. 그래서 구분상가 2층 000호 전용면적 36.5평으로 시세가 20억원 이상의 가치가 있는 데에도 17억원(건물분 부가세 별도)에 매수할 수 있었다. 지인은 매수해서 건축물대장과 등기부를 000호 전용면적 30평과 000-1호 전용면적 6.5평으로 분할해서 30평은 병원으로 임대하고, 6.5평은 약국으로 임대하려고 공실로 해서 중개업소에 내 놓았다가 2022년 1월 430쪽 사진과 같이 한의원으로 임대해서 임대소득[보증금 1억원+월세 572만원(월세 부가세 포함)]을 올리고 있다. 그리고 얼마 전 지인에게서 전화가 왔는데 25억원에 매수하겠다는 분이 나왔지만 팔지 않았다고 한다.

157 Q 북가좌6구역 근린생활시설을 매수해 신규아파트에 도전하다!

이 근린생활시설은 1층 000호(건물전용면적 78.66㎡, 대지면적 36.66㎡)로 공부상으로는 근린생활시설인제 현황은 주거용으로 사용하고 있어서 불법 건축물로 이행강제금이 부과되고 있다.

2018년 4월 26일 이런 사실을 확인했지만 북가좌6구역 단독주택재건축에 위치하고, 매수당시 시세가 3억원 정도이고, 분양자격이 있을 것으로 보고 2억6,000만원에 매수하기로 결정했다.

🏠 상가건물 사진과 주변현황도

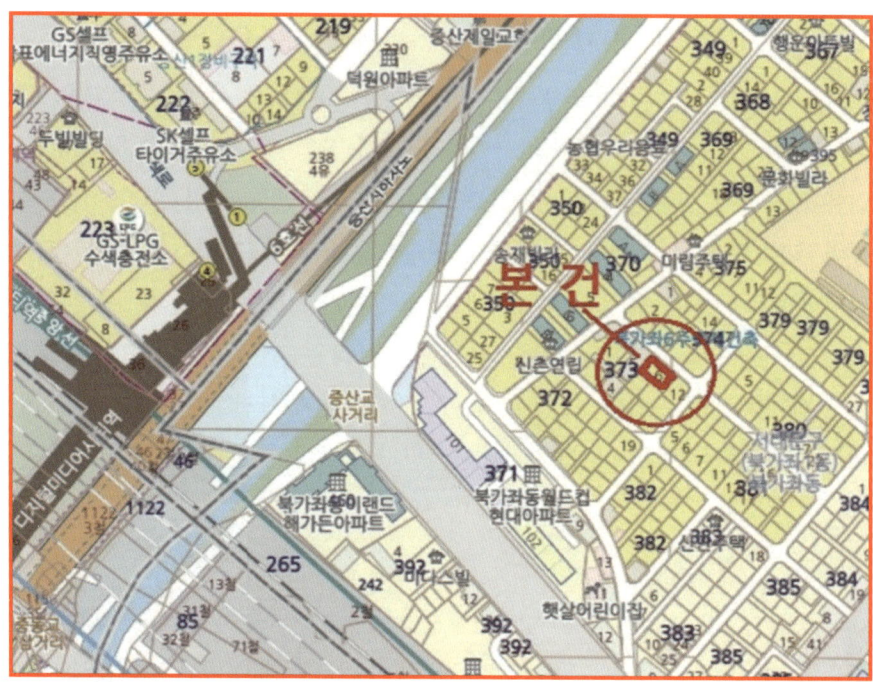

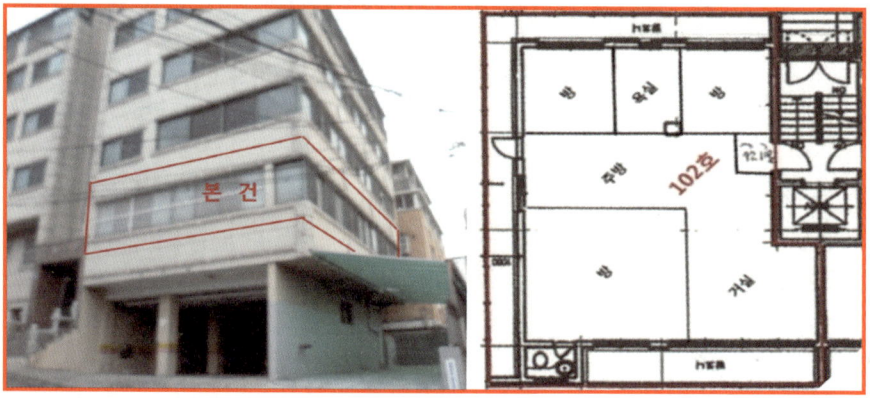

이 구분상가는 서울특별시 서대문구 북가좌동 소재 '북가좌초등학교' 남서측 인근에 위치하며, 부근은 다세대주택, 아파트, 단독주택, 근린생활시설 등이 혼재해 있다. 주변교통 현황은 인근에 디지털미디어시티역(6호선, 경의중앙선, 공항철도의 환승역), 노선버스 정류장이 소재하여 좋은 편이다.

그리고 상가건물의 구조는 철근콘크리트조 평스라브지붕 5층 건물 내 1층 000호이지만 실제 사용은 주거용(방3, 거실, 주방, 욕실 등)으로 이용하고 있다.

🏠 매수하고 8억원으로 올랐고, 아파트 분양 자격도 있다!

2018년 4월 26일 2억6,000만원에 매수했는데, 2021년 10월에 시세를 확인해 보았더니 아파트 분양 자격이 있어서 8억원까지 올랐다.

북가좌6구역 단독주택 재건축 내 구분상가를 구입하는 경우에는 분양자격 여부가 성공의 지름길이다. 간혹 분양자격이 없어서 현금청산금 되는 경우가 있는데 이 경우에는 손해를 볼 수도 있기 때문에 주의해야 한다.

단독주택재건축 상가, 오피스텔 등이 분양자격을 가지려면, 다음 2가지 중 하나에 해당되어야 한다.

<서울시 도시 및 주거환경 정비조례 제37조(단독주택재건축사업의 분양대상 등)>

제1항 단독주택재건축사업으로 건립되는 공동주택의 분양대상자는 관리처분계획기준일 현재 다음 각 호의 어느 하나에 해당하는 토지등소유자로 한다.
  1. 종전의 건축물 중 주택 및 그 부속토지를 소유한 자
  2. 분양신청자가 소유하고 있는 권리가액이 분양용 최소규모 공동주택 1

가구의 추산액 이상인 자. 다만, 분양신청자가 동일한 세대인 경우의 권리가액은 세대원 전원의 가액을 합하여 산정할 수 있다.

단독주택재건축 사업구역 내에 있는 이 근린생활시설은 상가를 분양 받는 것이 원칙이지만, 서울시 도시정비조례 제37조 제1항 2호(새로 분양하는 가장 작은 평수의 조합원분양가보다 크면)에 해당되면 공동주택(아파트)도 분양 받을 수 있다.

그래서 이 근린상가는 신축이 예상되는 최소평형의 권리가액보다 커서분양자격이 주어질 것으로 분석하고 매수한 것이다.

이 북가좌 6구역은 단독주택 재건축지역으로 2014년 5월 29일 정비구역으로지정된 후 사업이 급물살을 타기 시작한 후 2020년 02월 13일 조합설립이 되었다. 그리고 현재 시공사를 선정하기 위해서 준비 중에 있다. 따라서 예상분양가 등을 분석해 보면 이 구분상가로 새 아파트 25평형을 분양 받으려면 추가부담금 2억원, 34평형을 분양 받으려면 추가부담금 3억원이 예상된다.

그런데, 앞으로 지어지는 새 아파트 시세는 25평형은 최소 15억원, 34평형은 17억원으로 예상되므로 기대수익이 상당하다. 그래서 지인은 신축아파트를 분양 받을 때까지 보유하고 있다.

 158 한국자산신탁에서 상가점포를 낙찰 받아 임대수익 만들기

 이 사례는 서울시 마포구 창전동 442 서강한화오벨리스크 109호 전용면적 33.38㎡(공동주택)이고 분양면적은 67.26㎡이다. 감정가 289,900,000원을 최초매각예정가격으로 시작해서 6차까지 저감되어 171,400,000원으로 매각절차가 진행되고 있었다. 이 상가를 현장답사를 통해서 시세를 조사해 보았더니 2억3,000만원 정도로 감정가가 시세보다 높게 형성되어 있다는 사실을 알 수 있었다. 이 상가의 사진과 주변 현황도, 입찰정보 및 입찰결과 내역은 다음과 같다.

🏠 마포 상가 109호의 사진과 주변 현황도

Part 9 상가와 오피스텔 투자로 **부족한 연봉 만들기** 435

🏠 이 신탁기관 상가공매에서 권리분석은 어떻게 하면 되나?

신탁재산 등의 공매에서 권리분석은 공적장부를 통해서 확인하는 방법과 수탁사의 공매담당자, 그리고 우선수익자(대출금융기관)를 통해서 확인하는 방법이 있다.

(1) 공적장부 등을 통해서 권리를 분석하는 방법

이 구분상가 109호는 위탁자가 점유하고 있는 것이 아니라 신탁등기일 이후에 위탁자와 상가건물임대차계약서를 작성하고 커피하우스를 운영하고 있었다. 상가임대차보호법상 대항요건(사업자등록과 건물인도)을 신탁등기일 이전에 갖추고 있었으면 대항력이 있는 임차인으로 낙찰자가 인수할 수도 있는 물건이다. 그러나 이 공매물건에서는 신탁등기일 이후에 대항요건을 갖추고 있었고, 수탁자와 우선수익자의 동의를 얻어 대항요건을 갖추고 있는 것이 아니어서 수탁사와 우선수익자에 대해서 대항력을 행사할 수 없다. 그런 이유로 수탁사가 수차례 상가를 비우라고 통지했다고 한다. 어쨌든 이러한 상가건물임차인은 대항력이 없어서 낙찰자가 인수하지 않아도 된다. 그러나 확인할 수 없다면 다음과 같이 우선수익자 등으로부터 확인하고 입찰에 참여해야 한다.

(2) 수탁사의 공매담당자, 우선수익자를 통해서 확인하는 방법

앞에서와 같은 방법으로 확인할 수 없을 때에는 수탁사의 공매담당자와 우선수익자(대출금융기관 등)를 통해서 확인하고 권리를 분석하면 된다. 특히 우선수익자는 대출 심사단계에서 사업자등록 열람 등을 통해서 대항력 유무를 판단하고, 대출을 실행하게 되므로 공매대상 부동산에 대해서 자세한 내용을 알고 있다. 우선수익자의 전화번호는 수탁사의 공매담당자에게 문의해서 확인하면 된다.

🏠 신탁재산 공매 매각대금에서 배당 우선순위 결정 방법

신탁재산을 공매로 매각했다면 다음과 같은 순서로 배당하면 된다.
〈여기서 배당순위는 앞에서 기술한 바 있으므로 지면상 생략했다〉

🏠 낙찰 받고 나서 어떻게 대응했나?

이 공매물건은 필자의 지인이 낙찰 받은 물건이다. 지인은 낙찰 받고 나서 5일 이내에 한국자산신탁을 방문해서 매매 계약서를 작성했다. 그리고 필자에게 명도를 부탁해서 위임장을 가지고 현장을 방문해서 커피하우스를 운영하는 임차인과 협의를 하게 되었다. 대화가 쉽지 않아서 점유이전금지가처분과 명도소송을 병행해서 진행했다. 먼저 점유이전금지가처분결정문으로 집행관과 함께 상가점포를 방문해서 임차인에게 전달했다. 그리고 명도소송을 진행하는 과정에서 협의가 이루어져 명도를 할 수 있었다. 현재 임대보증금 1,000만원과 월세 100만원(부가세 별도)으로 임대하고 있다.

2억3,000만원 정도 가는 상가를 173,820,000원에 낙찰 받아서 월세 100만원을 받고 있어서 지인은 요즘 행복하다.

159 오피스텔 30평형을 일반 매매로 사서 임대수익 올리는 방법

필자는 아파트 가격 상승으로 아파트를 대체할 수 있는 중·대형 오피스텔(방 3개+욕실 2개)에에 관심을 갖는 분들이 증가되고 있다는 사실을 알고 있었다. 그래서 온비드 공매로 나온 25평형 오피스텔을 낙찰 받아 8억에 팔았던 경험도 있다. 그리고 이 사례와 같이 급매물로 나온 30평형대 오피스텔을 일반매매로 매수했다. 이 30평형대는 방 3개와 욕실 2개로 구성되어 있어서 주거용을 대체할 수 있는 물건으로 미래가치가 높은 물건이었는데, 매수자가 지방에 근무하고 있었던 관계로 시세보다 낮은 금액인 8억2,000만원(매매대금 7억9,600만원+건물분 부가세 2,400만원)에 매수할 수 있었.

이러한 물건을 사면 높은 임대수익과 팔아서 시세차익도 볼 수 있지만, 필자는 팔지 않고 임대소득을 통한 노후생활자금을 만들 계획이다.

🏠 서초파라곤 30평형 오피스텔의 단지 정보와 주변 현황도!

🏠 30평형 오피스텔 실거래가와 내부 구조도는 다음과 같다!

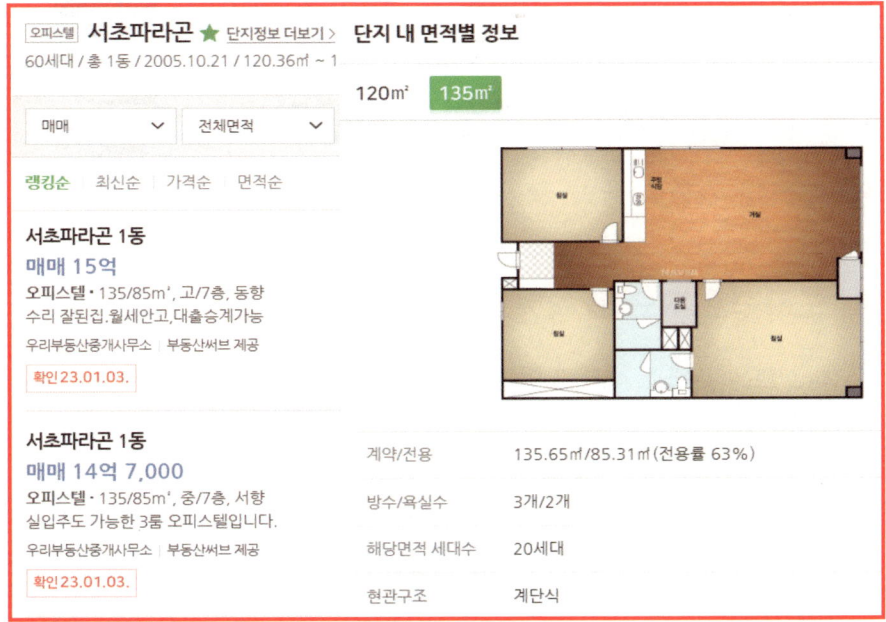

필자가 2020년 11월 23일 8억2,000만원(매매대금 7억9,600만원+건물분 부가세 2,400만원)에 매수할 당시에는 11억원 매물 1개가 있었지만, 이 매물도 지인이 9억2,000만원에 매수해서 거래되는 매물은 없었다.

매수 후 1년이 지난 2021년 10월 경에 13억원으로 거래되다가, 2023년 1월 경에는 15억원으로 급등했다.

필자는 매수 후 업무용으로 임대해서 임대 소득을 올리고 있다. 이렇게 주거용을 대체할 수 있는 중·대형 오피스텔을 월세로 임대해서 수익을 올리는 것이 구분상가에 투자하는 월세 소득 못지 않기 때문이다.

160 도곡푸르지오 오피스텔을 임대해 부족한 연봉 만들기

🏠 도곡푸르지오 32평형 오피스텔에 관심을 가진 이유는?

오피스텔은 주택과 다르게 업무용 수요가 많은 곳이라야 계속해서 가격이 오른다. 이렇게 업무용 수요가 많으면서 주거용으로 대체할 수 있는 물건이라면, 그 영향력은 더욱 증가한다.

왜냐하면 2020년 8월 임대차 3법의 영향에 따라 전세 물건의 부족현상이 발생하고, 그에 따라 전세가와 주택 가격의 상승으로 이어질 것으로 판단했기 때문이다.

그래서 주거용을 대체할 수 있는 방 2개와 욕실 1개의 중·대형 오피스텔이면서 교통이 우수한(강남역과 양재역 3번 출구) 위치에 있는 물건을 찾아보았다. 이러한 물건을 사면 높은 임대수익과 팔아서 시세차익도 볼 수 있지만, 필자는 팔지 않고 임대소득을 통한 노후생활자금을 만들 계획이다. 특히 이 물건은 다음 주변 현황도를 보면 알 수 있듯이 우수한 초·중·고 학군이 7분 거리에 있다는 것이 장점이다.

🏠 도곡푸르지오 32평형 오피스텔 주변 현황도

　이 물건은 10억5,000만원에 부동산중개업소에 나온 매물인데 매도인과 협의해서 10억원에 매수했다. 왜냐하면 양재역은 신분당선과 지하철 3호선, 신설되는 GTX 역세권, 그리고 인근 7분 거리에 초·중·고 우수 학군이 위치해 있기 때문이다. 필자는 10억이면 시세보다 2억원은 저평가된 물건이라 생각하고 바로 수리해서 팔아도 12억원은 받을 수 있고, 천천히 매물로 내놓아도 13억원은 충분히 받을 수 있을 것으로 분석했다.
　필자의 이런 분석은 매수 후 1개월이 지난 2021년 10월 현재 네이버 부동산 매물 시세를 확인하면 알 수 있듯이 적중했던 것 같다.

🏠 32평형 오피스텔 시세와 임대수익은 얼마나 올리게 되었나?

 이 오피스텔은 매매대금 10억원+등기비용 4,700만원(취득세 등 4.6%) 들었고(매도인이 주택임대사업자였기 때문에 건물분 부가세는 없음), 은행대출금 7억5,000만원과 보증금 5,000만원으로 실투자금은 2억5,000만원이다.

 매수 후 1개월이 지난 현재 네이버 부동산 매물 시세를 확인해 보니 15억원으로 올랐다. 하지만, 이 가격은 실제 거래되는 가격이 아니다. 그야말로 호가다. 그래도 장기적으로는 14억원에는 팔 수 있다는 확신이 생겨서 기분이 좋다. 필자는 학군과 교통이 좋은 관계로 2,500만원 비용을 들여서 올수리했고, 삼성병원에 근무하는 외국인 의사 분에게 보증금 5,000만원에 월세 290만원으로 임대 수익을 올리고 있는 중이다.

 오피스텔도 필자와 같은 방법으로 투자하면 실패하지 않고 성공할 것이라 믿는다.

> 이 책을 끝까지 정독해 주신 독자 분들께 감사드리며,
> 모두가 재테크로 성공하기를 기원한다.

김동희 소개 글과 저자가 출간한 도서 안내

◈ 주식회사 채움과 사람들 소개

우리 회사는 부동산 전문 도서를 출간하는 출판사이자 부동산 재테크 시장에서 전문적인 투자와 투자회사로서 오랜기간 그 역량을 펼치고 있다.

이 회사의 출발은 2004년 04월 25일 (주)대산투자와 삼성중개법인을 모태로 발전해 왔다. 그리고 최근 들어 2012년 10월 29일 채움 회사에서 사람과 더불어 살아가자고 다짐하면서 (주)채움과 사람들로 회사명을 변경했다.

◈ 김동희 소개 글

부동산중개업부터 부동산중개법인, 부동산 투자법인을 운영해왔고, 경매·공매를 비롯하여 재건축·재개발, 계약서 작성의 비밀, 부동산 임대차 상식, 부동산 세금에 이르기까지 부동산 전문가로, 그동안 경매와 공매, 그리고 주택과 상가건물 임대차계약에 관해서 연구의 결과물로 35권의 저서를 출간한 바 있다.

전화 : 02) 534-4112~3, 팩스 : 02) 534-4117
주소 : 서울시 서초구 사평대로 52길 1, 3층 (서초동, 대경빌딩)

◆ 제2 인생, 인터넷방송 "부동산 채움tv" 를 시작하다!

▶ 인터넷 방송 ・유튜브 ・네이버tv ⇨ 부동산 채움tv
▶ 카페 https://cafe.naver.com/pauction(김동희 교수의 부사모)
▶ 홈페이지 kdh114.com

◆ 김동희 저자가 출간한 도서 안내

재건축·재개발 리모델링 투자의 비밀	재건축·재개발 리모델링 투자의 비밀	법정지상권 투자 비법	돈 되는 아파트 상가 오피스텔 살 때와 팔 때

624쪽 / 35,000원	736쪽 / 50,000원	424쪽 / 29,000원	560쪽 / 32,000원

계약서 작성의 비밀	온비드 공매 투자의 비밀	상가오피스텔 투자와 임대차 Q&A 230	한 권으로 끝내는 배당의 정석

1064쪽 / 60,000원	640쪽 / 38,000원	448쪽 / 28,000원	992쪽 / 80,000원

재건축·재개발 아파트 리모델링 투자의 비밀

560쪽 / 35,000원

신탁공매 투자의 비밀

544쪽 / 38,000원

주택상가 임대차계약상식사전

592쪽 / 30,000원

지분경매 실전투자의 비밀

672쪽 / 43,000원

부동산 초보도 한 권으로 끝내는 경매투자의 정석

806쪽 / 38,000원

지분경매 완성과 NPL 투자비법

620쪽 / 33,000원

나는 적금보다 10배 더 버는 부동산이 좋다

352쪽 / 18,000원

손에 잡히는 공매투자의 정석

620쪽 / 32,000원

경매투자 핵심강의노트

446쪽 / 25,000원

법정지상권과 집합건물 투자의 비밀

624쪽 / 35,000원

아파트 살 때와 팔 때

366쪽 / 18,000원

배당표 작성과 배당이의 실무

616쪽 / 45,000원

경매 배당금의 비밀

512쪽 / 33,000원

이제 지분경매와 특수물건에서 NPL을 찾아라

632쪽 / 33,000원

전세금 안전하게 지키는 비법

352쪽 / 17,000원

부동산 재테크 Q&A

560쪽 / 20,000원

연봉 2배 올리는 공매투자이야기

576쪽 / 28,000원

나는 경매로 평생직장을 찾았다

400쪽 / 18,000원

경매 실전 투자 비법

548쪽 / 26,000원

임대차 상식사전

479쪽 / 19,500원

지분경매의 완성

496쪽 / 23,000원

특수물건 투자의 비밀

604쪽 / 27,000원

남들 경매할 때 나는 공매한다

592쪽 / 25,000원

지분경매의 비밀

464쪽 / 20,000원

판사님 배당에 이의가 있습니다

784쪽 / 42,000원

실전공매 완전정복

862쪽 / 40,000원

공매·경매와 부동산 투자분석

1,758쪽 75,000원